國家社科基金重大項目（10&ZD104）

上海師範大學古籍整理研究所編
項目首席專家、主編　戴建國
主編　朱易安　傅璇琮　周常林

全宋筆記

第八編 二

大象出版社

国家出版基金项目
NATIONAL PUBLICATION FOUNDATION

目録

武林舊事　周密撰　一
癸辛雜識　周密撰　一四三

◎周密撰

武林舊事

范熒整理

點校説明

《武林舊事》十卷，周密撰。周密生平仕履，已見《齊東野語》點校説明。

作者曾寓居臨安（今浙江杭州）多年，目睹其市井風俗，耳濡故家遺老所述異聞軼事。宋亡後，又「聞退璫老監談先朝舊事」，「追想昔遊，殆如夢寐」，因而「摭大概，雜然書之」，編爲是書。以古杭州别名「武林」，故取爲書名。

本書仿孟元老《東京夢華録》體例，于臨安之宫殿建置、山川景物、歲時節俗、物産飲食等皆備載詳録。所記乾道、淳熙間三朝授受、兩宫奉親諸事，及皇族日常生活禮儀等頗爲詳盡。有關諸市作坊、瓦子勾欄、歌館酒樓及遊藝競技等内容，亦爲當時市民生活的真實寫照，是研究南宋社會生活和民間風俗的可貴資料。尤其是「乾淳教坊樂部」「諸色伎藝人」「官本雜劇段數」等篇，記載了近千名藝人、近百種樂舞表演和數百種雜劇演出劇碼，是研究南宋文學藝術和戲劇史的最重要史料。

本書雖備載臨安的承平繁華，實則處處藴含作者「時移物换，憂患飄零」之感慨。對臨安盛景的描繪，抑或是作者喪國之痛的寄託。一如四庫館臣之評價：「湖山歌舞，靡麗紛華，著其盛，正著其所以衰。遺老故臣，惻惻興亡之隱，實曲寄於言外，不僅作風俗記、都邑簿也。」

本書版本較爲複雜，明正德十三年（一五一八），宋廷佐取此書前六卷刊行於世。萬曆間，陳繼儒輯刻《寶顔堂秘笈》時，刊足全書。清鮑廷博以元抄本參校宋廷佐六卷本（簡稱「宋刻本」）和陳繼儒《寶顔堂秘笈》的《後武林舊事》五卷本（簡稱「陳刻本」），刊入《知不足齋叢書》，爲此書的最佳版本。本次整理以《知不足齋叢書》本爲底本，校以《四庫全書》本、《説郛》本、《武林掌故叢編》本及《寶顔堂秘笈》本。底本中原有一些校勘性的小字注文，其中有價值的内容已被採納入校記，故予删除。整理過程中參考了中華書局李小龍、趙鋭評注本和浙江古籍出版社錢之江校注本，一併感謝。

序

乾道、淳熙間，三朝授受，兩宫奉親，古昔所無。一時聲名文物之盛，號「小元祐」。豐亨豫大，至寶祐、景定，則幾於政、宣矣。予曩於故家遺老得其梗槩，及客脩門閒，聞退璫老監談先朝舊事，輒耳諦聽，如小兒觀優，終日夕不少倦。既而曳裾貴邸，耳目益廣，朝歌暮嬉，酣玩歲月，意謂人生正復若此，初不省承平樂事爲難遇也。及時移物换，憂患飄零，追想昔遊，殆如夢寐，而感慨係之矣。歲時檀欒，酒酣耳熱，時爲小兒女戲道一二，未必不反以爲誇言欺我也。每欲萃爲一編，如吕滎陽《雜記》而加詳，孟元老《夢華》而近雅，病忘慵惰，未能成書。世故紛來，懼終於不暇紀載，因摭大槩，雜然書之。青燈永夜，時一展卷，恍然類昨日事。而一時朋遊淪落，如晨星霜葉，而余亦老矣。噫，盛衰無常，年運既往，後之覽者，能不興愾我寤歎之悲乎！四水潛夫書。

校勘記

目録

卷一　九
慶壽册寶　四孟駕出　大禮南郊　明堂　登門肆赦　恭謝　聖節
卷二　二三
御教　御教儀衛次第　燕射　公主下降　唱名　元正　立春
元夕　舞隊　燈品　挑菜　進茶　賞花
卷三　三七
西湖遊幸都人遊賞　放春　社會　祭埽　浴佛　迎新　端午
禁中納涼　都人避暑　乞巧　中元　中秋　觀潮　重九　開
爐　冬至　賞雪　歲除　歲晚節物
卷四　五〇
故都宫殿　乾淳教坊樂部
卷五　六三

湖山勝概

卷六　七九

諸市　瓦子勾欄　酒樓　歌館　賃物　作坊　驕民　游手

市食　果子　菜蔬　粥　羓鮓　涼水　糕　蒸作從食【二】

諸色酒名　小經紀他處所無者　諸色伎藝人

卷七　九五

乾淳奉親

卷八　一〇七

車駕幸學　人使到闕　宮中誕育儀例略　冊皇后儀　皇后歸謁家廟

皇子行冠禮儀略

卷九　一二〇

高宗幸張府節次略

卷十　一二九

官本雜劇段數　張約齋賞心樂事并序　約齋桂隱百課

【二】自「果子」至「蒸作從食」，原闕，據本書正文補。

附録　一一三八

宋氏武林舊事跋　陳氏秘笈後武林舊事序　讀書敏求記一則　西湖志一則　諸本跋文

卷一

慶壽册寶

壽皇聖孝，冠絶古今，承顔兩宮，以天下養。一時盛事，莫大於慶壽之典，今摭録大略於此。淳熙三年，光堯聖壽七十，預於舊歲冬至加上兩宮尊號，立春日行慶壽禮。至十三年，太上八十，正月元日再舉慶典。其日，文武百僚集大慶殿，各服朝服，用法駕五百三十四人，大樂四十八架【一】，樂正、樂工一百八十八人，及列儀仗鼓吹於殿門外。上服通天冠，絳紗袍，執大圭，恭行册寶之禮。鼓吹振作，禮儀使已下皆導從。上乘輦從至德壽宮，俟太上升御座，宮架樂作，皇帝北向再拜，奏起居，致詞曰：「臣某稽首言，伏惟聖號太上皇帝陛下壽同天永，德與日新，典册揚徽，華夷賴慶。」左相宣答曰：「聖號太上皇帝聖旨：皇帝迎陽展采，鏤牒榮親，何幸吾身屢觀盛事。」次皇太子以下稱賀致詞，宣答訖，並再拜舞蹈，禮畢。次詣太上皇后殿，行禮如前。候解嚴訖，皇帝入宮，進奉禮物，行家人禮，御宴極歡。自皇帝以至羣臣禁衛吏卒，往來皆簪花。後三日，百官拜表稱賀於文德殿，四方萬姓，不遠千里，快覩盛事。都民垂白之老，喜極有至泣下者。楊誠齋詩云：

校勘記

【一】大樂四十八架　「四十八架」原作「四十八人架」，據宋廷佐刻本（以下簡稱「宋刻本」）、寶顔堂秘笈本（以下簡稱「秘笈本」）、説郛本及《宋史·禮志》改。

「長樂宮前望翠華，玉皇來賀太皇家。青天白日仍飛雪，錯認東風轉柳花。」「春色何須羯鼓催，君王元日領春回。牡丹芍藥薔薇朵，都向千官帽上開。」任斯菴詩云：「金爵觚稜曉日開，三朝喜氣一時回。聖人先御紅鸞扇，天子龍輿萬騎來。」「霜曉君王出問安，寶香隨輦護朝寒。五雲深處三宫宴，九奏聲中二聖歡。」

四孟駕出

先期，禁衛所、閤門牒臨安府約束居民，不許登高及衩袒觀看，男子竝令衫帶，婦人裙背。仍先一日封閉樓門，取責知委，不許容著來歷不明之人。殿步三司分撥統制、將官、軍兵六千二百人擺齪諸巷。大禮則倍此數。至日五鼓，地分頭項沿門驅逐雜人外，儀衛節次如后：

地分約攔。諸廂約攔。緝捕使臣。都轄官約攔。軍器庫從物。內藏庫從物。御酒庫從物。御廚從物。祇候庫從物。騏驥院御馬。兩行。御藥院藥架。引從舍人。兩行。諸司庫務官。兩行。搜視行宫司。行宫殿門。控攏親從。二百十五人。前驅親從。兩行，各二十一人。贊喝舍人。兩行，各八人。天武。兩行，各八人，居外。都下親從。兩行，各八人，居內。駕頭。閤門祇候乘騎捧駕。引駕主首【二】。兩行，各五人。閤門提點。兩行。御史臺知班。兩行。尚書省録事。密院副承旨。珠子御座。御馬院馬。喝御座【三】。閤門簿書。兩行。宣贊舍人。兩行。

【二】引駕主首　宋刻本、秘笈本、説郛本、四庫本（以下統稱上述四本爲「諸本」）作「引主駕首」。

【三】喝御座　原作「喝咎座御」，據諸本改。

茶酒班。環衛官。帶御器械。攔前等。輦官人員。逍遥輦。輦官十六人。御輦院官。閤門承受。兩行。御燎子頭籠。翰林司官。御絲鞵所。御服所。御座馬。兩行，十匹。馬院總管。御軍器庫。睿思殿庫。閤門車。閤門覺察官。兩行。長入祗候。兩行，各二十六人。茶酒班殿侍。各二十一人【四】。快行親從。各三十二人。擊鞭。兩行，各七人。殿前指揮使。兩行，各二十一人【五】，居外。茶酒班殿侍。兩行，各六人，執從物，居内。編排禁衛行子。三十人【六】，於内，往來編排。等子人員十將。兩行，各四人，居外。御龍直。共八十二人，執從物，居内。知閤門事。乘馬，行圍子内。步帥。乘馬，行圍子内。親從方圍子。兩行，各一百四十人。圍子兩邊各四重：第一重。内殿直已下，兩邊各一百人。第二重。崇政殿圍子，兩邊各一百人。第三重。御龍直，兩邊各一百人。第四重。崇政殿圍子，兩邊各一百人。水手并覘捕等子。兩邊各五人。攔前崇政殿親從。十七人。殿帥。乘騎，行圍子内中道。主管禁軍所内官。等子【七】。兩邊各二十五人，居外。中道。第二日并恭謝，教坊樂人迎駕，念致語口號等，并教坊樂部於此排立。快行親從。兩行，各三十人。塵斧拂子。水晶骨朵。香毬。二人【八】。打燭快行。兩行，駕回不用。編排官。二人。執燭籠親從【九】。兩行，各七十四人，到衆安橋去燭，駕回先行。行門。兩行，各十二人。當食官。聽宣官。輦官人員。平輦。輦官，十六人。黄羅御繖。二。黄羅御扇。二。挾輦御藥。帶插外御帶。帶插閤下官。閤門覺察舍人。攔後圍子。挾輦指揮使。各二十一人。輦後樂。東西兩邊共三十六人【一〇】，第一日不作。天武。兩行，各八人，居外。都下親從。兩行，各八人。扇筤。挾輦内殿直。各二十二人。宰臣。使相。執政。

【四】各二十一人　「二十一」，諸本作「三十一」。

【五】兩行各二十一人　「二十一」，諸本作「三十一」。

【六】三十人　「三十」，諸本作「三十一」。

【七】主管禁軍所　「禁軍」，宋刻本、説郛本、四庫本作「禁衛」。

【八】香毬二人　諸本作「香毬二」，無小字。

【九】執燭籠親從　「燭籠」，宋刻本、説郛本、四庫本作「燈籠」。

【一〇】東西兩邊共三十六人　「共」，諸本作「各」。

宰執後約攔親從。二十二人【一一】。從駕臣僚分東西兩班。東班係尚書、侍郎、兩制等官，西班係正位宗室、遙郡。閤門覺察宣贊舍人。侍從後約攔親從。各二十二人。

車駕所經，諸司百官皆結綵門迎駕起居。俟駕頭將至，知班行門喝：「班到排立。」次喝：「躬身拜，再拜。」駕回不拜，值雨免拜。班首奏「聖躬萬福」，唱喏【一二】，直身立。齪巷軍兵則呼「萬歲。」

大禮南郊　明堂

三歲一郊，預於元日降詔，以冬至有事於南郊，或用次年元日行事。明堂止於半年前降詔，用是歲季秋上辛日。先於五六月內擇日命司漕及修內司修飾郊壇【一三】，及絞縛青城齋殿等屋，凡數百間，悉覆以葦席，護以青布。并差官兵修築泥路，自太廟至泰禋門，又自嘉會門至麗正門，計九里三百二十步，明堂止自太廟至麗正門。皆以潮沙填築，其平如席，以便五輅之往來。每隊各有歌頭，以綵旗爲號，唱和杵歌等曲以相。兩街居民各以綵段錢酒爲犒。又命象院教象，前導朱旗，以二金三鼓爲節，各有幞頭紫衣蠻奴乘之，手執短钁，旋轉跪起，悉如人意，市井因競市繪塑小象以饋遺四方。又以車五乘，壓之以鐵，多至萬斤，與輅輕重適等，以觀疾徐傾側之勢。至前一月進呈，謂之「閃試」。及駕出前一日，縛大綵屋於太廟前，置輅其中，許都人觀瞻。先自前一月以來，次第按試習儀，殆無虛日。郊前十

【一一】二十二人　「二十二人」，諸本作「各二十二人」。

【一二】唱喏　原作「喝唱」，據諸本改。

【一三】擇日命司漕及修內司　「司漕」，諸本作「帥漕」。

日，執事陪祀等官竝受誓戒於尚書省。宗室赴太廟受誓戒。前三日，百官奏請皇帝致齋於大慶殿。是日，上服通天冠、絳紗袍，綪結佩，陞高座。侍中奏請降座，就齋室。次日，車駕詣景靈宮，服衮冕行禮。儀從竝同四孟。禮畢駕回，就赴太廟齋殿宿齋。是夕四鼓，上服衮冕，詣祖宗諸室行朝饗之禮。是夜，鹵簿、儀仗、軍兵於御路兩傍分列，間以粆盆賁燭，自太廟直至郊壇泰禋門，輝映如晝。宰執、親王、貴家巨室列幕櫛比，皆不遠千里，不憚重費，預定於數月之前，而至期猶有爲有力所奪者。珠翠錦繡，絢爛於二十里間，雖寸地不容閒也。歌舞游遨，工藝百物，輻輳爭售，通宵駢闐。至五鼓，則𥢶稍先驅，所至皆滅燈火，蓋清道祓除之義。黎明，上御玉輅，從以四輅，金、象、革、木。導以馴象，千官百司，法駕儀仗，錦繡雜遝，蓋十倍孟饗之數，聲容文物，不可盡述。次第出嘉會門，至青城宿齋。明堂則徑入麗正門齋殿齋宿。四壁皆三衙諸軍，周廬坐甲，軍幕旌旗，布列前後，傳呼唱號，列燭互巡，往來如織。行宮至暮則嚴更警場，太廟齋宿亦然。鼓角轟振。又有衞士十餘隊，每隊十餘人，互喝云：「是與不是？」衆應曰：「是！」又喝云：「是甚人？」衆應曰：「殿前都指揮使某人。」謂之「喝探」【一四】。至三鼓，執事、陪祀官竝入，就黄壇排立。萬燈輝耀，燦若列星。凡齯燈皆自爲誌號，謂如捧俎官【一五】，則畫一人爲捧俎之狀等類，蓋燈多，不容不以此辨認，亦有好奇可笑者。用丑時一刻行事，至期，上服通天冠、絳紗袍，乘輦至大次，禮部侍郎奏中嚴外辨，禮儀使奏請皇帝行事。上服衮冕，步至小次，升自午階，

【一四】謂之喝探　「喝探」原作「喝攔」，據宋刻本、秘笈本、説郛本、《夢粱録》等改。

【一五】謂如捧俎官　諸本無「謂」字。

天步所臨，皆藉以黄羅，謂之「黄道」。中貴一人，以大金合貯片腦迎前撒之，禮儀使前導，殿中監進大圭。至版位，禮直官奏：「有司謹具，請行事。」宫架樂作，自此上進止皆樂作。時壝壇内外凡數萬衆，皆肅然無譁。天風時送佩環韶濩之音，真如九天吹下也。太社令升煙，燔牲首【一六】。上先詣昊天位，次皇地祇，次祖宗位，奠玉，祭酒，讀册，文武二舞，次亞、終獻，禮畢。上詣飲福位，受爵，飲福酒。登歌樂作。禮直官喝：「賜胙。」次送神，次望燎訖，禮儀使奏「禮畢」。上還大次，更衣，乘輦還齋宫。百僚追班，賀禮成於端誠殿。黎明，上乘大安輦，從以五輅進發。教坊排立，奏念致語口號訖，樂作，諸軍隊伍亦次第鼓吹振作。千乘萬騎如雲奔潮湧，四方萬姓如鱗次蟻聚，迤邐入麗正門。教坊排立，再奏致語口號。舞畢，降輦小憩，以俟辨嚴，登門肆赦。弁陽老人有詩云：「黄道宫羅瑞腦香，袞龍升降佩鏘鏘。大安輦奏乾安曲，萬點明星簇紫皇。」又曰：「萬騎雲從簇錦圍，内官排立馬如飛【一七】。九重閶闔開清曉，太母登樓望駕歸。」李鶴田詩云：「嚴更頻報夜何其，萬甲聲傳遠近隨。梔子燈前紅炯炯，大安輦上赴壇時。」

郊壇，天盤至地高三丈二尺四寸，通七十二級，分四成。上廣七丈，共十二階，分三十六龕。午階闊一丈，主上升降由此階，其餘各闊五尺。

圓壇之上，止設昊天上帝、皇地祇二神位，及太祖、太宗配。三十六龕共祀五帝【一八】、太乙、感生、北極、北斗及分祀衆星三百六十位。

【一六】燔牲首　原作「燔牲旨首」，據宋刻本、秘笈本、説郛本改。

【一七】内官排立馬如飛　「立」原作「辦」，據諸本改。

【一八】三十六龕　「三」原作「天」，據武林掌故叢編本改。

儀仗用六千八百八十九人，自太廟排列至青城。

玉輅下祗應人共三百二十一人：呵喝人員二人，教馬官二人，挾捧輪將軍四人，推輪車子官健八人，駕士班直二百三十二人，千牛衛將軍二員，抱太常龍旗官六員，職掌五人，專知官一名，手分一名，庫子八人，裝挂匠二人，諸作工匠十五人，蓋覆儀鸞司十一人，監官三員。

金、象、革、木輅，每輅下一百五十六人。玉輅青飾，金輅黄飾，象輅紅飾，革輅淺色飾，木輅黑飾。輅下人冠服竝依輅色。

玉輅前儀仗騎導：騎導官，左壁文臣，右壁武臣。

六軍儀仗官兵二千二百三十二人。左右諸衛將軍十三員。中道五員，左右八員。

金吾街仗司：執纛稍八十人，攝將軍八員，仗下監門二十六員，鼓吹五百八十三人，導駕樂人三百三十人。

登門肆赦

其日，駕自文德殿詣麗正門御樓，教坊作樂迎導，參軍色念致語，雜劇色念口號。至御幄降輦，門下、閤門進「中嚴外辨」牌訖，御藥喝「捲簾」【一九】。上出幄臨軒，門下鳴鞭，宮架奏曲。簾捲，扇開，樂止，撞右五鐘。黄繖纔出，門下宰臣以下兩拜，分班立。門上中

【一九】御藥喝捲簾　「喝」原作「喝唱」，據諸本改。

書令稱：「有敕，立金鷄。」門下侍郎應喏，宣「奉敕立金鷄」。鷄竿一起，門上仙鶴童子捧赦書降下，閤門接置案上，太常寺擊鼓，鼓止，捧案至樓前中心。知閤稱「宣付三省」。參政跪受，捧制書出班跪奏，請付外施行。門上中書令承旨宣曰：「制可。」門下參政稱「宣付三省」。遂以制書授宰臣。跪受訖，閤門提點開拆，授宣赦舍人，捧詣宣制位，起居舍人一員摘句讀。舍人稱「有制」，宰臣以下再拜。俟讀至「咸赦除之」，獄級奏脱枷訖，罪囚應喏，三呼萬歲，歌呼而出。候宣赦訖，門上舍人贊，樞密及中書令曲賀兩拜，門下宣制舍人捧制書授宰臣【二〇】，宰臣授刑部尚書，尚書授刑房録事訖，歸班兩拜，致詞，三舞蹈，三叩頭。知閤稱「有制」，宰臣已下再拜。知閤宣答云：「若時大慶，與卿等同之。」又拜舞如前。門上中書令奏「禮畢」，扇合，宮架樂作，簾降，樂止，撞左五鐘。門下禮部郎中奏解嚴，上還幄次。門下鳴鞭，舍人喝：「奉敕放仗。」宰臣已下再拜，退。次宣勞將士訖，乘輦歸内。至南宮門，教坊迎駕，念致語口號如前。至文德殿，降輦，舞畢，退。弁陽翁詩云：「換輦登門捲御簾，侍中承制舍人宣。鳳書乍脱金鷄口，一派歡聲下九天。」

金鷄竿，長五丈五尺，四面各百戲一人緣索而上，謂之「搶金鷄」。先到者得利物，呼萬歲。纈羅襖子一領，絹十匹，銀碗一隻，重三兩。

諸州進奏院各有遞鋪腰鈴黄旗者數人，俟宣赦訖，即先發太平州、萬州、壽春府，取「太平萬壽」之語。以次俱發，鈴聲滿道，都人競觀。

【二〇】捧制書授宰臣　原「制書」上有「赦」字，據諸本删。

樓下排立次第：青龍、白虎旗各一，信旗二，方扇二，方圓罕畢二，潼四，劍二，將軍二，僧衆，居左。道衆，居右。玉輅，居中。太常宫架樂，宣赦臺，招拜紅旗，擊鼓，三院罪囚獄級，居左。御馬六匹，居右。宣制位，居中。横門，快行，承旨，三省官已下。

恭謝

大禮後，擇日行恭謝禮。第一日，駕出，如四孟儀。詣景靈宫天興殿聖祖前行恭謝禮，次詣中殿祖宗神御前行禮，還齋殿進膳訖，引宰臣以下賜茶。茶畢，奏事訖，還内。第二日，上乘輦自後殿門出，教坊都管已下於祥曦殿南迎駕起居，參軍色念致語，雜劇色念口號，樂作，駕後樂東西班則於和寧門外排立，後從作樂。將至太乙宫，道士率衆執威儀於萬壽觀前，入圍子内迎駕起居，作法事，前導入太乙宫門降輦，候班齊，詣靈休殿參神。次詣五福、十神、太乙，次詣申佑殿、本命。北辰殿、通真殿、佑聖。順福殿、太后本命。延壽殿、南極。火德殿。禮畢，宣宰臣以下合赴坐官竝簪花，對御賜宴。上服幞頭，紅上蓋，玉束帶，不簪花。教坊樂作。前三盞用盤盞，後二盞屈巵。御筵畢，百官、侍衛、吏卒等竝賜簪花從駕，縷翠滴金，各競華麗，望之如錦繡。衙前樂都管已下三百人，自新椿橋西中道排立迎駕，念致語口號如前。樂動《滿路花》，至殿門，起《壽同天》曲破，舞畢，退。姜白石有詩云：「六軍文武浩如雲，花簇頭冠樣樣新。惟有至尊渾不戴，盡將春色賜羣臣。」

「萬數簪花滿御街，聖人先自景靈回。不知後面花多少，但見紅雲冉冉來。」是日，皇后及內中車馬先還，宮中呼后爲「聖人」。

聖節

其日，候宰執奏事訖，追班。上坐垂拱殿，先引樞密院并管軍官上壽，東京分爲二日，今只併爲一日。禮畢，再坐紫宸殿，上公已下分立。候奏班齊，上公詣御茶牀前，躬進御酒，跪致詞云：「文武百僚臣某等稽首言：天基令節，聖節名，逐朝換。臣等不勝大慶，謹上千萬歲壽。」下殿再拜。樞密宣答云：「得公等壽酒，與公等內外同慶。」又再拜。教坊樂作，接盞訖，跪起舞蹈如儀。閤門官喝「不該赴坐官先退」，樞密喝「羣臣升殿」，閤門分引上公已下合赴坐官升殿。第一盞宣視盞，送御酒，歌板色唱《祝堯齡》，賜百官酒，觱篥起，舞《三臺》，後竝準此。供進肉鹹豉【一二】。第二盞賜御酒，歌板起中腔，供進雜爆。第三盞歌板唱踏歌，供進肉鮓。候內官起茶牀，樞密跪奏禮畢，羣臣降階，舞蹈，拜，退。此上壽儀大略也，若錫宴節次，大率如《夢華》所載，茲不贅書。今偶得理宗朝禁中壽筵樂次，因列於此，庶可想見承平之盛觀也。

天基聖節排當樂次：正月五日。

樂奏夾鍾宮，觱篥起《萬壽永無疆》引子，王恩。

【一二】供進肉鹹豉　「肉」原作「内」，據四庫本及《老學庵筆記》卷一改。

上壽：第一盞，觱篥起《聖壽齊天樂慢》，周潤。第二盞，笛起《帝壽昌慢》，潘俊。第三盞，笙起《昇平樂慢》，侯璋。第四盞，方響起《萬方寧慢》，余勝。第五盞，觱篥起《永遇樂慢》，楊茂。第六盞，笛起《壽南山慢》，盧寧。第七盞，笙起《戀春光慢》，任榮祖。第八盞，觱篥起《賞仙花慢》，王榮顯。第九盞，方響起《碧牡丹慢》，彭先。第十盞，笛起《上苑春慢》，胡寧。第十一盞，笙起《慶壽樂慢》，侯璋。第十二盞，觱篥起《柳初新慢》，劉昌。第十三盞，諸部合《萬壽無疆薄媚》曲破。

初坐：樂奏夷則宮，觱篥起《上林春》引子，王榮顯。第一盞，觱篥起《萬歲梁州》曲破，齊汝賢。舞頭，豪俊邁。舞尾，范宗茂。第二盞，觱篥起《聖壽永》歌曲子，陸恩顯。琵琶起《捧瑶卮慢》，王榮祖。第三盞，唱《延壽長》歌曲子，李文慶。嵇琴起《花梢月慢》，李松。第四盞，玉軸琵琶獨彈正黄宮《福壽永康寧》，俞達。拍，王良卿。觱篥起《慶壽新》，周潤。進彈子笛哨【二二】，潘俊。杖鼓，朱堯卿。拍，王良卿。進念致語等，時和。「伏以華樞紀節，瑶墀先五日之春；玉歷發祥，聖世啓千齡之運。歡騰薄海，慶溢大廷，恭惟皇帝陛下睿哲如堯，儉勤邁禹。躬行德化，躋民壽域之中；治洽泰和，措世春臺之上。皇后殿下道符坤順，位儷乾剛。宫闈資陰教之修，海宇仰母儀之正。有德者必壽，八十箇甲子環周；申命其用休，億萬載皇圖鞏固。臣等生逢華旦，叨預伶官，輒採聲詩，恭陳口號：上聖天生自有真，千齡寶運紀

【二二】進彈子笛哨　「彈子」，宋刻本、秘笈本、説郛本作「譚子」。

休辰。貫樞瑞彩昭璇象，滿室紅光裊翠麟。黄閣清夷瑶莢曉，未央閒暇玉卮春。箕疇五福咸敷斂，皇極躬持錫庶民。日遲鸞旆，喜聆舜樂之和；天近鵷墀，宜進齊諧之伎。上奉天顔。」吴師賢已下，上進小雜劇。雜劇，吴師賢已下做《君聖臣賢爨》，斷送《萬歲聲》。第五盞，笙獨吹小石角《長生寶》宴樂，侯璋。拍，張亨。笛起《降聖樂慢》，盧寧。雜劇，周朝清已下做《三京下書》，斷送《遶池遊》。第六盞，箏獨彈高雙調《聚仙歡》，陳儀。拍，謝用。方響起《堯階樂慢》，劉民和。聖花，金寶。第七盞，玉方響獨打道調宫《聖壽永》，余勝。拍，王良卿。箏起《出墻花慢》，吴宣。雜手藝《祝壽進香仙人》，趙喜。第八盞，《萬壽祝天基》斷隊。第九盞，簫起《縷金蟬慢》，傅昌寧。笙起《託嬌鶯慢》，任榮祖。第十盞，諸部合《齊天樂》曲破。

再坐：第一盞，觱篥起《慶芳春慢》，楊茂。笛起《延壽曲慢》【一三】，潘俊。第二盞，箏起《月中仙慢》，侯端。嵇琴起《壽爐香慢》，李松。第三盞，觱篥起《慶簫韶慢》，王榮祖。笙起《月明對花燈慢》【一四】，任榮祖。第四盞，琵琶獨彈高雙調《會羣仙》。方響起《玉京春慢》，余勝。雜劇，何晏喜已下做《楊飯》，斷送《四時歡》。第五盞，諸部合《老人星降黄龍》曲破。第六盞，觱篥獨吹商角調《筵前保壽樂》。雜劇，時和已下做《四偌少年遊》，斷送《賀時豐》。第七盞，鼓笛曲《拜舞六幺》。弄傀儡《踢架兒》，盧逢春。第八盞，簫獨吹雙聲調《玉簫聲》。第九盞，諸部合無射宫《碎

【一三】笛起延壽曲慢　宋刻本、秘笈本、説郛本無「曲」字。

【一四】笙起月明對花燈慢　「對」，秘笈本、説郛本作「起」。

錦梁州歌頭》大曲。雜手藝《永團圓》，趙喜。第十盞，笛獨吹高平調《慶千秋》。第十一盞，琵琶獨彈大呂調《壽齊天》。撮弄《壽果放生》，姚潤。第十二盞，諸部合《萬壽興隆樂》法曲。第十三盞，方響獨打高宮《惜春》。傀儡舞《鮑老》。第十四盞，箏、琶、方響合《纏令神曲》。第十五盞，諸部合夷則羽《六幺》。巧百戲，趙喜。第十六盞，管下獨吹無射商《柳初新》【二五】。第十七盞，鼓板。舞綰《壽星》，姚潤。第十八盞，諸部合《梅花伊州》。第十九盞，笙獨吹正平調《壽長春》。傀儡《群仙會》，盧逢春。第二十盞，觱篥起《萬花新》曲破。

祗應人。都管：周朝清、陸恩顯。雜劇色：吳師賢、趙恩、王太一、朱旺、豬兒頭。時和、金寶、俞慶、何晏喜、沈定、吳國賢、王壽、趙寧、胡寧、鄭喜、陸壽。歌板色：李文慶。拍板色：王良卿、張亨、謝用。簫色：傅昌寧、朱明復、李允信。箏色：陳儀、豪輔文、吳宣、豪俊賢、徐顯祖、張廣。琵琶色：王榮祖、俞達、豪俊民、豪俊邁、段繼祖。嵇琴色：李松、侯端、孫民顯。笙色：侯璋、葉茂青、任榮祖、董茂、張瑾、潘寶、姚拱、范椿、孫昌、莫正、周珍、馬椿、姚舜臣、陳保。觱篥色：齊汝賢、周潤、楊茂、王恩、王榮顯、姜師賢、劉昌、楊彬、王福、杜明、喻祥、周忠恕、夏福、徐珏、周喜、聞澄、沈壽、丁預、鄭亨、周佐、楊瑾、沈康、鄭聰、莫壽、潘顯祖、時潤、胡佾、周信、李圭、李潤、史顯、金壽。笛色：楊德茂、潘俊、盧寧、彭俊、賀昌、賀壽、胡師文、壽椿、姚寶、張茂祖、崔興、朱珍、張茂才、金貴、潘顯祖、沈

【二五】柳初新　諸本作「柳初春」。

壽、周興、李大用、董大有、金明、趙喜、莫及、張春、葉茂、胡寧、任顯、張椿、孫寧、彭進、李榮、全寧、金彦恭、董喜、王佑、來亨、王喜、顧和、顧松、金顯、董寧、杜松、李椿、張椿、何福、管思齊、朱喜、花椿、李拱辰。方響色：余勝、彭先、劉民和、黄桂、姜大亨、張榮。杖鼓色：朱堯卿、馮喜、時忠、施榮、朱拱辰、周忠、李顯、姚寶、葉茂、李榮祖。大鼓色：王喜、鄧珍、王宣、顧榮。舞旋色：范宗茂。内中上教：張明、倪椿、潘恩、石琇、張琳。弄傀儡：盧逢春等六人。雜手藝：姚潤等九人。女厮撲：張椿等十人。築毬軍：陸寶等二十四人。百戲：沈慶等六十四人。百禽鳴：胡福等二人。

卷二

御教

壽皇留意武事，在位凡五大閱。乾道二年、四年、六年，淳熙四年、十年。或幸白石，或幸茅灘，或幸龍山。一時儀文士馬、戈甲旌旗之盛，雖各不同，今撮其要，以著於此。

先一日，諸軍人馬全裝執色，於教場東布列軍幕宿營。至日，殿前馬步諸軍先赴教場下方營，并親隨軍排列將壇之後。質明，三衙管軍官竝全裝從駕。上自祥曦殿戎服乘馬，太子、親王、宰執、近臣竝戎服乘騎以從。護聖馬軍八百騎，分執槍旗弓矢軍器，前後奏隨軍番部大樂等。詳見後御教儀衛次第。駕入教場，升幄殿。殿帥執撾躬奏：「諸司人馬排齊【一】。」舉黃旗招諸軍向御殿敲梆子，一鼓唱喏，一鼓呼「萬歲」，再一鼓又呼「萬歲」，疊鼓呼「萬萬歲」，又一鼓唱喏。殿帥奏取聖旨，鳴角發嚴。上御金裝甲冑，登將壇幄殿，鳴角戒嚴。殿帥奏取聖旨，馬步軍整隊成屯，以備教戰。連三鼓，馬軍上馬，步軍起旗槍，分東西爲應敵之勢。舉白旗教方陣，黃旗變圓陣，皂旗變曲陣，青旗變直陣，緋旗變鋭陣，緋心皂旗作長蛇陣，緋心青旗作伏虎陣【二】。殿帥奏取聖旨，兩陣各遣勇將挑戰，變八圓

校勘記

【一】諸司人馬排齊　「排齊」，諸本作「排立齊」。

【二】緋心青旗作伏虎陣　「青」，諸本作「白」。

陣。疊鼓舉旗，左馬軍戰右步軍，右馬軍戰左步軍。再疊鼓交旗，擊刺混戰。三疊金分陣，大勢馬軍四面大戰。三疊金分陣。殿帥奏教陣訖，取旨，人馬擺列，當頭鳴角簇隊，以候放教。諸軍呈大刀、車砲、煙槍諸色武藝。御前傳宣，撫諭將士，射生官進獻麞鹿。上更戎服，賜宰臣以下對御酒五行，殿帥奏取旨謝恩如前。唱喏訖，駕出教場。是日，太上皇於都亭驛設簾幄以觀。駕至，邀上入幄，宣唤管軍官賜大金椀酒於簾外。都人贊歎，以爲盛觀。時殿司旗幟以黄，馬司以緋，步司以白。以道路隘促，止用從駕軍一萬四千二百人【三】，分爲二百四十八小隊。戈甲耀日，旌旗蔽天，連亘二十餘里，粲如錦繡。都人縱觀，以爲前所未有。凡支犒金銀錢帛以鉅萬計，悉出内庫，户部不與焉。

御教儀衛次第

文物儀衛竝同四孟駕出，今止添入後項。

彈壓前隊侍立使臣都轄，執黄龍旗使臣【四】，執繡龍旗使臣，帶弓箭、汗胯、豹尾使臣四員，帶汗胯、員琦劍使臣十員【五】，彈壓後隊侍立使臣都轄，黄羅戲珠龍旗，黄繡龍旗二，豹尾使臣四，員琦劍使臣十人，供進馬四匹，帶甲御馬，御前金裝甲馬，管押使臣幕士，内中正供馬，獸醫押槽，黄繡龍傳宣旗二，小龍傳宣旗十，隨逐巡視官，馬院禁衛官，引馬監官二員，供馬監官二員，聖駕供鞭通管二員，掇梢提轄二員，日烏

【三】止用從駕軍一萬四千二百人　宋刻本、秘笈本作「一萬二千四百人」，分爲二百四十八小隊，各爲五十人，疑是。

【四】執黄龍旗使臣　原作「執黄團龍旗使臣」，據宋刻本、秘笈本、四庫本改。

【五】員琦劍使臣十員　「琦」，諸本作「騎」，下同。

獨脚旗，挾駕指揮使四十二人，銷金龍旗二，犀皮御座椅，鈐鎚刀子，左。匙筯刀子，右。青氈御笠，褐氈御笠，金鳳瓶，絲鞵篋子，御膳篋子，玉靶于闐刀，金洗漱，皂白御韉，馬腦于闐刀，水晶于闐刀，通犀于闐刀，角靶于闐刀，酒鱉子，大小。白豹皮杖樝，梳刷馬盂袋，墨漆套盤，圭木套盤，白虎皮杖樝，銷金弓箭葫蘆，虎豹皮弓箭袋葫蘆，飲水角，拍板二，哨笛四，番鼓二十四人，彈壓樂器使臣，管押訓練官，杏黃龍旗二，觱篥二，札子九，大鼓十，龍笛四，從駕官宰臣已下，並如常日。臨安府彈壓官屬。

燕射

淳熙元年九月，孝宗幸玉津園講燕射禮，皇太子、宰執、使相、侍從、正任皆從。輦至殿門外少駐，教坊進念致語口號，作樂。出麗正門，由嘉會門至玉津園賜宴。酒三行，上服頭巾窄衣，束帶絲鞵，臨軒。內侍御帶進弓箭，看箭人喝「看御箭！」教坊樂作，射垛前排立招箭班應喏。皇帝第二箭射中，皇太子已下各再拜稱賀，進御酒，并宣勸訖。皇太子及臣僚射弓，第四箭射中。上再射第五箭，又中的，傳旨不賀。舍人先引皇太子當殿賜窄衣、金束帶，次引射中臣僚受賜如前。再進御酒，奏樂，用雜劇。次賜宰臣以下十兩銀碗各一隻。上賦七言詩，丞相曾懷已下屬和以進。上乘逍遥輦出玉津園，教坊進念口號。至祥曦殿，降輦。招箭班者，服紫衣幞頭，叉手立於垛前，御箭之來，能以幞頭取勢轉導入的，亦絶伎也。

公主下降

南渡以來，公主無及嫁者。獨理宗朝周漢國公主出降慈明太后姪孫楊鎮，禮文頗盛，今摭梗概於此。先是，擇日遣天使宣召駙馬至東華門，引見便殿。賜玉帶、鞾、笏、鞍馬及紅羅百匹、銀器百兩、衣著百匹、聘財銀一萬兩。對御賜筵五盞，用教坊樂。候畢，謝恩訖，乘塗金御仙花鞍轡狨座馬，執絲鞭，張三簷繖，教坊樂部五十人前引還第，謂之「宣繫」。進財物件，竝照《國朝會要》，太常寺關報有司辦造。先一月，宣宰執常服繫鞵，詣後殿西廊觀看公主房奩：真珠九翬四鳳冠，褕翟衣一副，真珠玉珮一副，金革帶一條，玉龍冠，綬玉環，北珠冠花篦環，七寶冠花篦環，真珠大衣背子，真珠翠領四時衣服，疊珠嵌寶金器，塗金器，貼金器，出從貼金銀裝檐等，錦繡銷金帳幔、陳設、茵褥、地衣、步障等物。

其日，駙馬常服玉帶，乘馬至和寧門，易冕服。至東華門，用鴈幣、玉馬等行親迎禮。用熙寧故事。公主戴九翬四鳳冠，服褕翟纏袖【六】，升檐。其前：天文官，本位從物從人，燭籠二十，本位使臣，插釵童子八人，方扇四，圓扇四，引障花十，提燈二十，行障、坐障。

皇后親送，乘九龍檐子，皇太子乘馬，圍子左右兩重。其後太師判宗正寺榮王、榮王夫人及諸命婦。至第，賜御筵九盞。筵畢，皇后、太子先還，公主歸位，行同牢禮。用開寶

【六】服褕翟纏袖　「纏」，諸本作「纒」。

禮。然後親行盥饋舅姑之禮，開寶通禮。謁見舅姑，用名紙一副，衣一襲，手帕一盒，妝奩、藻豆袋，銀器三百兩，衣著五百匹，餘親各有差。三朝，公主、駙馬竝入内謝恩，宣賜禮物，賜宴禁中。外庭奉表稱賀，賜宰執、親王、侍從、内職、管軍副都指揮使已上，金銀錢幣會子有差【七】，依熙寧式。駙馬家親屬各等第推恩。

唱名

第一名承事郎，第二名、三名竝文林郎。第一甲賜進士及第，第二甲同進士及第，第三甲、第四甲賜進士出身，第五甲同進士出身。武舉第一名秉義郎。特奏第一名同進士出身。

上御集英殿，拆號，唱進士名，各賜緑襴袍、白簡、黄襯衫。武舉人賜紫羅袍、鍍金帶、牙笏。賜狀元等三人酒食五盞，餘人各賜泡飯。前三名各進謝恩詩一首，皆重戴、緑袍、絲鞭、駿馬。快行各持敕黄於前，黄旛雜沓【八】，多至數十百面，各書詩一句於上【九】。呵殿如雲，皆平日交遊親舊相迓之人，或三學使令齋臧輩。若執事之人，則係帥漕司差到狀元局祗應。亦有術人相士輩，自衒預定魁選，鼓舞於中。自東華門至期集所，豪家貴邸競列綵幕縱觀，其有少年未有室家者，亦往往於此擇壻焉。期集所例置局於禮部貢院前，三人主之，於内遴選所長，以充職事，有糾彈、牋表、主管題名小録、掌儀、典客、掌計、掌器、

【七】金銀錢幣會子有差　「錢幣會子」原作「錢勝色子」，宋刻本、秘笈本、説郛本作「錢盛包子」，據四庫本改。

【八】黄旛雜沓　「旛」，諸本作「旗」。

【九】各書詩一句於上　諸本無「一」字。

掌膳、掌酒果、監門等。後旬日，朝謝。又數日，拜黄甲，敘同年。其儀：三名設褥於堂上，東西相向，四十已上立於東廊，四十已下立於西廊，皆再拜。拜已，擇榜中年長者一人，狀元拜之；復擇少者一人，拜狀元。又數日，赴國子監，謁謝先聖先師訖，賜聞喜宴於局中。侍從已上及館職皆與，知舉官押宴，遂立題名石刻。凡費悉出於官及諸闔饋遺云。

元正

朝廷元日、冬至行大朝會。儀則：百官冠冕朝服，備法駕，設黄麾仗三千三百五十人，視東京已減三之一。用太常雅樂、宫架、登歌，太子、上公、親王、宰執竝赴紫宸殿立班進酒，上千萬歲壽。上公致辭，樞密宣答，及諸國使人及諸州入獻朝賀，然後奏樂、進酒、賜宴。此禮不能常行，每歲禁中止是以三茅鐘鳴，駕興，上服幞頭、玉帶、鞾、袍，先詣福寧殿龍墀及聖堂炷香，用臘沈腦子。次至天章閣祖宗神御殿行酌獻禮，次詣東朝奉賀，復回福寧殿，受皇后、太子、皇子、公主、貴妃至郡夫人、内官、大内已下賀。賀畢，駕始過大慶殿，御史臺、閤門分引文武百寮追班稱賀，大起居十六拜，致辭上壽，樞密宣答，禮畢，放仗。是日，後苑排辦御筵於清燕殿，用插食盤架。午後，修内司排辦晚筵於慶瑞殿，用煙火、進市食、賞燈，竝如元夕。

立春

前一日，臨安府造進大春牛，設之福寧殿庭。及駕臨幸，内官皆用五色絲綵杖鞭牛，御藥院例取牛睛，以充眼藥，餘屬直閤婆號管人都行首。掌管。預造小春牛數十，飾綵旛雪柳，分送殿閤、巨璫，各隨以金銀錢綵段爲酬。是日，賜百官春旛勝，宰執、親王以金，餘以金裹銀及羅帛爲之，係文思院造進，各垂於幞頭之左入謝。後苑辦造春盤供進，及分賜貴邸、宰臣、巨璫。翠縷紅絲，金鷄玉燕，備極精巧，每盤直萬錢。學士院撰進春帖子，帝后、貴妃、夫人、諸閤，各有定式，絳羅金縷，華粲可觀。臨安府亦鞭春開宴，而邸第饋遺，則多效内庭焉。

元夕

禁中自去歲九月賞菊燈之後，迤逞試燈，謂之「預賞」。一入新正，燈火日盛，皆修内司諸璫分主之，競出新意，年異而歲不同。往往於復古、膺福、清燕、明華等殿張挂，及宣德門、梅堂、三閒臺等處臨時取旨，起立鼇山。燈之品極多，見後燈品。每以蘇燈爲最，圈片大者，徑三四尺，皆五色琉璃所成，山水、人物、花竹、翎毛，種種奇妙，儼然著色便面也。其後福州所進，則純用白玉，晃耀奪目，如清冰玉壺，爽徹心目。近歲新安所進益奇，雖圈骨悉皆琉璃所爲，號「無骨燈」。禁中嘗令作琉璃燈山，其高五丈，人物皆用機關活動，結大綵樓貯之。又於殿堂梁棟窗户間爲涌壁，作諸色故事，龍鳳噀水，蜿蜒如生，遂爲諸燈之冠。前後設玉柵簾，寶光花影，不可正視。仙韶内人迭奏新曲，聲聞人間。殿上鋪連五色琉璃閣，皆毬文、戲龍、百花。小窗間垂小水晶簾，流蘇寶帶，交映璀璨。中設御座，恍然如在廣寒清虚府中也。至二鼓，上乘小輦，幸宣德門觀鼇山。擎輦者皆倒行，以便觀賞。金爐腦麝，如祥雲五色，熒煌炫轉，照耀天地。山燈凡數千百種，極其新巧，怪怪奇奇，無所不有。中以五色玉柵簇成「皇帝萬歲」四大字。其上伶官奏樂，稱念口號致語。其下爲大露臺，百藝羣工，競呈奇伎。内人及小黄門百餘，皆巾裹翠蛾，傚街坊清樂、傀儡，繚繞於燈月之下。既而取旨，宣唤市井舞隊及市食盤架。先是，京尹預擇華潔及善歌叫者謹伺於外，至是歌呼競入。既經進御，妃嬪内人而下亦爭買之，皆數倍得直，金珠磊落，有一夕而至富者。宫漏既深，始宣放煙火百餘架，於是樂聲四起，燭影縱横，而駕始還矣。大率傚宣和盛際，愈加精妙，特無登樓賜宴之事，人間不能詳知耳。

都城自舊歲冬孟駕回，則已有乘肩小女、鼓吹舞綰者數十隊，以供貴邸豪家幕次之翫。而天街茶肆，漸已羅列燈毬等求售，謂之「燈市」。自此以後，每夕皆然。三橋等處，客邸最盛，舞者往來最多。每夕樓燈初上，則簫鼓已紛然自獻於下，酒邊一笑，所費殊不多，往往至四鼓乃還。自此日盛一日。姜白石有詩云：「燈已闌珊月色寒，舞兒往往夜深還。只應不盡婆娑意，更向街心弄影看。」又云：「南陌東城盡舞兒，畫金刺繡滿羅衣。也知愛惜春遊夜，舞落銀蟾不肯歸。」吴夢窗《玉樓春》云：「茸茸貍帽遮梅額，金蟬羅翦胡衫窄。乘肩爭看小腰身，倦態强隨閒鼓笛。問稱家在城東陌，欲買千金應不惜。歸來困頓殢春眠，猶夢婆娑斜趁拍。」深得其意態也。至節後，漸有大隊如四國朝、傀儡、杵歌之類，日趨於盛，其多至數千百隊【一〇】。天府每夕差官點視，各給錢酒油燭，多寡有差。且使之南至昇暘宫支酒燭，北至春風樓支錢。終夕天街鼓吹不絶，都民士女，羅綺如雲，蓋無夕不然也。至五夜，則京尹乘小提轎，諸舞隊次第簇擁，前後連亘十餘里，錦繡填委，簫鼓振作，耳目不暇給。吏魁以大囊貯楮券，凡遇小經紀人，必犒數千【一一】，謂之「買市」。至有黠者，以小盤貯梨、藕數片，騰身迭出於稠人之中，支請官錢數次者，亦不禁也。李篔房詩云：「斜陽盡處蕩輕煙，輦路東風入管弦。五夜好春隨步暖，一年明月打頭圓。香塵掠粉翻羅帶，蜜炬籠綃鬭玉鈿。人影漸稀花露冷，踏歌聲度曉雲邊。」京尹幕次，例占市西坊繁鬧之地，賁燭籸盆，照耀如晝。其前列荷校囚數人，大書犯由云：「某人，爲不合搶撲釵環，挨搪婦女。」繼而行遣一二，謂之「裝燈」，其實皆三獄罪囚，姑借此以警姦民。又分委府僚巡警風燭，及命都轄房使臣等分任地方，以緝姦盜。三獄亦張燈，建淨獄道場，多裝獄户故事，及陳列獄具。邸第好事者，如清河張府、蔣御藥家，閒設雅戲煙火，花邊水際燈燭燦然，遊人士女縱觀，則迎門酌酒而去。又有幽坊靜巷好事之家，多

【一〇】至數千百隊　「千」，諸本作「十」。

【一一】必犒數千　「千」，諸本作「十」。

設五色琉璃泡燈，更自雅潔，靚妝笑語，望之如神仙。白石詩云：「沙河雲合無行處，惆悵來遊路已迷。却入靜坊燈火空，門門相似列蛾眉。」又云：「遊人歸後天街靜，坊陌人家未閉門。簾裏垂燈照樽俎，坐中嬉笑覺春温。」或戲於小樓，以人爲大影戲，兒童諠呼，終夕不絶。此類不可遽數也。西湖諸寺，惟三竺張燈最盛，往往有宮禁所賜、貴璫所遺者。都人好奇，亦往觀焉。白石詩云：「珠珞琉璃到地垂，鳳頭銜帶玉交枝。君王不賞無人進，天竺堂深夜雨時。」

元夕節物，婦人皆戴珠翠鬧蛾、玉梅雪柳、菩提葉燈毬、銷金合蟬、貉袖【一二】項帕，而衣多尚白，蓋月下所宜也。游手浮浪輩，則以白紙爲大蟬，謂之「夜蛾」。又以棗肉炭屑爲丸，繫以鐵絲燃之，名「火楊梅」。節食所尚，則乳糖圓子、䭔飳、科斗粉、豉湯、水晶膾、韭餅及南北珍果，并皂兒糕、宜利少、澄沙糰子、滴酥鮑螺、酪麵、玉消膏、琥珀餳、輕餳、生熟灌藕、諸色龍纏蜜煎、蜜裹糖【一三】、瓜蔞煎、七寶薑豉、十般糖之類，皆用鏤鍮裝花盤架車兒，簇插飛蛾，紅燈綵盝，歌叫喧闐。幕次往往使之吟叫，倍酬其直。白石亦有詩云：「貴客鉤簾看御街，市中珍品一時來。簾前花架無行路，不得金錢不肯回。」競以金盤鈿盒簇飣饋遺，謂之「市食合兒」。翠簾銷幕，絳燭籠紗，徧呈舞隊，密擁歌姬，脆管清吭，新聲交奏，戲具粉嬰，鬻歌售藝者，紛然而集。至夜闌則有持小燈照路拾遺者，謂之「掃街」。遺鈿墮珥，往往得之，亦東都遺風也。

【一二】貉袖　「貉」原作「貂」，據宋刻本、秘笈本、説郛本及《説郛》卷十九引宋曾三異《因話録》改。

【一三】蜜裹糖　「裹」原作「果」，據諸本改。

舞隊

大小全棚傀儡：查查鬼、查大。李大口、一字口。賀豐年、長瓠斂、長頭。兔吉、兔毛大伯。吃遂、大憨兒、麤旦、麻婆子、快活三郎、黃金杏、瞎判官、快活三娘、沈承務、一臉膜、貓兒相公、洞公觜、細旦、河東子、黑遂、王鐵兒【一四】、交椅、夾棒、屏風、男女竹馬、男女杵歌、大小斫刀鮑老、交衮鮑老、子弟清音、女童清音、諸國獻寶、穿心國入貢、孫武子教女兵、六國朝、四國朝、遏雲社、緋綠社、胡安女【一五】、鳳阮嵇琴、撲胡蝶、回陽丹、火藥、瓦盆鼓【一六】、焦鎚架兒、喬三教、喬迎酒、喬親事、喬樂神、馬明王。喬捉蛇、喬學堂、喬宅眷、喬像生、喬師娘、獨自喬、地仙、旱划船、教象、裝態、村田樂、鼓板、踏蹺【一七】、撲旗、抱鑼裝鬼、獅豹蠻牌、十齋郎、耍和尚、劉衮、散錢行、貨郎、打嬌惜。

其品甚夥，不可悉數。首飾衣裝，相矜侈靡，珠翠錦綺，眩耀華麗。如傀儡、杵歌、竹馬之類，多至十餘隊。十二、十三兩日，國忌禁樂，則有裝宅眷，籠燈前引，珠翠盛飾，少年尾其後，訶殿而來，卒然遇之，不辨真僞。及爲喬經紀人，如賣蜂糖餅、小八塊，風子賣字本、虔婆賣旗兒之類以資一笑者尤多也。

【一四】王鐵兒　「鐵」，諸本作「缺」。

【一五】胡安女　宋刻本、秘笈本、四庫本作「胡女」，說郛本作「蠻女」。

【一六】瓦盆鼓　宋刻本、秘笈本、說郛本無「盆」字。

【一七】踏蹺　「蹺」原作「橇」，據秘笈本、說郛本、四庫本及《都城紀勝》、《夢粱録》改。

燈品

燈品至多，蘇、福爲冠，新安晚出，精妙絶倫。所謂「無骨燈」者，其法用絹囊貯粟爲胎，因之燒綴，及成去粟，則混然玻璃毬也。景物奇巧，前無其比。又爲大屏，灌水轉機，百物活動。趙忠惠守吴日，嘗命製春雨堂五大間，左爲汴京御樓，右爲武林燈市，歌舞雜藝，纖悉曲盡，凡用千工。外此有魫燈，則刻鏤金珀、玳瑁以飾之【一八】。珠子燈則以五色珠爲網，下垂流蘇，或爲龍船、鳳輦、樓臺故事。羊皮燈則鏃鏤精巧，五色妝染，如影戲之法。羅帛燈之類尤多，或爲百花，或細眼間以紅白，號「萬眼羅」者，此種最奇。外此有五色蠟紙、菩提葉，若沙戲影燈，馬騎人物，旋轉如飛。又有深閨巧娃，翦紙而成，尤爲精妙。又有以絹燈翦寫詩詞，時寓譏笑，及畫人物，藏頭隱語及舊京諢語，戲弄行人。有貴邸嘗出新意，以細竹絲爲之，加以彩飾，疎明可愛。穆陵喜之，令製百盞，期限既迫，勢難卒成，而内苑諸璫，恥於不自己出，思所以勝之，遂以黄草布翦鏤【一九】，加之點染，與竹無異，凡兩日，百盞已進御矣。

【一八】則刻鏤金珀玳瑁以飾之　「金」，諸本作「犀」。

【一九】以黄草布翦鏤　「鏤」，諸本作「縷」。

挑菜

二月一日，謂之中和節，唐人最重。今惟作假，及進單羅御服，百官服單羅公裳而已。

二日，宫中排辦挑菜御宴。先是，内苑預備朱緑花斛，下以羅帛作小卷，書品目於上，繫以紅絲，上植生菜、薺花諸品。俟宴酬樂作，自中殿以次，各以金篦挑之。后妃、皇子、貴主、婕妤及都知等，皆有賞無罰。以次每斛十號，五紅字爲賞，五黑字爲罰。上賞則成號真珠、玉杯、金器、北珠、篦環、珠翠、領抹，次亦鋌銀、酒器、冠鋜、翠花、段帛、龍涎、御扇、筆墨、官窑、定器之類。罰則舞唱、吟詩、念佛、飲冷水、喫生薑之類，用此以資戲笑。王宫貴邸，亦多倣之。

進茶

仲春上旬，福建漕司進第一綱蠟茶，名「北苑試新」，皆方寸小夸。進御止百夸，護以黄羅軟盝，藉以青篛，裹以黄羅夾複，臣封朱印，外用朱漆小匣、鍍金鎖，又以細竹絲織笈貯之，凡數重。此乃雀舌水芽所造，一夸之直四十萬，僅可供數甌之啜耳。或以一二賜外邸，則以生線分解，轉遺好事，以爲奇玩。茶之初進御也，翰林司例有品嘗之費，皆漕司邸吏賂之。間不滿欲，則入鹽少許，茗花爲之散漫，而味亦漓矣。禁中大慶賀，則用大鍍金甃，以五色韻果簇飣龍鳳，謂之「繡茶」，不過悦目。亦有專其工者，外人罕知，因附見於此。

賞花

禁中賞花非一。先期後苑及修内司分任排辦，凡諸苑亭榭花木，妝點一新，錦簾綃幕，飛梭繡毬，以至裀褥設放，器玩盆窠，珍禽異物，各務奇麗。又命小璫、内司列肆，關撲珠翠冠朵、篦環繡段、畫領花扇、官窑定器、孩兒戲具、鬧竿龍船等物，及有買賣果木酒食、餅餌蔬茹之類，莫不備具，悉倣西湖景物。起自梅堂賞梅，芳春堂賞杏花，桃源觀桃，粲錦堂金林檎，照妝亭海棠，蘭亭修禊，至於鍾美堂賞大花爲極盛。堂前三面，皆以花石爲臺三層，各植名品，標以象牌，覆以碧幕。臺後分植玉繡毬數百株，儼如鏤玉屏。堂内左右各列三層雕花彩檻，護以彩色牡丹畫衣，間列碾玉水晶金壺，及大食玻璃、官窑等瓶，各簪奇品，如姚、魏、御衣黄、照殿紅之類幾千朵。别以銀箔間貼大斛，分種數千百窠，分列四面。至於梁棟窗户間，亦以湘筒貯花，鱗次簇插，何翅萬朵。堂中設牡丹紅錦地裀，自中殿妃嬪以至内官【二〇】，各賜翠葉牡丹、分枝鋪翠牡丹、御書畫扇、龍涎金盒之類有差。下至伶官樂部應奉等人，亦沾恩賜，謂之「隨花賞」。或天顔悦懌，謝恩賜予，多至數次。至春暮，則稽古堂、會瀛堂賞瓊花，静侣亭紫笑，淨香亭采蘭、挑筍，則春事已在緑陰芳草間矣。大抵内宴賞，初坐、再坐、插食盤架者，謂之「排當」，否則但謂之「進酒」。

【二〇】自中殿妃嬪以至内官　「中殿」原作「殿中」，據宋刻本、秘笈本、四庫本改。

卷三

西湖遊幸 都人遊賞

淳熙間，壽皇以天下養，每奉德壽、三殿遊幸湖山，御大龍舟。宰執從官以至大璫、應奉諸司，及京府彈壓等，各乘大舫，無慮數百。時承平日久，樂與民同，凡遊觀買賣，皆無所禁。畫楫輕舫，旁午如織。至於果蔬、羹酒、關撲、宜男、戲具、鬧竿、花籃、畫扇、彩旗、糖魚、粉餌、時花、泥嬰等，謂之「湖中土宜」。又有珠翠冠梳、銷金綵段、犀鈿、髹漆、織藤、窑器、玩具等物，無不羅列。如先賢堂、三賢堂、四聖觀等處最盛。或有以輕橈趂逐求售者。歌妓舞鬟嚴妝自衒，以待招呼者，謂之「水仙子」。至於吹彈、舞拍、雜劇、雜扮、撮弄、勝花、泥丸、鼓板、投壺、花彈、蹴踘、分茶、弄水、踏混木、撥盆、雜藝、散耍、謳唱、息器、教水族飛禽、水傀儡、鬻水道術【一】、煙火、起輪、走線、流星、水爆、風箏，不可指數，總謂之「趕趂人」，蓋耳目不暇給焉。御舟四垂珠簾錦幕，懸挂七寶珠翠、龍船、梭子、鬧竿、花籃等物。宮姬韶部，儼如神仙，天香濃郁，花柳避妍。小舟時有宣喚賜予，如宋五嫂魚羹，嘗經御賞，人所共趨，遂成富媪。朱靜佳六言詩云：「柳下白頭釣叟，不知生長何年。前

校勘記

【一】鬻水道術　宋刻本、秘笈本、四庫本無「水」字。

度君王遊幸，賣魚收得金錢。」往往修舊京金明池故事，以安太上之心，豈特事遊觀之美哉？湖上御園，南有聚景、真珠、南屏，北有集芳、延祥、玉壺，然亦多幸聚景焉。一日，御舟經斷橋，橋旁有小酒肆，頗雅潔，中飾素屏，書《風入松》一詞於上，光堯駐目稱賞久之，宣問何人所作，乃太學生俞國寶醉筆也。其詞云：「一春長費買花錢，日日醉湖邊。玉驄慣識西泠路【二】，驕嘶過，沽酒樓前。紅杏香中歌舞，緑楊影裏鞦韆。東風十里麗人天【三】，花壓鬢雲偏。畫船載取春歸去，餘情在【四】，湖水湖煙。明日再攜殘酒，來尋陌上花鈿。」上笑曰：「此詞甚好，但末句未免儒酸。」因爲改定云「明日重扶殘醉」，則迥不同矣。即日命解褐云。西湖天下景，朝昏晴雨，四序總宜。杭人亦無時而不遊，而春遊特盛焉。承平時，頭船如大緑、閒緑、十樣錦、百花寶、勝明玉之類，何翅百餘。其次則不計其數，皆華麗雅靚，誇奇競好。而都人凡締姻、賽社、會親、送葬、經會、獻神，仕宦恩賞之經營，禁省臺府之囑託，貴璫要地，大賈豪民，買笑千金，呼盧百萬，以至癡兒騃子，密約幽期，無不在焉。日糜金錢，靡有紀極。故杭諺有「銷金鍋兒」之號，此語不爲過也。

都城自過收燈，貴遊巨室皆爭先出郊，謂之「探春」，至禁煙爲最盛。龍舟十餘，綵旗疊鼓，交午曼衍，粲如織錦。內有曾經宣喚者，則錦衣花帽，以自別於衆。京尹爲立賞格，競渡爭標，内璫貴客賞犒無算。都人士女兩堤駢集，幾於無置足地。水面畫楫櫛比如魚鱗，亦無行舟之路。歌歡簫鼓之聲振動遠近，其盛可以想見。若遊之次第，則先南而後

【二】玉驄慣識西泠路　「西泠」，宋刻本、秘笈本作「湖邊」，四庫本作「西湖」。

【三】東風十里麗人天　「東風」，宋刻本、秘笈本、四庫本作「暖風」。

【四】餘情在　「在」，諸本作「付」。

北，至午則盡入西泠橋裏湖，其外幾無一舸矣。弁陽老人有詞云：「看畫船盡入西泠，閒卻半湖春色」，蓋紀實也。既而小泊斷橋，千舫駢聚，歌管喧奏，粉黛羅列，最爲繁盛。橋上少年郎，競縱紙鳶以相勾引，相牽翦截，以線絶者爲負。此雖小技，亦有專門。爆仗、起輪、走線之戲，多設於此。至花影暗而月華生，始漸散去。絳紗籠燭，車馬爭門，日以爲常。張武子詩云：「帖帖平湖印晚天，踏歌遊女錦相牽【五】。都城半掩人爭路，猶有胡琴落後船。」最能狀此景。茂陵在御，略無游幸之事，離宮别館，不復增修。黄洪詩云：「龍舟太半没西湖，此是先皇節儉圖。三十六年安靜裏，櫂歌一曲在康衢。」理宗時亦嘗製一舟，悉用香楠木搶金爲之，亦極華侈，然終於不用。至景定閒，周漢國公主得旨，偕駙馬都尉楊鎮汎湖，一時文物亦盛，髣髴承平之舊，傾城縱觀，都人爲之罷市。然是時先朝龍舫久已沈没，獨有小舟號「小烏龍」者，以賜楊郡王之故尚在。其舟平底有柁，製度簡朴。或傳此舟每出，必有風雨，余嘗屢乘，初無此異也。

放春

蔣苑使有小圃，不滿二畝，而花木匼匝，亭榭奇巧。春時悉以所有書畫、玩器、冠花、器弄之物羅列滿前，戲效關撲。有珠翠冠僅大如錢者，鬧竿、花籃之類，悉皆鏤絲金玉爲之，極其精妙。且立標竿、射垛及鞦韆、梭門、鬬鷄、蹴踘諸戲事，以娱遊客。衣冠士女至

【五】踏歌遊女錦相牽　「遊女」，宋刻本、秘笈本作「遊賞」。

者，招邀杯酒。往往過禁煙乃已。蓋效禁苑，具體而微者也。

社會

二月八日，爲桐川張王生辰，霍山行宮朝拜極盛，百戲競集。如緋緑社、雜劇。齊雲社、蹴毬。遏雲社、唱賺。同文社、要詞。角觝社、相撲。清音社、清樂。錦標社、射弩。錦體社、花繡。英略社、使棒。雄辯社、小説。翠錦社、行院。繪革社、影戲。淨髮社、梳剃。律華社、吟叫。雲機社，撮弄。而七寶、瀛馬二會爲最。玉山寶帶，尺璧寸珠，璀璨奪目；而天驥龍媒，絨韉寶轡，競賞神駿。好奇者至翦毛爲花草人物、廚行果局，窮極肴核之珍。有所謂意思作者，悉以通草羅帛，雕飾爲樓臺故事之類，飾以珠翠，極其精緻，一盤至直數萬。然皆浮靡無用之物，不過資一玩耳。奇禽則紅鸚、白雀，水族則銀蝌、金龜，高麗、華山之奇松，交廣、海嶠之異卉，不可縷數，莫非動心駭目之觀也。若三月三日殿司真武會、三月二十八日東嶽生辰，社會之盛，大率類此，不暇贅陳。

祭掃

清明前三日爲寒食節，都城人家皆插柳滿簷，雖小坊幽曲，亦青青可愛，大家則加棗錮於柳上，然多取之湖隄。有詩云：「莫把青青都折盡，明朝更有出城人。」朝廷遣臺臣、中使、宫人，車馬朝饗諸陵原廟，薦獻用麥糕、稠餳，而人家上冢者，多用棗餬、薑豉。南北兩山之間，車馬紛然，而野祭者尤多。如大昭慶、九曲等處，婦人淚妝素衣，提攜兒女，酒壺肴罍，村店山家，分餕游息。至暮，則花柳土宜，隨車而歸。若玉津、富景御園，包家山之桃關，東青門之菜市，東西馬塍，尼菴道院，尋芳討勝，極意縱遊，隨處各有買賣趕趁等人，野果山花，別有幽趣。蓋輦下驕民，無日不在春風鼓舞中，而游手末技爲尤盛也。

浴佛

四月八日爲佛誕日，諸寺院各有浴佛會。僧尼輩競以小盆貯銅像，浸以糖水，覆以花棚，鐃鈸交迎，偏往邸第富室，以小杓澆灌，以求施利。是日，西湖作放生會，舟楫甚盛，略如春時，小舟競買龜魚螺蚌放生。

迎新

户部點檢所十三酒庫，例於四月初開煮，九月初開清。先至提領所呈樣品嘗，然後迎引至諸所隸官府而散。每庫各用匹布書庫名高品，以長竿懸之，謂之「布牌」。以木牀鐵擎爲仙佛鬼神之類，駕空飛動，謂之「臺閣」。雜劇百戲諸藝之外，又爲漁父習閒、竹馬出獵、八仙故事。及命妓家女，使裹頭花巾爲酒家保，及有花窠五熟盤架【六】、放生籠養等，

【六】及有花窠五熟盤架 「窠」，宋刻本、秘笈本、説郛本作「裹」。

各庫爭爲新好。庫妓之琤琤者，皆珠翠盛飾，銷金紅背，乘繡韉寶勒駿騎，各有皂衣黄號私身數對訶導於前，羅扇衣笈浮浪閒客隨逐於後。少年狎客，往往簇飣持杯，爭勸馬首，金錢綵段，霑及輿臺。都人習以爲常，不爲怪笑。所經之地，高樓邃閣，繡幕如雲，累足駢肩，真所謂「萬人海」也。

端午

先期學士院供帖子，如春日禁中排當，例用朔日，謂之「端一」，或傳舊京亦然。插食盤架，設天師、艾虎、意思山子數十座，五色蒲絲、百草霜，以大合三層，飾以珠翠、葵榴、艾花、蜈蚣、蛇蝎、蜥蜴等，謂之「毒蟲」。及作糖霜韻果、糖蜜巧粽，極其精巧。又以大金瓶數十，徧插葵、榴、梔子花，環遶殿閣。及分賜后妃、諸閤、大璫、近侍翠葉、五色葵榴、金絲翠扇、真珠百索、釵符、經筒、香囊、軟香、龍涎、佩帶及紫練、白葛、紅蕉之類。大臣貴邸均被細葛、香羅、蒲絲、艾朵、彩團、巧粽之賜，而外邸節物，大率效尤焉。巧粽之品不一，至結爲樓臺舫輅。又以青羅作赤口白舌帖子，與艾人竝懸門楣，以爲禳禬。道宮法院多送佩帶符篆，而市人門首各設大盆，雜植艾、蒲、葵花，上挂五色紙錢，排飣果粽，雖貧者亦然。湖中是日遊舫亦盛，蓋迤邐炎暑，宴遊漸稀故也。俗以是日爲馬本命，凡御廄、邸第上乘，悉用五綵爲鬃尾之飾，奇韉寶轡，充滿道途，亦可觀玩也。

禁中納涼

禁中避暑，多御復古、選德等殿，及翠寒堂納涼。長松脩竹，濃翠蔽日，層巒奇岫，靜窈縈深，寒瀑飛空，下注大池可十畝。池中紅白菡萏萬柄，蓋園丁以瓦盎別種，分列水底，時易新者，庶幾美觀。又置茉莉、素馨、建蘭、麝香藤、朱槿、玉桂、紅蕉、闍婆、薝蔔等南花數百盆於廣庭，鼓以風輪，清芬滿殿。御笐兩旁，各設金盆數十架，積雪如山。紗廚後先，皆懸挂伽蘭木、真蠟龍涎等香珠百斛。蔗漿金盌，珍果玉壺，初不知人閒有塵暑也。聞洪景盧學士嘗賜對於翠寒堂，三伏中體粟戰慄，不可久立。上問故，笑遣中貴人以北綾半臂賜之，則境界可想見矣。

都人避暑

六月六日，顯應觀崔府君誕辰，自東都時廟食已盛。是日，都人士女，駢集炷香，已而登舟泛湖，爲避暑之遊。時物則新荔枝、軍庭李、二果產閩。奉化項里之楊梅、聚景園之秀蓮新藕、蜜筒甜瓜、椒核枇杷、紫菱、碧芡、林檎、金桃、蜜漬昌元梅、木瓜、豆兒水、荔枝膏、金橘、水糰、麻飲芥辣、白醪涼水、冰雪爽口之物。關撲香囊、畫扇、涎花、珠佩。而茉莉爲最盛，初出之時，其價甚穹，婦人簇戴，多至七插，所直數十券，不過供一餉之娛耳。蓋入夏則遊船不復入裏湖，多占蒲深柳密寬涼之地，披襟釣水，月上始還。或好事者，則敞大舫、設蘄簟，高枕取涼，櫛髮快浴，惟取適意。或留宿湖心，竟夕而歸。

乞巧

立秋日，都人戴楸葉，飲秋水、赤小豆。七夕節物，多尚果食、茜雞及泥孩兒，號「摩睺羅」，有極精巧飾以金珠者，其直不貲。併以蠟印鳧雁、水禽之類，浮之水上。婦人女子，至夜對月穿鍼，餖飣杯盤，飲酒爲樂，謂之「乞巧」。及以小蜘蛛貯合内，以候結網之踈密，爲得巧之多少。小兒女多衣荷葉半臂，手持荷葉，效顰摩睺羅。大抵皆中原舊俗也。

七夕前，脩内司例進摩睺羅十卓，每卓三十枚。大者至高三尺，或用象牙雕鏤，或用龍涎佛手香製造，悉用鏤金珠翠衣帽。金錢釵鋌、佩環真珠、頭鬚及手中所執戲具，皆七寶爲之，各護以五色鏤金紗廚。制閫、貴臣及京府等處，至有鑄金爲貢者。宮姬市娃冠花衣領，皆以乞巧時物爲飾焉。

中元

七月十五日，道家謂之中元節，各有齋醮等會。僧寺則於此日作盂蘭盆齋。而人家亦以此日祀先，例用新米、新醬、冥衣、時果、綵段、麪棊，而茹素者幾十八九，屠門爲之罷市焉。

中秋

禁中是夕有賞月延桂排當，如倚桂閣、秋暉堂、碧岑，皆臨時取旨。夜深，天樂直徹人閒。御街如絨線、蜜煎、香鋪，皆鋪設貨物，誇多競好，謂之「歇眼」。燈燭華燦，竟夕乃止。此夕浙江放「一點紅」羊皮小水燈數十萬盞，浮滿水面，爛如繁星，有足觀者。或謂此乃江神所喜，非徒事觀美也。

觀潮

浙江之潮，天下之偉觀也，自既望以至十八日爲最盛。方其遠出海門，僅如銀線，既而漸近，則玉城雪嶺，際天而來，大聲如雷霆，震撼激射，吞天沃日，勢極雄豪。楊誠齋詩云「海湧銀爲郭，江橫玉繫腰」者是也。每歲京尹出浙江亭教閱水軍，艨艟數百，分列兩岸，既而盡奔騰分合五陣之勢，并有乘騎弄旗、標槍舞刀於水面者，如履平地。倏爾黄煙四起，人物略不相覩，水爆轟震，聲如崩山。煙消波靜，則一舸無迹，僅有敵船爲火所焚，隨波而逝。吴兒善泅者數百，皆披髮文身，手持十幅大綵旗，爭先鼓勇，泝迎而上，出没於鯨波萬仞中，騰身百變，而旗尾略不沾濕，以此誇能。而豪民貴宦，爭賞銀綵。江干上下十餘里間，珠翠羅綺溢目，車馬塞途，飲食百物皆倍穹常時，而僦賃看幕，雖席地不容閒也。禁中例觀潮於天開圖畫，高臺下瞰，如在指掌。都民遥瞻黄繖雉扇於九霄之上，真若簫臺蓬島也。

重九

禁中例於八日作重九排當，於慶瑞殿分列萬菊，燦然眩眼，且點菊燈，略如元夕。内人樂部亦有隨花賞，如前賞花例。蓋賞燈之宴，權輿於此，自是日盛矣。或於清燕殿、綴金亭賞橙橘，遇郊祀歲則罷宴。

都人是月飲新酒，汎萸，簪菊，且各以菊糕爲饋。以糖肉秫麪雜糅爲之，上縷肉絲鴨餅，綴以榴顆，標以綵旗。又作蠻王獅子於上，及糜栗爲屑，合以蜂蜜，印花脱餅，以爲果餌。又以蘇子微漬梅滷，雜和蔗霜、梨、橙、玉榴小顆，名曰「春蘭秋菊」。雨後新涼，則已有炒銀杏、梧桐子吟叫於市矣。

開爐

是日，御前供進夾羅御服，臣僚服錦襖子夾公服，「授衣」之意也。自此御爐日設火，至明年二月朔止。皇后殿開爐節排當。是月遣使朝陵，如寒食儀。都人亦出郊拜墓，用綿毬楮衣之類。

冬至

朝廷大朝會慶賀排當，竝如元正儀。而都人最重一陽賀冬，車馬皆華整鮮好，五鼓已填擁雜遝於九街。婦人小兒服飾華炫，往來如雲。嶽祠、城隍諸廟，炷香者尤盛。三日之内，店肆皆罷市，垂簾飲博，謂之「做節」。享先則以餛飩，有「冬餛飩，年餺飥」之諺。貴家求奇，一器凡十餘色，謂之「百味餛飩」。

賞雪

禁中賞雪，多御明遠樓。禁中稱楠木樓。後苑進大小雪獅兒，竝以金鈴彩縷爲飾，且作雪花、雪燈、雪山之類，及滴酥爲花及諸事件，竝以金盆盛進，以供賞翫。并造雜煎品味，如春盤飣飣、羊羔兒酒以賜。併於内藏庫支撥官券數百萬，以犒諸軍，及令臨安府分給貧民，或皇后殿別自支犒。而貴家富室，亦各以錢米犒閭里之貧者。

歲除

禁中以臘月二十四日爲小節夜，三十日爲大節夜。呈女童驅儺，裝六丁、六甲、六神之類，大率如《夢華》所載。後苑、脩内司各進消夜果兒，以大合簇飣，凡百餘種。如蜜煎珍果，下至花餳、萁豆，以至玉盃寶器、珠翠花朵、犀象博戲之具，銷金斗葉、諸色戲弄之物，無不備具，皆極小巧。又於其上作玉輅，高至三四尺，悉以金玉等爲飾，護以貼金龍鳳羅罩，以奇侈求勝。一合之費，不啻中人十家之産，止以資天顔一笑耳。后妃、諸閤又各進歲軸兒及珠翠百事吉、利市袋兒、小樣金銀器皿，并隨年金錢一百二十文，旋亦分賜親王、貴邸、宰臣、巨璫。至於爆仗，有爲果子、人物等類不一。而殿司所進屏風，外畫鍾馗捕鬼之類，而内藏藥線，一爇，連百餘不絶。簫鼓迎春，雞人警唱，而玉漏漸移，金門已啓矣。

歲晚節物

臘日，賜宰執親王、三衙從官、内侍省官并外閫、前宰執等臘藥，係和劑局造進【七】，及御藥院特旨製造銀合，各一百兩以至五十兩、三十兩各有差。伏日賜暑藥亦同。

都下自十月以來，朝天門内外競售錦裝新歷、諸般大小門神、桃符、鍾馗、狻猊、虎頭

【七】係和劑局造進　諸本「造進」前有「方」字。

及金綵縷花、春帖旛勝之類，爲市甚盛。八日，則寺院及人家用胡桃、松子、乳蕈、柿栗之類作粥，謂之「臘八粥」。醫家亦多合藥劑，侑以虎頭丹、八神、屠蘇，貯以絳囊，饋遺大家，謂之「臘藥」。至於餽歲盤合、酒檐羊腔，充斥道路。二十四日，謂之「交年」，祀竈用花餳、米餌及燒替代。及作糖豆粥，謂之「口數」。市井迎儺以鑼鼓，徧至人家，乞求利市。至除夕，則比屋以五色紙錢、酒果，以迎送六神於門。至夜，蕡燭糝盆，紅映霄漢，爆竹鼓吹之聲，喧闐徹夜，謂之「聒廳」。小兒女終夕博戲不寐，謂之「守歲」。又明燈牀下，謂之「照虛耗」。及貼天行貼兒、財門於楣。祀先之禮，則或昏或曉，各有不同。如飲屠蘇、百事吉、膠牙餳、燒朮、賣懵等事【八】，率多東都之遺風焉。守歲之詞雖多，極難其選，獨楊守齋《一枝春》最爲近世所稱，併書於此云：「爆竹驚春，競喧闐、夜起千門簫鼓。流蘇帳煖，翠鼎緩騰香霧。停杯未舉，柰剛要、送年新句。應自賞、歌字清圓，未誇上林鶯語。從他歲窮日暮。縱閒愁、怎減劉郎風度【九】。屠蘇辦了，迤邐柳忺梅妬【一〇】。宮壺未曉，早驕馬、繡車盈路。還又把、月夕花朝，自今細數。」

【八】賣懵等事　「賣懵」，四庫本作「賣懵懂」。

【九】怎減劉郎風度　「劉」原作「阮」，據秘笈本、説郛本、四庫本及周密《浩然齋雅談》改。

【一〇】迤邐柳忺梅妬　「忺」，諸本作「忻」。

卷四

故都宫殿

門：麗正、南門。和寧、北門。東華、東門。西華、西門。苑東、苑西、北宫、南宫、南水門、東水門、會通、上閤、宣德、隔門、斜門、關門、玉華閤、含和、貽謨。二門係天章閣。

殿：垂拱、常朝、四參。文德、六參、宣布。大慶、明堂、朝賀。紫宸、生壽。集英。策士。以上謂之「正朝」，亦有隨事更名者。

後殿：延和、宿齋、避殿。崇政、即祥曦。福寧、寢殿。復古、高宗建。選德、孝宗建，御屏有監司、郡守姓名。緝熙、理宗建。熙明、即脩政，度宗建。明華、清燕、膺福、慶瑞、即順慶，理宗建【一】。射殿、需雲、大燕。符寶、貯恭膺天命之寶。嘉明、度宗以繹己堂改。明堂、即文德，合祭改。坤寧、皇后。穠華、皇后。慈明、楊太后。累朝母后皆旋更名。慈元、謝太后。仁明、全太后。進食、即勤政。欽先、神御。孝思、神御。清華。

堂：翠寒、高宗以日本羅木建，古松數十株。澄碧、觀堂。芳春、湊寒、鍾美、牡丹。燦錦、海棠。燕喜、靜華、清賞、稽古、御書院。清遠、清徹、澄碧、水堂。蘂淵、環秀、山堂。文囿、御書院。書

校勘記

【一】理宗建　「建」，秘笈本、説郛本、四庫本作「改」。

林、御書院。華館、衍秀、披香、德勤、雲錦、荷堂，李陽冰書扁。清霽、萼緑華、梅堂，李陽冰書額，度宗易名「瓊姿」。碧琳、凝光、澄輝、繡香、呈芳、會景、青花石柱、香楠袱額、瑪瑙石砌。正始、后殿，謝后改「壽寧殿」。怡然、惠順位。信美。婉容位。

齋：損齋、高宗建。彝齋、謹習齋、燕申齋。

樓：博雅、書樓。觀德、萬景、清暑、清美、明遠、倚香。

閣：龍圖、太祖、太宗。天章、真宗，竝祀祖宗神御。寶文、仁宗。顯謨、神宗。徽猷、哲宗。敷文、徽宗。焕章、高宗。華文、孝宗。寶謨、光宗。寶章、寧宗。顯文、理宗。雲章、祖宗御書。清華、淩虚、清漏、倚桂、來鳳、觀音、芙蓉、萬春。太后殿。

臺：欽天、奉天。宴春、秋芳、天開圖畫、舒嘯、蹌臺。

軒：晚清。

閣：清華、睿思、怡真、容膝、受釐、緑綺。

觀：雲濤。

亭：清涼【二】、清趣、清顥、清暉、清迴、清隱、清寒、清激、放水。清甗、清興、靜香、靜華、春妍、春華、春陽、春信、梅。融春、尋春、映春、餘春、留春、皆春、寒碧、寒香、香瓊、香玉、梅。香界、碧岑、瀲碧、魚池。瓊英、瓊秀、明秀、濯秀、衍秀、深秀、假山。錦煙、錦浪、桃花。繡錦、萬錦、麗錦、叢錦、照妝、海棠。浣綺、綴金、橙橘。綴瓊、梨花。穠香、暗香、晚節香、菊。

【二】清涼　諸本作「清泳」。

巖香、桂。雲岫、山亭。映波、含暉、達觀、秀野、淩寒、梅竹。涵虚、平津、真賞、芳遠、垂綸、近池。魚樂、池上。噴雪、放水。流芳、芳嶼、山子。玉質、此君、竹。聚芳、延芳、蘭亭、激湍、崇峻、惠和、浮醴、泛羽、竝流盃亭。淩穹、山頂。迎熏、會英、正己、射亭。丹暉、凝光、雪逕、梅。參月、共樂、迎祥、瑩妝、植杖、村莊。可樂、文杏、壺中天、别是一家春。度宗新刱，或謂此非佳讖也，未幾果驗。

園：小桃源、觀桃。杏塢、梅岡、瑶圃、村莊、桐木園。

菴：寂然、怡真。

坡：瑪瑙、洗馬。

橋：萬歲、清平、春波、玉虹。

泉：穗泉。

御舟：蘭橈、荃橈、旱船。

教場：南教場、北教場。

禁中及德壽宫皆有大龍池、萬歲山，擬西湖冷泉、飛來峰。若亭榭之盛，御舟之華，則非外間可擬。春時競渡，及買賣諸色小舟，竝如西湖，駕幸宣唤，錫賚鉅萬。大意不欲數蹕勞民，故以此爲奉親之娱耳。

御園：聚景園。清波門外，孝宗致養之地，堂扁皆孝宗御書。淳熙中，屢經臨幸。嘉泰間，寧宗奉成肅太后臨幸。其後竝皆荒蕪不修。高踈寮詩曰：「翠華不向苑中來，可是年年惜露臺。水際春風寒漠漠，官梅却作野梅開。」

會芳殿、瀛春堂、鏡遠堂【三】、芳華堂、花光亭、八角。瑶津、翠光、桂景、灩碧、涼觀、瓊芳、彩霞、寒碧、柳浪橋、學士橋。玉津園。嘉會門外。紹興間，北使燕射於此。淳熙中，孝宗兩幸。紹熙中，光宗臨幸。富景園。新門外。孝宗奉太后臨幸不一，俗呼「東花園」。屏山園。錢湖門外。以對南屏山，故名。理宗朝改名「翠芳園」。餘見西湖門。玉壺園。錢唐門外。本劉鄜王園，有明秀堂。餘見西湖門。瓊華園。小隱園。集芳園。葛嶺。元係張婉儀園，後歸太后。殿内有古梅、老松甚多。理宗賜賈平章。舊有清勝堂、望江亭、雪香亭等。餘見西湖門。延祥園。西依孤山，爲林和靖故居。花寒水潔，氣象幽古，三朝臨幸。餘見西湖門。瀛嶼。在孤山之椒。舊名「涼堂」，四壁蕭照畫山水，理宗易今名。今爲西太一宫黄庭殿。挹翠堂、舊名「黑漆堂」，理宗御書。香遠、舊秀蓮亭。香月、倚裏湖，舊名「水堂」，理宗御書。清新、舊六椽堂。白蓮堂、六一泉堂、檜亭、梅亭、上船亭、東西車馬門、西村水閣、御舟港、林逋墓、陳朝檜、有御書詩。金沙井、瑪瑙坡、六一泉。

高踈寮詩云：「水明一色抱神州，雨壓輕塵不敢浮。山北山南人喚酒，春前春後客凭樓【四】。射熊館暗花扶扆，下鵠池深柳拂舟。白髮邦人能道舊，君王曾奉上皇遊。」

德壽宮：孝宗奉親之所。聚遠樓、高宗雅愛湖山之勝，恐數蹕煩民，乃於宮内鑿大池，引水注之，以象西湖冷泉。疊石爲山，作飛來峰。因取坡詩「賴有高樓能聚遠，一時收拾與閒人」名之。周益公進端午帖子云：「聚遠樓高面面風，冷泉亭下水溶溶。人間炎熱何由到，真是瑤臺第一重。」孝宗御製《冷泉堂詩》以進，高宗和韻，真盛事也。香

【三】鏡遠堂　「鏡」，秘笈本、説郛本、四庫本作「攬」。

【四】春前春後客凭樓　「樓」原作「眸」，據諸本改。

遠堂、荷。清深堂、竹。松菊三逕、菊、芙蓉、竹。梅坡、月榭、清妍、荼蘼。清新、桂。芙容岡。已上竝東地分。射廳、載忻堂、御宴之所。臨賦、荷池。粲錦、金林檎。至樂、池上。清曠、桂。半綻紅、郁李。瀉碧。金魚池。已上竝南地分。冷泉堂、古梅。文杏館、靜樂、牡丹。浣溪。海棠。已上竝西地分。絳華、羅木堂。旱船、俯翠。茅亭。已上竝北地分。重華宫、孝宗内禪所居，即德壽宫。慈福宫、憲聖書，成二太后所居，即重華宫。壽慈宫。即慈福宫，改重壽殿。

東宫：資善堂、鳳山樓、榮觀堂、玉淵堂、清賞堂【五】、新益堂、繹己堂、射圃。

乾淳教坊樂部

雜劇色。

德壽宫：劉景長、使臣。王喜、保義郎頭，名都管使臣，又名公謹，號玩隱老人。茆山重、節牙頭【六】。蓋門貴、蓋門慶、末。侯諒、侯大頭，次末。張順、曹辛、宋興、燕子頭。李泉現。引，兼舞三臺。

衙前：龔士美、使臣都管。劉恩深、都管。陳嘉祥、節級。吴興祐、德壽宫引，兼舞三臺。吴斌【七】、金彦昇、管幹教頭。王青、孫子貴、引。潘浪賢、引，兼末部頭。王賜恩、引。胡慶全、蠟燭頭。周泰、次。郭名顯、引。宋定、次，德壽宫蚌蛤頭。劉信、副部頭。成貴、副。陳煙息、副大口。王侯喜、副。孫子昌、副末、節級。焦金色、楊名高、末。宋昌榮。副，懽喜頭。

【五】清賞堂　「堂」原作「齋」，據諸本改。

【六】節牙頭　「節」，諸本作「茅」。

【七】吴斌　「斌」，宋刻本、秘笈本、説郛本作「賦」。

前教坊：伊朝新、王道昌。

前鈞容直：仵穀豐、五味粥。李外喜【八】。

和顧：劉慶、次，劉衮。梁師孟、朱和、次貼，衙前鱔魚頭。甯貴、甯鑊。蔣寧、次貼，衙前利市頭。司進、絲瓜兒。郝成、次，衙前小鍬。高門興、高門顯、羔兒頭。高明、燈搭兒。劉貴、段世昌、段子貴。司政、仙鶴兒。張舜朝、趙民歡、龔安節、嚴父訓、宋朝清、宋昌榮、二名守衙前。周旺、丈八頭。下疇、宋吉、伊俊、汪泰、王原全、次貼，衙前。王景、鄭喬、王來宣、張顯、守闕祗應，黑俏。焦喜。焦梅頭。

歌板色。

德壽宮：李行高。笛兼。

衙前：王信。拍兼。

拍板色。衙前笛色王均，觱篥色鄭彥，周賢良，兼拍板。

德壽宮：劉益、使臣。謝春澤。

衙前：吳興祖、節級。趙永、部頭。花成、時世俊。守闕節級。

前鈞容直：崔喜。

琵琶色。衙前豪師古兼琵琶。

德壽宮：胡永年、武功大夫。謝聖澤。

衙前：焦進、部頭。趙昌祖、段從善【九】。

【八】李外喜　「喜」，諸本作「善」。

【九】段從善　「善」，宋刻本、秘笈本、説郛本作「容」。

和顧：吴良輔、豪士英、曹彦國。

衙前：曾延慶、部頭。劉珣、周濟。部頭。

簫色。

和顧：朱世良【一〇】、兼箏。王謹、劉宗旺、周亨、陳籥。

嵇琴色。

德壽宫：曹友聞。承節郎守闕都管。

衙前：楊春和、人員守闕都管。魏國忠、節級，兼舞。孫良佐、石俊、馮師賢。

和顧：劉運成、趙進、杖鼓兼。惠和、馮師賢、王處仁。

箏色。

德壽宫：朱邦直。忠訓郎。

衙前：張行福、部頭。豪士良、高俊。

前教坊：聶庭俊。

前鈞容直：李吉。

笙色。

德壽宫：湯士成、孫顯祖。

衙前：宋世寧、節級。豪師古、兼琵琶。傅詔【一一】、管幹人。鄧孝仁、趙福。兼德壽宫。

【一〇】朱世良　「良」，諸本作「昌」。

【一一】傅詔　「詔」，諸本作「紹」，下同。

前鈞容直：吴勝。

前教坊：劉永顯。

和顧：張世榮、康彦和、王興祖。

觱篥色。

德壽宮：田正德、教坊大使。鞠思忠、孫慶祖、劉舜俞、陳永良。

衙前：李祥、守闕節級。仇彦、節級。王恩、節級。李和、部頭。時世榮、部頭。王正德、王道和、慢守恭、李遇、金宗信、兼德壽宮。鄭彦、兼拍板。張勻、劉道、朱貴、管幹人。曹彦興、吴良佐、孟誠、陳祐、丘彦、管幹人。鄧孝元、王永、周賢良、兼拍板。陳師授、兼德壽宮。陳永良。兼德壽宮。

前教坊：戚興道、李彦美、郭席珍。

前鈞容直：王宣、唐政。

和顧：于慶、兼舞。馮宣、王椿、倪潤、李祥、守闕節級。陳繼祖、季倫、張彦明、陳良疇【一二】、馮異、商翼、時世顯、王文信、王延慶、謝潤、張榮、第三名守闕衙前。時顯祖、費仍裕、任再興、李樂正、蔡邦彦、鄭彬、時允恭、金潤、王壽、王思齊【一三】、于成、孫良輔、崔顯、盧茂春、王師忠、宋康寧、張端、顧宣、王仲禮、郭達宗【一四】、劉順。守闕衙前。

笛色。

德壽宮：元守正、忠翊郎。孫福、使臣。孫繼祖、張行謹。

【一二】陳良疇　「疇」，諸本作「璹」。

【一三】王思齊　「齊」，諸本作「齋」。

【一四】郭達宗　「達」，宋刻本、秘笈本、説郛本作「建」。

衙前都管：孫福、使臣。朱榛、人員守闕都管。張守忠、節級。楊勝、節級。王喜、節級。張師孟、部頭。岳興、部頭。李智友、段從禮、朱順、陳俊、雷興祖、王仕寧、時寶部頭，兼德壽宮。孫進、郭彦、楊選、兼德壽宮。金儀、趙俊、守闕節級。趙順、楊元慶、時定、趙興祖、陰顯祖、丘遇、徐識、孫顯、王筠、兼德壽宮拍板。張榮、郭亨、元舜道。

前教坊：金宗訓、俞德、謝祖良、曾延廣、李進。

前鈞容直：王喜、俞德、冀恩。

和顧：張億、茆慶、張師顔、劉國臣、趙昌、張廣、元舜臣、沈琮、杖鼓。胡良臣、王師仲、徐亨、張義、林顯、鄭青、陳士恭、巫彦、朱世榮、朱紹祖、翟義、張孝恭、汪定、費興、李昇、馮士恭、陳寶、楊善、尹師授、張介、賀宣、朱榮、朱元、守闕衙前。軒定、鼓板。張成、鼓板。閻興、鼓板。王和、鼓板。陳焕、張世亨、許珍、張淵、孫顯宗、崔成。守闕衙前。

方響色。

德壽宫：齊宣、田世榮。

衙前：葛元德、部頭。于喜、齊宗亮。管幹人。

前鈞容直：高福。

和顧：馬重榮【一五】、尹朝、于通、劉才高。

杖鼓色。

【一五】馬重榮　「重」，諸本作「仲」。

德壽宮：張名高、孟清。

衙前：高宣、節級。時思俊、守闕節級部頭，兼板。程盛、齊喜、孟文叔、守闕節級。時和、鄧友端、徐宗旺、吴興福、兼德壽宮。鄧世榮、張興禄、管幹人。葉喜【一六】。

前教坊：鞠端。

前鈞容直：閻興、邢智。

和顧：張士成、張潤、張義、張世昌、張世顯、孫榮、段錦新、蔡顯忠、齊宗景、郭興祖、時康寧、高潤、張皋、傅良佐、李晉臣、思芸、范琦、段錦。

大鼓色。

德壽宮：張佑、李吉。

衙前：董福、部頭。李進、周均、小唱。張佑。兼德壽宮。

和顧：趙慶、鼓兒。劉成、孫成、鼓兒，習學大鼓。王富、勾般，習學大鼓。尹師聰、鼓兒。張守道、唱道情。張昇、鼓兒。宋棠、掌儀下書寫文字。喻祥、小唱。錢永。守闕衙前。

舞旋。嵇琴魏國忠，琵琶豪士英，竝兼舞三臺。

德壽宮：劉良佐。武德郎。

衙前：杜士康。

和顧：于慶。

【一六】葉喜　四庫本下有「兼德壽宮」小字。

雜劇三甲【一七】。

劉景長一甲八人：戲頭李泉現，引戲吴興祐，次淨茆山重、侯諒、周泰，副末王喜，裝旦孫子貴。

蓋門慶進香一甲五人：戲頭孫子貴，引戲吴興祐，次淨侯諒，副末王喜。

内中祗應一甲五人：戲頭孫子貴，引戲潘浪賢，次淨劉袞，副末劉信。

潘浪賢一甲五人：戲頭孫子貴，引戲郭名顯，次淨周泰，副末成貴。

築毬三十二人。

左軍一十六人：毬頭張俊，蹺毬王憐，正挾朱選，頭挾施澤，左竿網丁詮，右竿網張林，散立胡椿等。

右軍一十六人：毬頭李正，蹺毬朱珍，正挾朱選，副挾張寧，左竿網徐賓，右竿網王用，散立陳俊等。

雜班：雙頭侯諒，散要劉袞、劉信。

小樂器：嵇琴曹友聞，簫管孫福，纂劉運成，拍侯諒。

鼓板。

衙前一火：鼓兒尹師聰，拍張順，笛楊勝、張師孟。

和顧二火：笛張成、老僧。閻俊、望伯。張喜，鼓兒張昇，笛王和，小四。鼓兒孫成，换僧。

【一七】雜劇三甲　蓋門慶一甲分爲「進香」「祗應」兩班。

拍張榮。狗兒。

馬後樂。

拍板：吴興祖。

觱篥：田正德、孫慶祖、陳師授。

笛：孫福、時寶、元守正。

提鼓：孫子貴。

札子：孟清、時世俊、高宣、吴興福、張興禄。

内中上教博士。

王喜、劉景長、曹友聞、朱邦直、孫福、胡永年。各支月銀一十兩。

雜劇：王喜、侯諒、吴興福、吴興祐、劉景長、張順。

拍板：田正德、謝春澤。

琵琶：胡永年。

舞：劉良佐。

嵇琴：曹友聞、楊春和。

箏：朱邦直。

方響：齊宣。

笙：湯士成。
纂：劉運成。
觱篥：孫慶祖。
笛：孫福、時寶。

掌儀範等合干人。

掌儀範：朱邦直、曹友聞、元守正、孫福、朱榛。守闕。
衙前都管：劉恩深、孫福、王公謹。守闕。
管幹教頭：朱貴、張興禄、丘彦、傅詔、齊宗亮。
逐色部頭：劉信、趙永、焦進、周濟、楊春和、宋世寧、李和、時世榮、時寶、岳興、葛元德、高宣、董福、時世俊、杜士康、潘浪賢。

卷五

湖山勝概

南山路。

自豐樂樓南，至暗門錢湖門外，入赤山煙霞石屋止。南高峯、方家峪、大小麥嶺並附於此。

豐樂樓。舊爲「衆樂亭」，又改「聳翠樓」，政和中改今名。淳祐間，趙京尹與𥲅重建，宏麗爲湖山冠。又甃月池，立秋千、梭門，植花木，構數亭，春時遊人繁盛。舊爲酒肆，後以學館致爭，但爲朝紳同年會、拜鄉會之地。林暉、施北山皆有賦，趙忠定《柳梢青》云：「水月光中，煙霞影裏，湧出樓臺。空外笙簫，雲間笑語，人在蓬萊。天香暗逐風回，正十里，荷花盛開。買箇小舟，山南遊遍，山北歸來。」吴夢窗嘗大書所賦《鶯啼序》於壁，一時爲人傳誦。**湖堂。**舊在聳翠樓側，又有集賢亭，今並不存。**呂洞賓祠。**舊傳洞賓嘗至此。**靈芝崇福寺。**錢王故苑，以芝生其間，捨以爲寺，故名靈芝。高宗、孝宗凡四臨幸。有浮碧軒、依光堂，亦爲新進士會拜題名之所。朱靜佳詩云：「黄金市地小橋通，四面清平納遠空。雲氣長扶天子座，日光浮動梵王宮。殘碑幾字莓苔雨，清磬一聲楊柳風。沙鳥不知行樂事，背人飛過夕陽東。」**顯應觀。**祀磁州神崔府君。六月六日生日，其朝遊人甚盛。咸淳間改「昭應」，今歸靈芝寺。舊有蕭照山水及蘇漢臣畫壁，今不復存矣。**楊郡王府上船亭。聚景園。**詳見御園門。**靈應堂。**俗呼包道堂。**寶蓮院。紫霄宮廨院。寶成院。**舊名「釋迦」。**興福院。永隆院。慧光尼菴。**張循王府。

省馬院船步。內有正覺、超化二院。長橋。妙淨院。寶德寺。楊和王重建，充三衙建聖節道場。希夷道堂。劉蓑衣建於南屏園左，今移於此。真珠園。有真珠泉、高寒堂、杏堂、水心亭、御港。曾經臨幸，今歸張循王府。南園。中興後所剏，光宗朝賜平原郡王韓侂胄，陸放翁爲記。後復歸御前，改名「慶樂」。賜嗣榮王與芮，又改「勝景」。有許閒堂、和容射廳、寒碧臺、藏春門、淩風閣、西湖洞天、歸耕莊、清芬堂、歲寒堂、夾芳、豁望、矜春、鮮霞、忘機、照香、堆錦、遠塵、幽翠、紅香、多稼、晚節香等亭。秀石爲山【一】，內作十樣錦亭，並射圃、流盃等處。弁陽翁詩云：「清芬堂下千株桂，猶是韓家舊賜園。白髮老翁和淚説，百年中見兩平原。」又云：「舊事淒涼尚可尋，斷碑空卧草深深。淩風閣下槎牙樹，當日人疑是水沈。」雷峰顯嚴院。郡人雷氏所居，故名「雷峯」。錢王妃建寺築塔，名「皇妃塔」。或云地産黄皮，遂謂爲「黄皮塔」。山頂有通玄亭、望湖樓。普寧寺。又名「白蓮」，有鐵塔一，石塔二。雲濤觀。淨相院。舊名「瑞相」，有無盡意閣、娱客軒、一段奇軒，幽深可喜，今皆不存。上清宮。葛仙煉丹舊址，道士胡瑩微祖築菴，鄭丞相清之曾此讀書。淳祐中重建，賜今額，理宗御書：「清淨道場」【二】。甘園。內侍甘昪園【三】，又名「湖曲」，曾經臨幸。至今有御愛松、望湖亭、小蓬萊、西湖一曲。後歸趙觀文，又歸謝節使。弁陽翁詩云：「小小蓬萊在水中，乾淳舊賞有遺蹤。園林幾換東風主，留得庭前御愛松。」御船坊。理宗御舟在焉。淨慈報恩光孝禪寺。孝宗嘗臨幸。山曰南屏，有慧日峯，舊名「慧日永明」。太宗賜「壽寧院」額，孝宗御書「慧日閣」。有千佛閣、五百羅漢堂。理宗御書「華嚴法界」「正徧知閣」等額。梁貞明大鐵鍋存焉。畫壁作五十三參等。寺後菴宇甚幽，大抵規模與靈隱相若，故二寺號南北山之最。東坡詩云：「卧聞禪老入南山，淨掃清風五百間。」其宏壯自昔已然，今益侈大矣。山南照慶院【四】。惠照寺。後爲齋宮，今歸淨慈。南屏御園。正對南屏山，又名「翠芳」。南屏興教寺。舊名「善慶」，有齊雲亭、清曠樓、米元章書「琴臺」及唐人磨崖八分《家人》卦、《中庸》、《樂記》篇。

【一】秀石爲山　「山」原作「上」，據秘笈本、説郛本、四庫本改。

【二】清淨道場　「場」，宋刻本、秘笈本、説郛本作「院」。

【三】內侍甘昪園　「甘昪」原作「甘昇」，據説郛本改。

【四】山南照慶院　諸本作「南山昭慶院」。

後人於石傍刊「右司馬温公書」六字，其實非公書也。廣法院。齊王功德院，有清曠亭。法因院。景獻太子攢所，有古鐵塔、錢王井。寶林院。莊文太子攢所，舊名「總持」，有可賦軒。赤山攢宮。舊瑞龍寺，後爲安穆、成恭、慈懿、恭淑四后攢所，今爲熾盛光寺。脩吉寺。舊瑞龍寺移於此，有西湖奇豔。正濟寺。又名「普門」。法雨寺。舊名「水心」，又改「雲龍」。有趙清獻、楊無爲題名等。安福尼寺。極樂尼寺。高麗寺。舊名「惠因寺」，湖山閒惟此寺無敕額。元豐間，高麗王子僧統義天入貢，學賢首教於此，因施金建華嚴閣。有易菴、期懺堂。皇姑成國公主攢所。惠因橋。秦少游《龍井紀游》所謂「濯足於惠因澗」，即此是焉。玉岑山。廣果寺。開化尼寺。六通慈德院。舊名「惠德塔」。法興院【五】。保福院。長耳相院。舊名「法相」。定光菴。有定光泉。永慶院。延長真如院。延壽山。淨梵院。舊名「瑞峯」。崇教院。石屋洞。大仁院，有石菴、天成石羅漢。其洞後又一石洞，名「蝙蝠洞」。水樂洞。院名「西關淨化」，即滿覺院山。孝宗時賜李隶，慈明殿賜楊郡王，後歸賈平章。山石奇秀，中一洞嵌空有聲，以此得名。有聲在堂、界堂、愛此留照、獨喜玉淵、漱石、宜晚、上下四方之宇諸亭及金蓮池。滿覺院。舊名「圓興」，今在水樂洞嶺傍。石佛接待菴。煙霞洞。清脩院，有象鼻石、佛手巖、石羅漢、東坡留題等。歸雲菴。寧宗時，水菴清禪師坐禪石窟中，聞南峯鐘鳴，遂大悟。今改「永興菴」。關真人道院。小龍井。井側有龍王祠。南高峰塔。榮國寺，有白龍王祠及五顯祠。險峻甚於北峯，中有墜石。相傳云，昔有道者鎮魔於此。又有潁川泉。

方家峪。自方家峪至冷水峪、慈雲嶺泥路，嘉會門外至大慈山、龍山。

【五】法興院　「院」，諸本作「寺」。

遇真道院。悟真道院。崇真道院。廣教院。號「小南屏」。褒親崇壽寺。在鳳凰山，劉貴妃功德。有鳳凰泉、瑞應泉、松雲亭、觀音洞、筆架池、偃松、交枝檜。三門有陳公儲畫龍，甚奇。弁陽翁詩云：「鶴羽鸞綃事已空，奉華遺寺對高松。宮斜鳳去無人見，且看門前粉壁龍。」奉華，劉妃閣名。西蓮瑞相院。黄貴妃功德。地藏尼寺。慈光尼寺。張府功德。廣慈院。舊名「廣福」。寶藏院。有烏龍井、錢武肅廟碑。改額「表忠觀」，立碑，碑擡府學。【六】今錢氏五王廟在焉。寧清廣福院【七】。陳淑妃香火，院雖小而幽邃可喜。福全尼寺。廣嚴院。舊名「妙嚴」，有徐正節墓。廣恩院。淨教院。蔡貴妃殯所。安福禪院。内侍陳都知香火，名「小陳寺」。水月寺。路口有靈因石【八】。崇教院。舊名「薦福」，有珍珠泉。慈雲嶺。華津洞。趙冀王府園，水石甚奇勝，有仙人臺基【九】。西林法惠院。舊名「興慶」，錢王建。有雪齋，秦少游記，東坡詩。冷水峪。梯子嶺。淨明院。郊壇齋宮，有易安齋、梅巖、高孝两朝御和詩。滿山皆櫻櫚。舊有江月菴、筇烏亭【一〇】。龍華寶乘院。本錢王瑞萼園捨建，有傅大士塔，並拍板、門槌猶存。有温公祠堂題名。天華寺。鏡清禪師道場，舊名「千春龍册」。有頤軒、妙奇樓【一一】、化生池。感業寺。舊名「天龍」，有木觀音像。勝相院。舊名「龍興千佛」，有五丈觀音像、二併閣、釋迦丈六金身像。大通院。舊名「顯明」。天真院。舊名「登雲臺」，有靈化洞。龍華山。有石如龍，與兩石龍寺接。下石龍淨勝院。上石龍永壽院。舊名「資賢」，石崖刻仁宗《佛牙贊》。郊臺。錢王郊臺亦近焉。道林院。舊名「普濟」。大慈寺。般若院。寶惠院。舊名「普濟」。錢王墳。文穆、忠獻二王葬此。長慶崇福院。皇叔祖太師和王功德。窑池。一名「烏菱池」。聖果寺。在包家山。真覺院。舊名「奉慶」，有東坡《瑞香花》詩。包家山桃花關。桃花甚盛，舊有「蒸霞」二

【六】「改額」至「府學」等十一字，宋刻本、秘笈本、四庫本無。

【七】寧清廣福院　「清」，諸本作「親」。

【八】路口有靈因石　「因」，諸本及《咸淳臨安志》、《西湖志纂》作「固」。

【九】有仙人臺基　「臺基」，諸本作「棋臺」。

【一〇】筇烏亭　「筇烏亭」原作「筇筠亭子」，據宋刻本、秘笈本、説郛本及《咸淳臨安志》改。

【一一】妙奇樓　「奇」，諸本作「因」。

字，春日遊人甚多。法雲寺。舊名「資崇」。大慈山。舊有「廣福」金書院額。虎跑泉。舊傳性空禪師居此，無泉，二虎跑地而出。東坡詩云：「虎移泉眼趂行脚，龍作浪花供撫掌。」乾溪寨。小楊寺。香嚴寺。

小麥嶺。飲馬橋前後巷至龍井【一二】，止九溪十八澗。

道人山。有石洞。飲馬橋。地名「放馬場」。旌德顯慶教寺。咸淳甲戌冬改「旌德襄慶」，慈明太后香火。方丈有軒，曰「雲扉」。後山有泉石甚奇，曰「林泉」。有清壑、凝紫、靜雲等諸亭。南山禪關。又名「龍井路」，今又改「南天竺」。仰妃墓。吳越錢王妃。梅坡園。楊郡王園，又名「總秀」。靈隱觀。寧宗朝張知宮翃，御書「沖隱菴」。淳祐中，道士范善遷重建，賜名今額。今菴在觀右，而觀改「仁壽院」矣。太清宮。寧宗時朱靈寶守固建，楊太后書《道德經》石幢。有歲寒軒，養性、凝神二堂。後爲賈貴妃功德，今改觀音院。松菴。楊郡王府。崇報顯慶院【一三】。舊名「棲真」，章楶質夫功德。後爲永王、祈王攢所。章司徒墓。名得象，樞使楶之祖，棲真院碑可考。翁五峰墓。名孟寅，字賓暘。徐典樂墓【一四】。名申，字幹臣，號青山翁。强金紫墓。名至，字幾聖，今石羊虎猶存。其子文肅公淵明墓在西溪嶺欽賢鄉【一五】，諸子亦多祔此。陳拾遺墓。唐人，歲久莫考名字，在積慶山下。冰壑書堂。金樞密淵，號冰壑，嘗作書堂於此，因葬焉。積慶、永清二山在後，平鼎山在左，湖山在前。凡錢塘城邑江湖之勝，皆近在几席間，乃南北二峯中之最高一山也。有君子、天一二泉。理宗御書「積慶山怡顏藏書農圃」以賜，又賜功德寺名曰「積慶教忠」，後不及建而止。贊寧塔。天聖間葬此。靈石山。薛開府墓。名居正，謚貞顯。崇因報德院。有靈石泉，又名「歲寒泉」，甚清。高宗嘗臨幸。院與積慶山後永清院皆薛開府功德。此院已廢，獨靈石塔猶存。淨林廣福院。開府楊慶祖墳菴，土人呼爲「上楊菴」。有松關、南泉、芳桂亭。姜

【一二】飲馬橋前後巷　諸本無「巷」字。

【一三】崇報顯慶院　「報」，諸本作「德」。

【一四】徐典樂墓　「樂」，宋刻本、秘笈本、説郛本作「章」。

【一五】墓在西溪嶺　「嶺」，宋刻本、秘笈本、説郛本作「鄉」。

白石與銛朴翁等三人來遊，詩云：「四人松下共盤桓，筆硯花壺石上安。今昔興懷同此味，老仙留字在屏顔。」後爲演福寺，遂廢。無垢寺。舊名「無著」，乃無著禪師道場，舊在石人嶺。慶元中，韓平原以寺爲生墳，遂移寺於此。嘉定十一年重脩，有鴉鷄巖、仙人臺、清音軒。偃松下有茯苓，因名泉爲「茯苓泉」。後爲演福寺，遂廢。崇恩演福教寺。寶祐丁巳重建，咸淳中改禪寺，德祐後復爲教寺。賈貴妃攢所，周漢國端孝公主祔焉。舊山門有妙莊嚴域及生清淨心亭、諸天閣、真如亭、羅漢閣、靈石堂。鷄籠山。金鐘峰。褚家坎。漢末褚盛族，舊有居此者。白蓮院。相傳晉肇法師講經於此。風篁嶺。小水樂。福邸園。二老亭。後改「德威」，舊在風篁嶺頭。東坡、辯才往來於此，皆有詩。今移於龍井祠下。龍井。吴赤烏中，葛稚川嘗煉丹於此，在風篁嶺上。巖壑林樾幽古，石竇一泓，清澈翠寒，甘美可愛，雖久旱不涸。石上流水處，其色如丹，遊者視久水輒溢，人去即減，其深不可測。相傳與江海通，有龍居之，每禱雨必應。或見小蠏、班魚、蜥蜴之類。井旁有惠濟龍王祠。陳寺丞墓。名剛中，紹興中，以言事與張狀元九成連坐，謫知虔州安遠縣而卒，後葬風篁嶺沙盆塢。胡侯墓。名則，知杭州。廟在墓前。劉菴。孝宗朝劉婉容攢所，今歸龍井寺。龍井延恩衍慶寺。辯才故地，舊名「報國看經院」【一六】，後改「壽聖」，東坡書額猶存。又改「廣福」，元祐以來，諸賢留題甚多，及東坡竹石、廉宣仲枯木。寺前有過溪橋，又名「歸隱橋」，又名「二老橋」。寺有方圓菴、寂照閣、清獻趙公間堂、訥齋、潮音堂、滌心沼、鏡清堂、沖泉、薩埵石、辯才清獻東坡三賢祠、辯才塔、諸天閣。山有獅子峯。葉苔磯墓。元素，字唐卿，詩人。五雲山。中有真際院，嶺上有天井，大旱不竭。九溪十八澗。

大麥嶺。

【一六】報國看經院　「報國」，宋刻本、秘笈本、説郛本作「報恩」。

法空寺。舊名「資慶」。**南資聖院**。濮王墳。**花家山**。**淨安院**。内侍董宋臣香火。**盧園**。内侍盧允昇園。景物奇秀，西湖十景所謂「花港觀魚」即此處也。**崇真宮**。昔爲女冠，今爲永淨尼寺。**茆家步**。**獨角門**。**淨嚴廣報院**。内侍董永仲功德。**隆興菴**。楊寺廨院。**黄泥嶺**。**水陸菴**。楊寺廨院，後名「慶安院」。**妙心寺**。**水竹塢**。

西湖三堤路。蘇公堤自南新路直至北新路口，小新堤自麴院至馬蝗橋。

蘇公堤。元祐中，東坡守杭日所築。起南迄北，横截湖面，夾道雜植花柳，中爲六橋九亭。坡詩云：「六橋横截天漢上，北山始與南屏通。忽驚二十五萬丈，老葑席卷蒼煙空。」後守林希榜之曰「蘇公堤」。章子厚詩云：「天面長虹一鑑痕，直通南北兩山春。」**第一橋**。港通赤山教場【一七】，名「映波」。**旌德觀**。元係定香寺舊址，寶慶間，京尹袁韶改建爲觀。有西湖道院，虚舟、雲錦二亭。今復爲定香教寺【一八】。**先賢堂**。名「仰高」，祠許由以下共四十人，刻石作贊，具載事迹。中以寶慶初巴陵之事，謂潘閬有從秦王之嫌，遂去之，及節孝婦孫夫人以下五人，今止三十有九人焉。中有振衣、古香、清風堂。山亭流芳，花竹縈紆，小山曲徑。今歸旌德，堂宇皆廢。**第二橋**。通赤山麥嶺，路名「鎖瀾」。**湖山堂**。旁有水閣，尤宏麗。**三賢堂**。祠白樂天、林和靖、蘇東坡。後有三堂，曰水西雲北、月香水影、晴光雨色。後有小亭，曰虚舟，曰雲梯【一九】。**第三橋**。通花家山港，名「望山」。**第四橋**。通茆家步港，名「壓堤」，北新路第三橋。**施水菴**。名「圓通」，有石臺籠燈，以照夜船。**雪江書堂**。胡賢良伉所居。**新水仙王廟**。龍王祠，與葛嶺者爲二。**崇真道院**。賈平章建，後有閣，今改爲僧寺。**松窗**。張濡別墅。**第五橋**。通麴院港，名「東浦」，北新路第二橋。**第六橋**。通耿家步港，名「跨虹」，北新路第一橋。**小新堤**。淳祐中，

【一七】港通赤山教場　原「教場」下有「南來」二字，據諸本及《西湖志纂》删。

【一八】今復爲定香教寺　諸本及《咸淳臨安志》無「教」字。

【一九】曰雲梯　「梯」，宋刻本、秘笈本、四庫本皆作「錦」。

趙京尹與簒自北新路第二橋至麴院築堤，以通靈竺之路。中作四面堂、三亭，夾岸花柳比蘇堤，或名「趙公堤」。**履泰將軍廟**。有天澤井、葛仙翁所植虬松。將軍錢塘人，姓孫，名顯忠，仕吴越。時嘉熙中，趙與權尹京禱雨有驗，奏聞，因敕封天澤侯。**楊園**。楊和王府。**永寧崇福院**。又名「小隱寺」，元係内侍陳源適安園。近世所歌《菊花新》曲破之事，正係此處。獻重華宫爲小隱園，孝宗撥賜張貴妃。寺前有澗曰「雙峯」，又曰「金沙」。**裴園**。裴禧園。誠齋詩云：「岸岸園亭傍水濱，裴園飛入水心横。傍人莫問遊何處，只揀荷花開處行。」**喬園**。喬幼聞園。**史園**。史屏石徵孫【二〇】。**資國院**【二一】。舊名「報國」，有東坡書「隱秀齋」，趙令畤德麟跋語。**淳固先生墓**。斌，姓宋，號庸齋，師晦菴先生。**馬蝗橋**。

孤山路。

西陵橋。又名「西林橋」，又名「西泠橋」，又名「西村」。**孤山**。舊有柏堂、竹閣、四照閣、巢居閣、林處士廬，今皆不存。**四聖延祥觀**。有韋太后沈香四聖像、小蓬萊閣、瀛嶼堂、金沙井、六一泉。餘見御園類。**西太一宫**。舊四聖觀園，理宗朝建。今黄庭殿乃昔涼堂也，兩壁蕭照畫尚存。亭館名並見御園類。弁陽翁詩云：「蘂宫廣殿號黄庭，突兀浮雲最上層。五福貴神留不住，水堂空照九枝燈。」有和靖墓、瑪瑙坡、陳朝柏。**四面堂**。**處士橋**。以和靖得名。**涵碧橋**。**高菊磵墓**。名九萬，葬孤山後談家山。**斷橋**。又名「段家橋」。萬柳如雲，望如裙帶。白樂天詩云：「誰開湖寺西南路，草緑裙腰一帶斜。」

北山路。

自豐樂樓北，沿湖至錢塘門外，入九曲路，至德勝橋南印道堂、小溜水橋、黄山橋、掃帚塢、鮑家田、青芝塢、玉泉、駝巘、棲霞嶺、東山衕、霍山、昭慶教場、水磨頭、葛嶺、九里松、靈隱寺、石人嶺、西溪路止。三天竺附。

【二〇】史屏石徵孫　「石徵」，宋刻本、説郛本作「右徵」，秘笈本作「石徵」，四庫本作「右徵」，《西湖志纂》、《西湖遊覽志》作「史徵」。

【二一】資國院　「院」，宋刻本、秘笈本、説郛本及《西湖遊覽志》、《西湖志纂》作「園」。

柳洲。龍王廟。名「會靈」，所謂「柳洲五龍王」也。惠明院。舊名「資福」，今呼柳洲寺，其地舊爲通元菴。上船亭。養魚莊。楊郡王府。環碧園。楊郡王府，堂扁皆御書。迎光樓。張循王府。劉氏園。内侍劉公正所居。一清堂。後改「玉蓮」，競渡爭標於此。菩提院。舊名「惠嚴」，與昭慶寺相連。有靈感大悲像閣、緑野、白蓮堂、碧軒、四觀軒、南漪、迎熏、澄心、涵碧、玉壺、氍毹。今廢。玉壺御園。楊和王府水閣【二二】。賈府上船亭。錢塘門上船亭。秀邸新園。謝府園。有一碧萬頃堂。隱秀園。劉鄜王府。先得樓。即古望湖樓，坡詩有「望湖樓下水連天」是也。擇勝園。秀邸。有御書「擇勝」、「愛閒」二堂。九曲城下。法濟院。舊名「觀音院」，有有明、爽二軒。五聖廟。有蘇漢臣畫壁存焉。妙因院。元係慈光菴。寶嚴院。真覺尼院。元係隱靜菴。錢氏院【二三】。華亭錢府。新嶽廟。東湖道院。關王廟。舊滿路種桃，號「半道紅」。古北關。楊府廨宇。楊郡王府，今捨爲寺。玉虚觀。崇果院。德勝橋南，舊名「羅漢」。印道堂。趙郭園。羅漢院。史府。今爲慧日寺。水丘園。西隱精舍。豐樂院。鐵佛寺。梅岡御園。張氏園。王氏園。小溜水橋。精進院。齋宫，舊名「精脩」。延慶院。澄寂院。桃花衢【二四】。黄山橋。掃帚塢。萬花小隱。謝府園。常清宫。沂王功德。聚秀園。楊府。鮑家田。秀野園。謝府。南禪資福尼寺。極樂尼寺。思故塔。屠墟聖昭廟。廣惠侯【二五】。資壽院。元係大聖菴。明覺院。舊名「報先」，有虚心軒。永菴。閻府。萬安院。舊名「清化永安」。羅寺。慈聖院。舊名「慈雲」，潘、李二貴妃攢所。有聖水池，大旱不涸。妙智院。舊名「報國觀音院」。玉泉淨空院。泉色清澈，蓄大金魚。有龍王祠。西觀音山。青芝塢。愍忠資福普向院。楊和

【二二】楊和王府水閣　秘笈本、説郛本、四庫本無「府」字。

【二三】錢氏院　「院」，諸本作「園」。

【二四】桃花衢　「衢」，諸本作「衕」。

【二五】屠墟聖昭廟廣惠侯　「墟」，諸本作「虚」；「惠」，諸本作「慧」。

王建，專充殿前諸軍功德，及爲諸軍瘞所。上關寺。內侍關少師功德，名「崇先顯慶」。竹所。杜北山墓。汝能，字叔謙，太后諸孫。居麴院，能詩有聲。天清宮。女冠。靈峰院。裴氏功德。裴墳。有雙節亭。馳巘嶺。靈耀觀。西峯淨嚴院。感義郡王功德。大明院。圓明崇福禪院【二六】。巖阿有井泉，極清冽，內侍霍汝弼功德。棲霞嶺。神仙宮。有偃松如龍，名「御愛松」。乾濕水洞。有一寺在側。淨元觀。妙明院。東山衕。永安院。元係吳秦王府香火菴，有清芬亭。不空院。舊名「傳經」。護國仁王禪院【二七】。後有龍洞，龍王祠在焉。西靖宮。女冠。寧國院。廣照院。霍山。長慶院。舊名「華嚴菴」，主張王香火。張王廣惠廟。永慶院。光相塔院。山水甚奇。涌泉。高宗嘗取瀹茗。清心院。舊名「涌泉」。瑤池園。呂氏。金輪梵天院。舊名「金輪寺」，後即巾子峯。寶勝院。舊名「應天」。金牛護法院。洞明菴。天龍菴【二八】。道者無門所居。雲洞園。楊和王府。有萬景天全、方壺、雲洞、瀟碧、天機雲錦、紫翠間、濯纓、五色雲、玉玲瓏、金粟洞、天砌臺等處。花木皆蟠結香片，極其華潔。盛時凡用園丁四十餘人，監園使臣二名。大昭慶寺。與前菩提寺相連，舊名「菩提寺」，有戒壇。策選鋒教場。古柳林。錢塘縣尉司。舊有平湖軒、英游閣，又有片石，周益公字之曰「奇俊」，蓋相傳爲王子高舊居故也。

葛嶺路。

水磨頭。石函橋。有水閘，泄湖水入下湖。放生亭。德生堂。理宗御書。泳飛亭。理宗御書。總宜園。本張太尉【二九】，後歸趙平遠淇，今爲西太一宮。大吳園。小吳園。水月園。紹興中賜楊和王，孝宗撥賜嗣秀王。水月瀛、燕堂、玉林堂皆御書。葛嶺。葛仙常往來於此，故得名，亦名「葛塢」。兜率院。十

【二六】圓明崇福禪院　「院」，諸本作「寺」。

【二七】護國仁王禪院　「院」，諸本作「寺」。

【二八】天龍菴　「菴」，諸本作「洞」。

【二九】本張太尉　「本」原作「水」，據秘笈本、四庫本改。

三間樓相嚴院。舊名「十三間樓石佛院」。東坡守杭日，每治事於此。有冠勝軒、雨亦奇軒。**大石佛院**。舊傳爲秦始皇纜船石，俗名「西石頭」。宣和中，僧思淨就石鐫成大佛半身。或云下通海眼。**保叔塔崇壽院**。咸平中，僧永保修，故得名。有應天塔、極樂菴、落星石、石獅峯，又名巾子峯，及石屏風在焉。碑刻舊有《屏風院記》、《封山記》。瑞峯堂【三〇】。**寶稷山**。**敷惠廟**。**多寶院**。舊名「寶積」，有緑陰堂。**嘉澤廟**。祠水仙王。有薦菊泉及亭。**孫花翁墓**。惟信，字季蕃，隱居湖山，棄官自放，能詩，詞尤工。趙節齋葬之，劉後村爲誌，杜清獻爲文以祭之。**普安院**。**挹秀園**。楊駙馬。**秀野園**。劉鄜王。有四並堂。**上智果院**。有參寥泉，東坡題。梁廣王殯所。**治平寺**。有錦塢、煙雲閣。**江湖偉觀**。即觀臺舊址，盡得江湖之勝。**壽星院**。有寒碧軒、此君軒、觀臺、盃泉，平秀軒、明遠堂、東坡祠及詩刻。**寶雲菴**。舊名「千光王寺」，邳王殯所。有寶雲菴、清軒、月窟、澄心閣、南隱堂、妙思堂、雲巢，今不復存。又有靈泉井、寶雲菴、初陽臺，亦廢。**瑪瑙寶勝院**。昔在孤山，後改爲四聖觀，遂遷於此。有中庸子陶器墓，乃法惠法師智圓自號也。有高僧閣、僕夫泉、夜講堂。**養樂園**。賈平章。有光渌閣、春雨觀、瀟然養樂堂、嘉生堂、生意生物之府。**玉清宮**。有葛仙煉丹井。**半春園**。史衛王府。**小隱園**。史府。**集芳御園**。後賜賈平章。內有假山石洞，通出湖濱，名曰「後樂園」。有蟠翠、雪香、翠巖、倚秀【三一】、挹露、玉蘂、清勝，已上皆高宗御題，亦集芳舊物也。西湖一曲、奇勛，理宗御書。秋壑、遂初容堂，度宗御書。又有初陽精舍、警室、熙然臺、無邊風月、見天地心、琳琅步歸舟等不一。**香月鄰**。廖瑩中園，後歸賈相。**嘉德永壽教寺**。毛娘娘功德。有翔泳堂、芝巖堂【三二】。**喜鵲寺**。即禪宗院，以烏窠禪師得名。魏婉儀殯所。白樂天有《紫楊花》詩。**寶嚴院**。舊名「垂雲」，有垂雲亭、借竹軒、無量福海。**趙紫芝墓**。名師秀，在寶嚴院後。**定業院**。烏窠禪師道

【三〇】瑞峯堂　諸本無此三字，或疑「堂」下脱「記」字。

【三一】倚秀　「秀」，諸本作「繡」。

【三二】芝巖堂　諸本「芝巖」下無「堂」字。

場。有君子泉、石甑山、環峯堂、襲夢軒。虎頭巖。介於寶巖、定業之閒。施梅川墓。名岳，字仲山，吴人，能詞，精於律吕。楊守齋爲寺後樹梅作亭以葬，薛梯飈爲誌，李賀房書，周草窗題蓋。仁壽尼菴。招賢寺。上官良史墓。在招賢寺後。良史字季長，號淇園。報恩院。舊名「報先」，即孤山六一泉寺，後以其地爲延祥觀，遂遷於此。德國公主殯所。廣化院。舊名「永福」，自孤山遷於此。舊有白公竹閣、柏堂、水鑑堂、涵暉亭、淩雲閣、金沙井、辟支佛骨塔、慧琳塔、白公祠堂。黄宜山詩云：「移自孤山占此山，荒凉老屋萬琅玕。櫻桃楊柳空花夢，千古清風滿閣寒。」快活園。趙氏。水竹院落。賈平章園。御書閣曰「文明之閣」【三三】。有秋水觀、第一春、思剡亭、道院。顯明院。舊名「興福保清」，儀王仲湜殯所。有鑑空閣、緑淨堂存焉。北新路口。棲霞嶺口。古劍關。棲霞嶺下。岳王墓。岳武穆王飛所葬，其子雲亦祔焉。葉靜逸詩云：「萬古知心只老天，英雄堪恨復堪憐。如公少緩須臾死，此寇安能八十年。漠漠凝塵空偃月，堂堂遺像在淩煙。早知埋骨西湖路，學取鴟夷理釣船」【三四】。林弓寮詩云：「天意只如此，將軍足可傷。忠無身報主，冤有骨封王。苔雨樓墻暗，花風廟路香。沈思百年事，揮淚灑斜陽。」王脩竹詩云：「埋骨西湖土一丘，殘陽荒草幾經秋。中原望斷因公死，北客猶能説舊愁。」褒忠演福院。元係智果觀音院，後充岳鄂王香火。岳雲所用鐵鎗猶存。沖虚宫。舊名「寧壽菴」。耿家步。東山衖口。福壽院。旌德寺子院。有寧宗御書「桂堂」二字。廖藥洲園。有花香、竹色、心太平、相在、世綵、蘇愛、君子、習説等亭。小石板巷口。九里松一字門。唐刺史袁仁敬守杭日，植松於左右，各三行。門扁吴説書，高宗嘗欲易之，自以不及，但金飾其字。馳巘嶺口。石板巷口。麴院巷口。行春橋。小行春橋。忠勇廟。統制張玘祠。左軍教場。馬三寶墓。在教場内。傳云向曾欲去之，有黑蜂數百自墓中出，不可向，遂止。至元十五年六

【三三】文明之閣　「文明」，諸本及《咸淳臨安志》作「奎文」。

【三四】學取鴟夷理釣船　「學取」，諸本作「悔不」，《金佗續編》作「合取」。

月，内有軍斷名狗兒者，因樵採壟土，得一鐵券，上有字云「雁門馬氏葬於橫衝橋」云云。後又有十字云「至元十五六，狗兒壞我屋」。蓋古人知數者耳。始知「横春橋」本名「横衝橋」云。三藏塔院。明真宫。女冠。今改爲三藏寺。資德院。慕容貴妃香火。萬壽院。南山白雲宗建。唐家衕。後澗溪。紫芝道院。道士陳崇真。瑞岡塢。燕脂嶺。以土色得名。普福教寺。芝雲堂。崇壽院。崇親資福院。張淑妃香火。天申萬壽圓覺教寺。舊爲了義法師塔院。有歸雲堂、三昧正受閣，並高宗御書。累朝臨幸，有御座、御榻。理宗御書「清涼覺地」。石獅子路。香林園。斑衣園。韓府。金沙澗。靈、竺之水自此東入於湖。顯慈集慶教寺。閻貴妃香火。寺扁、殿閣皆理宗御書。有月桂亭，甚佳。金碧爲湖山諸寺之冠。靈隱、天竺寺門。俗呼「二寺門」。袁居中書白樂天詩「一山門作兩山門，兩寺元從一寺分」，正此也。合澗橋。靈、竺二山之水會合於此。龍脊橋。武林山。又名「靈隱山」，又曰「靈苑山」，又曰「仙居山」。有五峯，曰飛來，曰白猿，曰稽留，曰月桂，曰蓮華。山前有澗，即武林泉也。呼猿洞。龍泓洞。有蔣之奇篆字，前後諸賢題字極多。二洞在飛來峯。女兒山。一名玉女巖。青靈巖。理公巖。乃靈隱開山慧理法師，在靈鷲寺後。冷泉。有亭在泉上，「冷泉」二字乃白樂天書，「亭」字乃東坡續書。詩扁充棟，不能悉録。林丹山詩云：「一泓清可沁詩脾，冷暖年來只自知。流出西湖載歌舞【三五】，回頭不似在山時。」温泉、醴泉。二泉在冷泉之上。葛塢。朱墅。候仙亭【三六】。壑雷亭。觀風亭。又有虛白、見山、袁君、紫薇、翠微、石橋、月桂等亭，及丹竈、隱居、許邁思真三堂、連巖棧、伏龍濺等，今皆廢。景德靈隱禪寺。相傳「靈隱禪寺」乃葛仙書，或云宋之問書。景德中，續加「景德」二字。有百尺彌勒閣、蓮峯堂，方丈曰直指堂，千佛殿、延賓水閣、望海閣，理宗御書「覺皇寶殿」、「妙莊嚴域」。又有巢雲亭、見山堂、白

【三五】流出西湖載歌舞　「出」，諸本作「向」。

【三六】候仙亭　原作「候仙山」，宋刻本作「候山亭」，據秘笈本、四庫本改。

雲菴、松源菴、東菴等在山後，尤幽寂可喜。**北高峯塔**。在靈隱寺山後絶頂，比南高峯尤高。上有五顯祠，遠近炷香，四時不絶。**法安院**。舊名「廣嚴」，唐韜光禪師築菴於院後，有清獻、東坡題名。**保寧院**。舊名「保安無量壽」。**資聖院**。舊名「大明」，開山咸澤禪師。**韜光菴**。韜光禪師道場，與樂天同時。周伯弜有詩，前後諸賢留題甚多。舊有僧嘗於此降仙，請至釋子蘭以下十人，凡七十三釋，皆唐人能詩者，各書一詩，語極奇絶，曲盡其景。今詩尚存壁間。**永福寺**。隆國黄夫人功德。咸淳九年建，在靈隱西石筍山下。**石筍普圓院**。天福二年，黄氏重修。舊名「資嚴山」，有石如筍，高數十丈，故名「石筍寺」。有超然臺，金沙、白沙二泉。鄴公菴，杭守祖無擇愛此山之勝，結菴於此，取公所封名之。方丈左右金漆板扉，皆趙清獻、諸賢蘇、秦、黄、陳留題，及文與可竹數枝，如張總得父子、吴傅朋等，題字甚多。歲久暗淡，猶隱隱可見。寺極清古幽邃，爲湖山諸刹之冠。後隆國黄夫人以超然臺爲葬地，遂移此院於山之西，而古意不復存矣。**天聖靈鷲院**【三七】。僧德賢建。**鐵舌菴**。**隆親永福院**。温國成夫人香火，今廢。**時思薦福寺**。吴益王墳寺。舊以下竺爲墳寺，後以古刹，遂别建於此。高宗嘗臨幸。吴太皇手書《金剛經》，有楊太后跋，及高宗御書《心經》，並刻石藏下竺靈山塔下。益王神道碑，蔣燦書，字甚佳。墓前二石馬，琢刻如生，舊傳夜輒馳驟，其鞦轡光瑩如玉，至今苔蘚不侵。寺有宜對亭、通雲亭、雙珠亭、萬玉軒、雨華堂。湖山至此，極幽邃矣。**黄妃墓**。錢王妃。**卓筆峯**。**明惠尼院**。舊名「定惠」，錢王孫妃香火。**石人嶺**。**海峯菴**。**無著禪師塔**。舊有無垢院，韓平原以爲壽地，遷院於靈石山側。後楊郡王復取爲壽地，遂啓其塔，乃陶龕，容色如生，髮垂至肩，指爪皆遶身，舍利無數，留三日不壞，竟荼毘之。僧肇淮海有詩云：「一定空山五百年，不須惆悵啓頽甎。路旁多少麒麟冢，過眼無人贈紙錢。」今地爲永福所有。

西溪路。

【三七】天聖靈鷲院　「鷲」，諸本作「壽」。

畢宮師墓。畢再遇之父子皆葬於此。

三天竺。自靈鷲至上竺郎當嶺止。

陳明大王廟。漢靈帝熹平餘杭令陳渾，後唐明宗長興中封太平靈衛王。**靈鷲興聖寺**。惠理法師卓錫之地，吴越王建。有靈山海會閣，理宗御書，理公巖、滴翠軒、九品觀、東坡祠、東坡題名。**隋觀法師塔**。下竺，開山祖師真觀。**下天竺靈山教寺**。在隋號「南天竺」，五代時號「五百羅漢院」，祥符初號「靈山寺」，天禧復名「天竺寺」，紹興改賜「天竺時思薦福」，爲吴秦王香火，慶元復今額。有御書閣，藏仁宗及中興五朝御書。曲水亭、前塔、跳珠泉、枕流亭、適安亭、清暉亭、九品觀堂、石面靈桃、石蓮華、水波石、悟侍者塔並祠、草堂西嶺【三八】、卧龍石、石門澗、神尼舍利塔、日觀菴。方丈曰「佛國」【三九】，「法堂」二字乃雲房鍾離權書，甚奇古。金光明、三昧堂、神御殿、瑞光塔、普賢殿、無量壽閣、回軒亭、七葉堂、客兒亭、大悲泉、重榮檜、葛仙丹井、白少傅烹茶井、石梁翻經臺、望海閣、香林亭、香林洞、無根藤、鬬鷄巖、夜講臺【四〇】、登嘯亭、靈山後塔、慈雲懺主榻、七寶普賢閣、旃檀觀音瑞像，有記。大抵靈竺之勝，周回數十里，巖壑尤美，實聚於下天竺寺。自飛來峯轉至寺後，諸巖洞皆嵌空玲瓏，瑩滑清潤，如虬龍瑞鳳，如層華吐萼，如皺縠疊浪，穿幽透深，不可名貌。林木皆自巖骨拔起，不土而生。傳言兹巖韞玉，故腴潤若此。石閒波紋水跡，亦不知何時有之。其閒唐、宋遊人題名，不可殫紀。覽者顧景興懷云。**吴越孝獻世子墓**。文穆王子。**楓木塢**【四一】。**永清寺**。薛開府居正香火。**中天竺天寧萬壽永祚禪寺**。隋開皇千歲寶掌和尚開山建寺。吴越時名「崇壽院」，政和中改賜今名。有摩利支天像、華嚴閣、如意泉。**彌陁興福教院**。皇子兖、邠二王攢所。**顯親多福院**。舊名「光福」。**大明寺**。元係興國菴。**上天竺靈感觀音院**。天福中建，名「天竺看經院」。咸平初，賜今名。淳祐中，賜廣大靈感觀音教寺。舊寺額蔡襄書，後理宗易以御書。外山門乃蔡京書。紹興、乾道、淳熙

【三八】草堂西嶺　《咸淳臨安志》、《西湖遊覽志》作「西嶺草堂」，是。

【三九】方丈曰佛國　「佛國」下諸本有「山」字。

【四〇】夜講臺　「臺」，諸本作「堂」。

【四一】楓木塢　「楓木」，諸本作「楓林」，《咸淳臨安志》亦作「楓木」。

皆嘗臨幸。有十六觀堂、應真閣。「超諸有海」，理宗御書。有雲漢之閣，藏累朝所賜御書。兩峰堂、白雲堂、中印堂、清華軒、延桂閣、秋芳閣、伴雲閣，前後賜珠冠、玉爐、珍玩甚多。每水旱，朝廷必禱焉。外古蹟有肅儀亭、梅峯菴、崇老橋【四二】、金佛橋、復菴、流虹澗、夢泉、植杖亭、謝履亭、凝翠泉、觀音泉、雲液池、孫公亭、無竭泉。雙檜峯。白雲峯。乳竇峯。楊梅嶺。郎當嶺。

【四二】崇老橋　「崇」，宋刻本、秘笈本、説郛本作「琮」。

卷六

諸市

藥市、炭橋。花市、官巷。珠子市、融和坊南官巷。米市、北關外黑橋頭【一】。肉市、大瓦修義坊。菜市、新門、東青門霸子頭【二】。鮮魚行、候潮門外。魚行、北關外水冰橋【三】。南豬行、候潮門外。北豬行、打豬巷。布市【四】、便門外橫河頭。蠏行、新門外南土門。花團、官巷口，錢塘門內。青果團、候潮門內泥路。柑子團、後市街。鯗團、便門外渾水閘。書房。橘園亭。

瓦子勾欄 城内隸修内司，城外隸殿前司。

南瓦、清冷橋熙春樓。中瓦、三元樓。大瓦、三橋街，亦名上瓦。北瓦、衆安橋，亦名下瓦。蒲橋瓦、亦名東瓦。便門瓦、便門外。候潮門瓦、候潮門外。小堰門瓦、小堰門前【五】。新門瓦、亦名四通館瓦。薦橋門瓦、薦橋門前【六】。菜市門瓦、菜市門外。錢湖門瓦、省馬院前。赤山瓦、後軍寨前。行春橋瓦、北郭瓦、又名大通店。米市橋瓦、舊瓦、石板頭。嘉會門瓦、嘉會門外。北關門瓦、又名新瓦。艮山門瓦、艮山門外。羊坊橋瓦、王家橋瓦、龍山瓦。

校勘記

【一】北關外黑橋頭 「北關外」，諸本作「北關門外」。

【二】新門東青門霸子頭 「新門」，諸本作「新門外」，《咸淳臨安志》作「崇新門外」。「霸子頭」，《咸淳臨安志》作「霸子橋」。

【三】北關外水冰橋 「北關外」，諸本作「北關門外」。

【四】布市 宋刻本、秘笈本、説郛本作「布行」。

【五】小堰門前 諸本作「小堰門外」。

【六】薦橋門前 諸本作「薦橋門外」。

如北瓦、羊棚樓等，謂之「遊棚」【七】。外又有勾欄甚多，北瓦内勾欄十三座，最盛。或有路岐，不入勾欄，只在耍鬧寬闊之處做場者【八】，謂之「打野呵」，此又藝之次者。

酒樓

和樂樓、昇暘宮南庫。和豐樓、武林園南上庫【九】。中和樓、銀甕子中庫。春風樓、北庫。太和樓、東庫。西樓、金文西庫【一〇】。太平樓、豐樂樓、南外庫、北外庫、西溪庫。

已上並官庫，屬户部點檢所。每庫設官妓數十人，各有金銀酒器千兩，以供飲客之用。每庫有祗直者數人，名曰「下番」。飲客登樓，則以名牌點喚侑樽，謂之「點花牌」。元夕，諸妓皆併番互移他庫夜賣，各戴杏花冠兒，危坐花架。然名娼皆深藏邃閣，未易招呼。凡肴核盃盤，亦各隨意攜至庫中，初無庖人。官中趁課初不藉此，聊以粉飾太平耳。往往皆學舍士夫所據，外人未易登也。

熙春樓、三元樓、五間樓、賞心樓、嚴廚、花月樓、銀馬杓、康沈店、翁廚、任廚、陳廚、周廚、巧張、日新樓、沈廚、鄭廚、只賣好食，雖海鮮、頭羹皆有之。蛇蟖眼、只賣好酒。張花。

已上皆市樓之表表者，每樓各分小閣十餘，酒器悉用銀，以競華侈。每處各有私名妓數十輩，皆時妝袨服，巧笑爭妍，夏月茉莉盈頭，香滿綺陌，凭檻招邀，謂之「賣

【七】遊棚　宋刻本、秘笈本、説郛本作「遨棚」。

【八】只在耍鬧寬闊之處做場者　「耍」，宋刻本、秘笈本、説郛本作「要」。

【九】武林園南上庫　宋刻本、秘笈本、説郛本無「南」字。

【一〇】金文西庫　宋刻本、秘笈本、説郛本無「西」字。

客」。又有小鬟，不呼自至，歌吟强聒，以求支分，謂之「擦坐」。又有吹簫、彈阮、息氣、鑼板、歌唱、散耍等人，謂之「趕趂」。及有老嫗，以小爐炷香爲供者，謂之「香婆」。有以法製青皮、杏仁、半夏、縮砂、豆蔻、小蠟茶、香藥、韻薑、砌香、橄欖、薄荷，至酒閤分俵得錢，謂之「撒嚐」。又有賣玉面貍、鹿肉、糟決明、糟蟹、糟羊蹄、酒蛤蜊、柔魚、鰕茸、鱐乾者，謂之「家風」。又有賣酒浸江蝑、章舉、蠣肉、龜脚、鎖管、蜜丁、脆螺、鱟醬、法鰕、子魚、鮆魚諸海味者，謂之「醒酒口味」。凡下酒羹湯，任意索喚，雖十客各欲一味，亦自不妨。過賣、鐺頭，記憶數十百品，不勞再四，傳喝如流，便即製造供應，不許少有違悮。酒未至，則先設看菜數楪，及舉盃，則又換細菜。如此屢易，愈出愈奇，極意奉承。或少忤客意，及食次少遲，則主人隨逐去之。歌管歡笑之聲，每夕達旦，往往與朝天車馬相接，雖風雨暑雪，不少減也。

歌館

平康諸坊，如上下抱劍營、漆器牆、沙皮巷、清河坊、融和坊、新街、太平坊、巾子巷、獅子巷、後市街、薦橋，皆羣花所聚之地。外此，諸處茶肆，如清樂茶坊【一二】、八仙茶坊、珠子茶坊、潘家茶坊、連三茶坊、連二茶坊及金波橋等兩河以至瓦市，各有等差，莫不靚妝迎門，爭妍賣笑，朝歌暮絃，摇蕩心目。凡初登門，則有提瓶獻茗者，雖盃茶亦犒數千，謂之

【一二】如清樂茶坊　宋刻本、秘笈本、説郛本無「如」字，此據四庫本補。

「點花茶」。登樓甫飲一盃，則先與數貫，謂之「支酒」。然後呼喚提賣，隨意置宴，趕趂、祇應、撲賣者，亦皆紛至，浮費頗多。或欲更招他妓，則雖對街，亦呼肩輿而至，謂之「過街轎」。前輩如賽觀音、孟家蟬、吴憐兒等甚多，皆以色藝冠一時，家甚華侈。近世目擊者，惟唐安安最號富盛，凡酒器、沙鑼、冰盆、火箱、妝合之類，悉以金銀爲之。帳幔茵褥，多用錦綺。器玩珍奇，它物稱是。下此雖力不逮者，亦競鮮華。蓋自酒器、首飾、被卧、衣服之屬，各有賃者。故凡佳客之至，則供具爲之一新，非習於遊者不察也。

賃物

花檐【一二】、酒檐、首飾、衣服、被卧、轎子、布囊、酒器、幃設、動用、盤合、喪具。凡吉凶之事，自有所謂「茶酒廚子」專任飲食請客宴席之事。凡合用之物，一切賃至，不勞餘力，雖廣席盛設，亦可咄嗟辦也。

作坊

熟藥圓散、生藥飲片、麩麪、糰子、饅頭、爊炕鵝鴨、爊炕豬羊、糖蜜棗兒、諸般糖、金橘團、灌肺、餓子、萁豆、印馬、蚊煙。

都民驕惰，凡買賣之物，多於作坊行販已成之物【一三】，轉求什一之利。或有貧

【一二】花檐　「檐」原作「轞」，據諸本改。

【一三】多於作坊行販已成之物　「於」原作「與」，據諸本改。

而愿者，凡貨物盤架之類，一切取辦於作坊，至晚始以所直償之，雖無分文之儲，亦可餬口，此亦風俗之美也。

驕民

都民素驕，非惟風俗所致，蓋生長輦下，勢使之然。若住屋，則動蠲公私房賃，或終歲不償一鐶。諸務税息亦多蠲放，有連年不收一孔者，皆朝廷自行抱認。諸項窠名，恩賞則有「黃榜錢」，雪降則有「雪寒錢」，久雨久晴則又有賑恤錢米，大家富室則又隨時有所資給。大官拜命則有所謂「搶節錢」，病者則有施藥局，童幼不能自育者則有慈幼局，貧而無依者則有養濟院，死而無殮者則有漏澤園，民生何其幸歟。

游手

浩穰之區，人物盛夥，游手奸黠，實繁有徒。有所謂美人局、以娼優爲姬妾，誘引少年爲事。櫃坊賭局、以博戲、關撲結黨手法騙錢。水功德局，以求官、覓舉、恩澤、遷轉、訟事、交易等爲名，假借聲勢，脱漏財物。不一而足。又有賣買物貨，以僞易真，至以紙爲衣、銅鉛爲金銀、土木爲香藥，變換如神，謂之「白日賊」。若闤闠之地，則有翦脱衣囊環珮者，謂之「覓貼兒」。其他穿窬胠篋，各有稱首，以至頑徒如攔街虎、九條龍之徒，尤爲市井之害。故尹京政先彈壓，必得精悍鉤距、長於才術者乃可。都轄一房，有都轄使臣，總轄供申院長，以至廂巡地分頭項火下，凡數千人，專以緝捕爲職，其間雄驅有聲者，往往皆出羣盜。而内司又有海巡八廂以察之。

市食

鵪鶉餶飿兒、肝臟鋏子、香藥灌肺、灌腸、豬胰胡餅、羊脂韭餅、窩絲薑豉、剗子、科斗細粉、玲瓏雙條、七色燒餅、雜煠、金鋌裹蒸、市羅角兒【一四】、寬焦薄脆、糕糜、旋炙犯兒、八糙鵝鴨【一五】、炙雞鴨、爊肝、罐裹爊、爊鰻鱔、爊團魚、煎白腸、水晶膾、煎鴨子、臟駞兒、焦蒸餅、海蟄鮓、薑蝦米、辣齏粉、糖葉子、豆糰、麻糰、螺頭、膘皮、辣菜餅、炒螃蟹、肉葱齏、羊血、鹿肉犯子。

果子

皂兒膏、宜利少、瓜蔞煎、鮑螺、裹蜜、糖絲線、澤州餳、蜜麻酥、炒團、澄沙團子、十般糖、甘露餅、玉屑糕【一六】、爊木瓜、糖脆梅、破核兒、查條、橘紅膏、荔枝膏、蜜薑豉、韻薑糖、花花糖、二色灌香藕、糖豌豆、芽豆、栗黄、烏李、酪麪、蓼花、蜜彈彈、望口消、桃穰酥、重劑、蜜棗兒、天花餅、烏梅糖、玉柱糖、乳糖獅兒、薄荷蜜、琥珀蜜、餳角兒、諸色糖蜜煎。

【一四】市羅角兒　諸本作「市羅鋏兒」。

【一五】八糙鵝鴨　「糙」原作「糙」，據諸本及《夢粱録》改。

【一六】玉屑糕　諸本作「玉屑膏」。

菜蔬

薑油多、薤花茄兒、辣瓜兒、倭菜、藕鮓、冬瓜鮓、筍鮓、茭白鮓、皮醬、糟瓊枝、蓴菜筍、糟黄芽、糟瓜虀、淡鹽虀、鮓菜、醋薑、脂麻辣菜、拌生菜、諸般糟淹、鹽芥。

粥

七寶素粥、五味粥、粟米粥、糖豆粥、糖粥、糕粥、饊子粥、菉豆粥、肉盦飯。

羓鮓

筭條、界方條、線條、魚肉影戲、胡羊羓、削脯、槌脯、鬆脯、兔羓、麞羓鹿脯、糟豬頭、乾鹹豉、皂角鋌、臘肉、炙骨頭、旋炙荷包、荔枝皮、鵝鮓、荷包旋鮓、三和鮓、切鮓、骨鮓、桃花鮓、雪團鮓、玉板鮓、鱘鰉鮓、春子鮓、黄雀鮓、銀魚鮓、蝛鮓。

涼水

甘豆湯、椰子酒、豆兒水、鹿梨漿、滷梅水、薑蜜水、木瓜汁、茶水、沈香水、荔枝膏水、苦水、金橘團、雪泡縮脾飲【一七】、梅花酒、香薷飲、五苓大順散、紫蘇飲。

【一七】雪泡縮脾飲　「脾」原作「皮」，據諸本及《夢粱録》改。

糕

糖糕、蜜糕、栗糕、粟糕、麥糕、豆糕、花糕、糍糕、雪糕、小甑糕、蒸糖糕、生糖糕、蜂糖糕、線糕、閒炊糕、乾糕、乳糕、社糕、重陽糕。

蒸作從食

子母蠒、春蠒、大包子、荷葉餅、芙蓉餅、壽帶龜、子母龜、歡喜、撚尖、翦花、小蒸作、駱駝蹄、大學饅頭、羊肉饅頭、細餡、糖餡、豆沙餡、蜜辣餡、生餡、飯餡、酸餡、筍肉餡、麩蕈餡、棗栗餡、薄皮、蟹黃、灌漿、卧爐、鵝項、棗餶、仙桃、乳餅、菜餅、秤錘蒸餅、睡蒸餅、千層、鷄頭籃兒、鵝彈、月餅、餣子、炙焦、肉油酥、燒餅、火棒、小蜜食、金花餅、市羅、蜜劑、餅餤、春餅、胡餅、韭餅、諸色餣子、諸色包子、諸色角兒、諸色果食、諸色從食。

諸色酒名

薔薇露、流香、並御庫。宣賜碧香、思堂春、三省激賞庫。鳳泉、殿司。玉練槌、祠祭。有美堂、中和堂、雪醅、真珠泉、皇都春、出賣。常酒、出賣。和酒、出賣。並京醞。皇華堂、浙西倉。爰咨堂、浙東倉。瓊花露、揚州。六客堂、湖州。齊雲清露、雙瑞、並蘇州。愛山堂、得江、並東總。

留都春、靜治堂、並江閫。十洲春、玉醅、並海閫。海岳春、西總。籌思堂、江東漕。清若空、秀州。蓬萊春、越州。第一江山、北府兵廚、錦波春、浮玉春、並鎮江。秦淮春、銀光、並建康。清心堂、豐和春、蒙泉、並溫州。蕭灑泉、嚴州。金斗泉、常州。思政堂、龜峰、並衢州。錯認水、婺州。穀溪春、蘭溪。慶遠堂、秀邸。清白堂、楊府。藍橋風月、吳府。紫金泉、楊郡王府。慶華堂、楊駙馬府。元勳堂、張府。眉壽堂、萬象皆春、並榮邸。濟美堂、勝茶。並謝府。

點檢所酒息日課以數十萬計，而諸司邸第及諸州供送之酒不與焉。蓋人物浩繁，飲之者衆故也。

小經紀 他處所無者

班朝録、供朝報、選官圖、諸色科名、開先牌、寫牌額、裁板尺、諸色指揮、織經帶、棊子棊盤、蒲牌骰子、交牀試籃、賣字本、掌記册兒、諸般簿子、諸色經文、刀册兒、紙畫兒、扇牌兒、印色盝、翦字、纏令、耍令、琴阮弦、開笛、艶笙、鞔鼓、口簧、位牌、諸般盝兒、屋頭挂屏、翦鏃花樣、簷前樂、見成皮鞵、提燈鋋燈、頭鬚編掠、香櫞絡兒、香櫞坐子、拄杖、粘竿、風旛、釣鉤、釣竿、食罩、弔挂、拂子、蒲坐、椅褥、藥焙、烘籃、風袋、煙帚、糊刷、鞵楦、桶鉢、搭羅兒、薑擦子、帽兒、鞵帶、脩皮鞵、穿交椅、穿罣罳、鞵結底、穿珠、領抹、釵朵、牙梳、洗翠、脩冠子、小梳兒、染梳兒、接補梳兒、香袋兒、面花兒、絹孩兒、符袋兒、畫眉七香丸、膠紙、穩步膏、手皴藥、涼藥、香藥、膏藥、髮垛兒、頭髮、磨鏡、弩兒、弩弦、彈弓、箭翎、射帖、壺籌、鵓鴿鈴、風箏、藥線、象棊、鞬子、斗葉、香爐灰、紕刷兒、篦子剔、翦截段尺、出洗衣服、簇頭消息、提茶瓶、鼓爐釘鉸、釘看窗、札熨斗、供香餅、使緜、打炭墼、補鍋子、泥竈、整漏、箍桶、攀膊兒、竹貓兒、消息子、老鼠藥、蚊煙、鬧蛾兒、涼筒兒、紐扣子、接絲、脩扇子、錢索、麻索、紅索兒、席草、鷄籠、脩竹作、使法油、油紙、油單、氈坐子、脩砧頭、磨刀、磨翦子、棒槌、舂米、劈柴、擂槌俗諺云，杭州人一日喫三十丈木頭，以三十萬家爲率，大約每十家日喫擂槌一分，合而計之，則三十丈矣。淘井、貓窩、貓魚、賣貓兒【一八】、改貓犬、雞食、魚食、蟲蟻食、諸般蟲蟻、魚兒活、虼蚪兒、促織兒、小螃蠏、金麻、馬蚻兒、蝍蟟、蟲蟻籠、促織盆、麻花子、荷葉、燈草、發燭、肥皂團、茶花子、買瓶掇、舊鋪襯、圪伯紙、竹釘、淘灰土、淘河、剔撥叉、黃牛糞灰、挑疥蟲、賣煙火、鏇影戲。

若夫兒戲之物，名件甚多，尤不可悉數。如相銀杏、猜糖、吹叫兒、打嬌惜、千千車、輪盤兒，每一事率數十人，各專藉以爲衣食之地，皆他處之所無也。

諸色伎藝人

御前應制：姜梅山、特立，觀察使。周葵窗、端臣。曹松山、邃。陳藏一、郁。徐良、陳愛山、程奎、耿待聘。

【一八】賣貓兒　秘笈本、説郛本、四庫本作「賣貓魚」。

御前畫院：馬和之、蘇漢臣、李安中、陳善、林春、吴炳、夏圭、李迪、馬遠、馬璘、蕭照【一九】。

棊待詔：鄭日新、越童。吴俊臣、安吉吴。施茂、施猢猻。朱鎮、童先【二〇】、杜黄、象。徐彬、象。林茂、象。禮重、象。尚端、象。沈姑姑、象，女流。金四官人、象。上官大夫、象。王安哥、象。李黑子。象。

書會：李霜涯、作賺絶倫。李大官人、譚詞。葉庚、周竹窗、平江周二郎、猢猻。賈廿二郎。

演史：喬萬卷、許貢士、張解元、周八官人、檀溪子、陳進士、陳一飛、陳三官人、林宣教、徐宣教、李郎中、武書生、劉進士、鞏八官人、徐繼先、穆書生、戴書生、王貢士、陸進士、丘幾山、張小娘子、宋小娘子、陳小娘子。

説經諢經：長嘯和尚、彭道、名法和。陸妙慧、女流。余信菴、周太辯【二一】、和尚。陸妙静、女流。達理、和尚。嘯菴、隱秀、混俗、許安然、有緣、和尚。借菴、保菴、戴悦菴、息菴、戴忻菴。

小説：蔡和、李公佐、張小四郎、朱脩、德壽宫。孫奇、德壽宫。任辯、御前。施珪【二二】、御前。葉茂、御前。方瑞【二三】、御前。劉和、御前。王辯、鐵衣親兵。盛顯、王琦、陳良輔【二四】、王班直、洪。翟四郎、升。粥張二、許濟、張黑剔【二五】、俞住菴、色頭陳彬、秦州張顯【二六】、酒

【一九】蕭照　兩字諸本皆佚。

【二〇】童先　「童」，陳刻本、説郛本、四庫本作「章」。

【二一】周太辯　「太」，陳刻本、説郛本、四庫本作「春」。

【二二】施珪　「珪」，説郛本、四庫本作「主」。

【二三】方瑞　「瑞」，陳刻本、説郛本、四庫本作「端」。

【二四】陳良輔　説郛本、四庫本無「輔」字。

【二五】張黑剔　「剔」，陳刻本、説郛本、四庫本作「踢」。

【二六】秦州張顯　「秦」，陳刻本、説郛本、四庫本作「泰」。

李一郎、喬宜【二七】、王四郎、明。王十郎、國林。王六郎、師古。胡十五郎、彬。故衣毛三、倉張三、棗兒徐榮、徐保義、汪保義、張拍【二八】、張訓、沈佺、沈喝、湖水周、爊肝朱、掇條張茂、王三教、徐茂、象牙孩兒。王主管、翁彥、嵇元、陳可菴、林茂、夏達、明東、王壽、白思義、史惠英。女流。

影戲：賈震、賈雄、尚保義、三賈、賈偉、賈儀、賈佑。三伏、伏大、伏二、伏三。沈顯、陳松、馬俊、馬進、王三郎、昇。朱祐、蔡諮、張七、周端、郭真、李二娘、隊戲。王潤卿【二九】、女流。黑媽媽。

唱賺：濮三郎、扇李二郎、郭四郎、孫端、葉端、牛端、華琳、黃文質、盛二郎、顧和、蠟燭。馬升、熊春、梅四、汪六、沈二、王六、許曾三、邵六、偉。小王三、媳婦徐、沈七、謝一珪。

小唱：蕭婆婆、韓太師府。賀壽、陳尾犯、畫魚周、陸恩顯【三〇】、都管。笙張、周頤齋、執禮。仵都事【三一】、丁八。

丁未年撥入勾欄弟子嘌唱賺色：施二娘、時春春、時佳佳、何總憐、童二、嚴偏頭、向大鼻【三二】、葛四、徐勝勝、耿四、牛安安【三三】、余元元、錢寅奴、朱伴伴。大虎頭【三四】。

鼓板：段防禦、捨生。張眼光、張開、張驢兒、謂之「三張」。陳宜娘【三五】、笛。陳喜生、拍。周雙頂、潘小雙、莫及、笛。陳喜、拍。來七、笛。董大有、金四、札子皮。朱關生。

雜劇：趙太【三六】、慢星子、女流。王侯喜、宋邦寧、唐都管、也榮。三何、晏喜、晏清、晏然。

【二七】喬宜　「宜」，陳刻本、説郛本、四庫本作「宣」。

【二八】張拍　「拍」，陳刻本、説郛本、四庫本作「柏」。

【二九】王潤卿　「卿」，陳刻本、説郛本、四庫本作「興」。

【三〇】陸恩顯　「恩」，陳刻本、説郛本、四庫本作「思」。

【三一】仵都事　「仵」原作「忤」，據陳刻本、説郛本、四庫本改。

【三二】向大鼻　「向」，陳刻本、説郛本、四庫本作「白」。

【三三】牛安安　「牛」，陳刻本、説郛本、四庫本作「朱」。

【三四】朱伴伴大虎頭　「朱」，陳刻本、説郛本、四庫本作「陳」，「大」作「火」。

【三五】陳宜娘　「宜」，陳刻本、説郛本、四庫本作「宣」。

【三六】趙太　「太」，陳刻本、説郛本、四庫本作「泰」。

鋤頭段、唧伶頭、諸國朝、宋清朝【三七】、王太、鐵笠。郝成、小鍬。宋吉【三八】、宋國珍、趙恩、王太、吴師賢、朱太、豬兒頭。王見喜、鐵太、馮舜朝、王珍美、吴國賢、鄭太、惠恩澤、時和、顔喜、蕭金蓮、一窟王、時豐稔、時國昌、金寶、趙祥、吴國昌、王吉、王雙蓮、女流。沈小喬、杜太、蔣俊。

雜扮：紐元子【三九】。鐵刷湯、江魚頭、兔兒頭、菖蒲頭、眼裹喬、胡蜀葵、迎春蠒、卓郎婦、笑靨兒、科頭粉【四〇】、韻梅頭、小菖蒲、金魚兒、銀魚兒、胡小俏、周喬、鄭小俏、魚得水、旦。王道泰、王壽香、旦。厲太、顧小喬、陳橘皮、小橘皮、菜市喬、自來俏。旦。

彈唱因緣：童道、費道、蔣居安、陳端【四一】、李道、沈道、顧善友、甘道、俞道、徐康孫、張道。

唱京詞：蔣郎婦、孟客、吴郎婦、馬客。

諸宮調：傳奇。高郎婦、黄淑卿、王雙蓮、袁太道【四二】。

唱耍令：大禍胎、小禍胎、李俊、香陳淵【四三】、大小王、熊二、路淑卿、陳昌、葉道、道情。

王保、王定、陸槐、郭忠、牛昌、郭雙蓮、陳新、徐喜、吴昌、趙防禦。雙目無，御前。

唱撥不斷：張鬍子、黄三。

説諢話：蠻張四郎。

商謎：胡六郎、魏大林【四四】、張振、周月巖、江西人。蠻明和尚、東吴秀才、陳贇、張月

【三七】
宋清朝　「清朝」，陳刻本、説郛本、四庫本作「朝清」。

【三八】
宋吉　「吉」，陳刻本、説郛本、四庫本作「喜」。

【三九】
紐元子　陳刻本、説郛本、四庫本無此三字。

【四〇】
科頭粉　「粉」，陳刻本、説郛本、四庫本作「扮」。

【四一】
陳端　「端」，陳刻本、説郛本、四庫本作「遂」。

【四二】
袁太道　「太」，陳刻本、説郛本、四庫本作「本」。

【四三】
香陳淵　陳刻本、説郛本、四庫本作「陳香淵」。

【四四】
魏大林　「林」，陳刻本、説郛本、四庫本作「材」。

齋、捷機和尚【四五】、魏智海、小胡六、馬定齋、王心齋。

覆射：女郎中。

學鄉談：方齋郎。

舞綰百戲：張遇喜、劉仁貴、宋十將【四六】、常十將、錯安頭、歡喜頭、柴小昇哥、林賽哥、張名貴、花念一郎、花中寶。

神鬼：謝興哥、花春、王鐵一郎、王鐵三郎。

撮弄雜藝：林遇仙、趙十一郎、趙家喜、渾身手、張賽哥【四七】、王小仙、姚遇仙、趙念五郎、趙世昌、趙世祥、耍大頭、踢弄。金寶、施半仙、金逢仙、小關西、陸壽、包顯、女姑姑、施小仙。

泥丸：王小仙、施半仙、章小仙、袁丞局【四八】。

頭錢：包顯、包喜、包和、黄林。

踢弄：吴金脚、耍大頭、吴鷂子。

傀儡：懸絲、杖頭、藥發、肉傀儡、水傀儡。陳中喜、陳中貴、盧金線、鄭榮喜、張金線、張小僕射、杖頭。劉小僕射、水傀儡。張逢喜、肉傀儡。劉貴、張逢貴。肉傀儡。

頂橦踏索：李賽强、一塊金、李真貴【四九】、閅生强。

清樂：黄顯貴、没眼動樂。

【四五】捷機和尚　「捷」，説郛本、四庫本作「陳」。

【四六】宋十將　「宋」，陳刻本、説郛本、四庫本作「朱」。

【四七】張賽哥　「賽哥」，陳刻本、説郛本作「寶歌」。

【四八】袁丞局　「丞」，陳刻本、説郛本、四庫本作「承」。

【四九】李真貴　「貴」，宋刻本、四庫本作「會」。

角觝：王僥大、張關索、撞倒山、劉子路、盧大郎、鐵板沓、賽先生、金重旺、賽板沓、曹鐵凛、賽僥大、賽關索、周黑大、張僥大、劉春哥、曹鐵拳、王急快、嚴關索、韓銅柱、韓鐵僧、王賽哥、一拔條、温州子、韓歸僧、黑八郎、鄭排、昌化子、小住哥【五〇】、周僧兒、廣大頭、金壽哥、嚴鐵條、武當山、蓋來住【五一】、董急快、董僥大、周板沓、鄭三住、周重旺、小關索、小黑大、阮捨哥、傅賣鮮、鄭白大。

喬相撲：元魚頭、鶴兒頭、鴛鴦頭、一條黑、一條白、斗門喬、白玉貴、何白魚、夜明珠。

女颭：韓春春、繡勒帛、錦勒帛、賽貌多、僥六娘、後輩僥、女急快。

使棒：朱來兒、喬使棒高三官人。

打硬：孫七郎、酒李一郎。說話。

舉重：天武張、擊石毬。花馬兒、掇石墩。郭介、端親、王尹生、陸壽。

打彈：俞麻線、二人。楊寶、姚四、白腸吴四、鑾王、林四九娘。女流。

蹴毬：黄如意、范老兒、小孫、張明、蔡潤。

射弩兒：周長、造弩。康沈、造箭。沓大【五二】、林四九娘、女流。黄一秀。

散耍：楊寶、陸行、莊秀才、沈喜、姚菊。

裝秀才：花花帽孫秀、陳齋郎。

吟叫：姜阿得、鍾勝、吴百四、潘善壽【五三】、蘇阿黑、余慶。

【五〇】小住哥　「住」，陳刻本、説郛本、四庫本作「佳」。

【五一】蓋來住　「蓋」，陳刻本、説郛本、四庫本作「孟」。

【五二】沓大　「沓」，陳刻本、説郛本作「查」。

【五三】潘善壽　「善」，陳刻本、説郛本、四庫本作「喜」。

合笙：雙秀才。

沙書：余道【五四】、姚遇仙、李三郎。改畫。

教走獸：馮喜人【五五】、李三。教熊。

教飛禽蟲蟻：趙十一郎、趙十七郎、猢猻王。

弄水：啞八、謝棒殺【五六】、畫牛兒、僧兒。

放風箏：周三、呂偏頭。

煙火：陳太保、夏島子。

說藥：楊郎中、徐郎中、喬七官人。

捕蛇：戴官人。

七聖法：杜七聖。

消息：陸眼子、高道。

【五四】余道　「余」，陳刻本、說郛本、四庫本作「金」。

【五五】馮喜人　陳刻本、說郛本、四庫本作「馮人喜」。

【五六】謝棒殺　陳刻本、說郛本、四庫本無「殺」字。

卷七

乾淳奉親【一】

此書叢脞無足言，然間有典章一二可觀，故好事者或取之，然遺闕故不少也。近見陳源家所藏《德壽宫起居注》及吴居父、甘昪所編《逢辰》等録，雖皆瑣釀散漫【二】，參考旁證，自可互相發揮。又皆乾、淳奉親之事，其一時承顔養志之娱、燕閒文物之盛，使觀之者錫類之心油然而生，其於世教民彝，豈小補哉。因輯爲一卷，以爲此書之重。然余所得而聞者，不過此數事耳。若二十八年之久，余雖不得盡知而盡紀之，然即其所知，其所不知蓋亦可以想見矣。因益所未備，通爲十卷，雜然書之。既不能有所次第，亦不暇文其言詞，貴乎紀實，且使世俗易知云爾。

乾道三年三月初十日，南内遣閤長至德壽宫奏知：「連日天氣甚好，欲一二日間恭邀車駕幸聚景園看花，取自聖意選定一日。」太上云：「傳語官家，備見聖孝，但頻頻出去，不惟費用，又且勞動多少人。本宫後園亦有幾株好花，不若來日請官家過來閒看。」遂遣提舉官同到南内奏過，遵依訖。次日，進早膳後，車駕與皇后、太子過宫。起居二殿

校勘記

【一】乾淳奉親　原無此標題，四庫本作「德壽宫起居注」，説郛本作「乾淳起居注」，此據原本目録補。

【二】雖皆瑣釀散漫　「釀」，陳刻本作「碎」。

訖，先至燦錦亭，進茶，宣召吴郡王、曾兩府已下六員侍宴，同至後苑看花。兩廊並是小内侍及幕士，效學西湖，鋪放珠翠、花朵、玩具、匹帛及花籃、鬧竿、市食等，許從内人關撲。次至毬場，看小内侍抛綵毬、蹴秋千。又至射廳看百戲，依例宣賜。回至清妍亭看荼蘼，就登御舟，繞堤閒遊。亦有小舟數十隻，供應雜藝、嘌唱、鼓板、蔬果，與湖中一般。太上倚闌閒看，適有雙燕掠水飛過，得旨，令曾覿賦之。遂進《阮郎歸》云：「柳陰庭院占風光，呢喃春晝長。碧波新漲小池塘，雙雙蹴水忙。萍散漫，絮飛揚，輕盈體態狂。爲憐流水落花香，銜將歸畫梁。」既登舟，知閤張掄進《柳梢青》云：「柳色初濃，餘寒似水，纖雨如塵。一陣東風，縠紋微皺，碧沼鱗鱗。仙娥花月精神，奏鳳筦、鸞弦鬭新。萬歲聲中，九霞杯内，長醉芳春。」曾覿和進云：「桃靨紅勻，梨腮粉薄，鴛徑無塵。鳳閣淩虚，龍池澄碧，芳意鱗鱗。清時酒聖花神，看内苑、風光又新。一部仙韶，九重鸞仗，天上長春。」各有宣賜。次至靜樂堂看牡丹，進酒三盞，太后邀太皇、官家同到劉婉容位奉華堂聽摘阮。奏曲罷，婉容進茶訖，遂奏太后云：「本位近教得二女童名瓊華、緑華，並能琴阮、下棊、寫字、畫竹、背誦古文，欲得就納與官家則劇。」遂令各呈伎藝，併進自製阮譜三十曲。太后遂宣賜婉容宣和殿玉軸沈香槽三峽流泉正阮一面、白玉九芝道冠、北珠緣領道氅、銀絹三百匹兩、會子三萬貫【三】。是日，三殿並醉，酉牌還内。自此官裏知太上聖意不欲頻出勞人，遂奏知太上，命脩内司日下於北内後苑建造冷泉堂，疊巧石爲飛來峯，開展大池，引

【三】會子三萬貫　「三萬」，陳刻本、説郛本作「一百萬」。

注湖水，景物並如西湖。其西又建大樓，取蘇軾詩句，名之曰「聚遠」，並是今上御名恭書。又御製堂記，太上賦詩，今上恭和，刻石堂上。是歲，翰苑進端午帖子云：「聚遠樓前面面風，冷泉堂下水溶溶。人間炎熱何由到，真是瑶臺第一重。」又曰：「飛來峯下水泉清，臺沼經營不日成。境趣自超塵世外，何須方士覓蓬瀛。」皆紀實也。

淳熙三年五月二十一日，天申聖節。先十日，駕詣德壽宫進香，並進奉銀五萬兩、絹五千匹、錢五萬貫、度牒一百道。用緑油匣二百箇，上貼簽云：「臣某御名。謹進。」令幕士排日皇太子、皇太子妃並大内職典等進香。至日，卯時，車駕率皇后、太子、太子妃、文武百僚，並詣宫上壽。十二日，皇后到宫進香。安頓寢殿前，候閤長到宫，移入殿上，並鋪放七寶金銀器皿等。太上遣本宫提舉傳旨減拜行禮，上回奏云：「上感聖恩，容臣依禮上壽。」太上再命減十拜。俟太上升殿，皇帝起居拜舞如儀，併率皇太子、百官奉上御酒，樂作，衛士山呼，駕興，入幄次小歇。樂人再排立殿上，降簾，太上再坐，太后率皇后、太子妃上壽，六宫次第起居，禮畢，退。上侍太上過寢殿，進早膳。太上遣閤長奏知太上：「午時二刻，恭請赴坐。」至期，車駕並赴德壽殿排當。自皇帝已下，並令宣唤吴郡王等官前來伴話。上侍太上同往射廳看百戲，依例宣賜。再入幄次小歇。上簪花侍宴。至第三盞，太上遣内侍請官家免花帽兒、束帶，並卸上蓋衣。官裏回奏：「上感聖恩。」並免皇后頭冠、皇太子穿執，並謝恩訖。太上泛賜皇太子壘金嵌寶盤盞、紫羅、紫紗。南北内互賜承應人目子錢，主管禁衛官率禁衛等人於殿門外謝恩。又入幄次小歇。約二刻，再請太上往至樂堂再坐，教坊大使申正德進新製《萬歲興龍曲》樂破、對舞，各賜銀絹有差。又移宴清華，看蟠松。宫嬪五十人皆仙妝，奏清樂，進酒，並銜前呈新藝。約至五盞，太上賜官裏御書《急就章》並《金剛經》，官家却進御書真草《千字文》。太上看了甚喜，云：「大哥近日筆力甚進。」上起謝，同皇太子步至蟠松下，看御書詩，再入坐。太上宣索翡翠鸚鵡杯，官裏與皇后親捧盃進酒。太上曰：「此是宣和間外國進到，可以屑金，就以爲賜。」上謝恩。時太上、官家並已七八分醉，遂再服上蓋，率皇后、太子謝恩，宣平輦近裹升輦。太上宣諭知省云：「官家已醉，可一路小心照管。」知省等領聖旨還内。來早，上遣知省至宫，恭問二聖起居，並奏欲親到宫謝恩。太上就令提舉往問興居，並免到宫行禮。

八月二十一日，壽聖皇太后生辰。先十日，車駕過宫，先至太上處起居，方至本殿進香。次皇后、皇太子、太子妃、莊文太子妃、張娘娘已下，並進香、起居。上至太上内書院進泛索，遂奏安止，還内。十二日，婉容到宫，至西便門廊下，先至太上處奏起居，次入本殿進香，值雨，免下階起居，大内進香。十三日，知省及大官到宫，進香。閤長就管押進奉銀絹、度牒等，並七寶銀金器皿，比天申節減半。並珠子十號，並於後殿鋪放。十六日，本殿提舉率本宫官屬進香，並設放壽星及神僊意思書畫等物，隔簾奏喏，免起居，退。次日，皇太后宅親屬到宮，進香。並本宮人吏、後苑官屬、作苑使臣等，並節次進香。二十一日，卯時，皇后先到宮，候駕到，至太上前殿起居，次至本宮殿【四】。官家第一班，皇后第二班，太子並太子妃第三班，共上壽訖。太后宅親屬上壽，並同天申節儀。太上邀官裏至清心堂進泛索。值雨，不呈百戲，依例支賜。午初二刻，奏辨就，本殿大堂面北坐，官家花帽兒上蓋，皇后三釵頭冠，並賜簪花。至五盞，並免大衣服，官裏便背兒赴坐。第七盞，小劉婉容進自製《十色菊》、《千秋歲》曲破，内人瓊瓊、柔柔對舞。上於閤子庫取賜五兩數珠子一號、細色北段各十匹。太后又賜七寶花十枝、珠翠芙蓉緣領一副【五】。又移坐靈芝殿有木犀處，進酒。次到至樂堂再坐，至更後還内。

十月二十二日，今上皇帝會慶聖節。至日，車駕過宮，太上升殿，起居訖。簪花，拜舞，進壽酒訖。太上回賜壽酒。次至太后殿行禮，詳見第一卷。從太上至後苑梅坡看早梅，又至浣溪亭看小春海棠。午初，至載忻堂排當，官家換素帽兒，太后賜官裏女樂二十人，上再拜謝恩。並教坊都管王喜等，進新製《會慶萬年薄媚》曲破，對舞，並賜銀絹。太上以白玉桃盃賜上御酒，云：「學取老爹年紀，早早還京。」上飲酒，再拜謝恩。三盞後，官家换背兒，免拜。皇后換團冠背兒，太子免繫裹，再坐。本宮御侍六人並升郡夫人，就賜誥謝恩，並照例支散目子錢。太上又賜官裏玉酒器十件、壘珠嵌寶器皿一千兩、克絲作金龍裝花軟套閤子一副。侍宴官吳郡王已下，各賜金盤盞、匹段，並薔薇露酒、香茶等。是

【四】次至本宮殿　陳刻本、説郛本、四庫本無「宮」字。

【五】珠翠芙蓉緣領一副　「緣領」，陳刻本、説郛本、四庫本作「領緣」。

日，官裏大醉，申後，宣逍遥子入便門，升輦還内。

淳熙五年二月初一日，上過德壽宮起居。太上留坐冷泉堂，進泛索訖，至石橋亭子上看古梅。太上曰：「苔梅有二種，一種宜興張公洞者，苔蘚甚厚，花極香；一種出越上，苔如緑絲，長尺餘。今歲二種同時著花，不可不少留一觀。」上謝曰：「恭領聖旨。」上皇因言多日不見史浩，命内侍宣召。既至，起居訖，賜坐，並召居廣、鄭藻。初筵，教坊奏樂呈伎。酒三行，太上宣索市食，如李婆婆雜菜羹、賀四酪面、臟三豬胰胡餅、戈家甜食等數種。太上笑謂史浩曰：「此皆京師舊人，各厚賜之。」史起謝。又移宴静樂堂，盡遣樂工，全用内人動樂，且用盤架，品味百餘種，酒行無算。又宣索黄玉紫心葵花大盞，太上親自宣勸，史捧觴爲兩宫壽。時君臣皆已霑醉，小内侍密語史相公云：「少酌。」上聞之曰：「滿酌不妨，當爲老先生一醉。」太上極喜，賜史少保玉帶一條、冰片腦子一金合、紫泥羅二十四、御書四軸。史相謝恩而退。

淳熙六年三月十五日，車駕過宫，恭請太上、太后幸聚景園。次日，皇后先到宫起居，入幕次换頭面，候車駕至，供泛索訖，從太上、太后至聚景園。太上、太后至會芳殿降輦，上及皇后至翠光降輦，並入幄次小歇。上邀兩殿至瑶津少坐，進泛索。太上、太后並乘步輦，官裏乘馬，遍遊園中。再至瑶津西軒，入御筵。至第三盞，都管使臣劉景長供進新製《泛蘭舟》曲破，吴興祐舞，各賜銀絹。上親捧玉酒船上壽酒，酒滿玉船，船中人物多能舉動如活，太上喜見顏色。散兩宫内官酒食，並承應人目子錢。遂至錦壁賞大花，三面漫坡，牡丹約千餘叢，各有牙牌金字，上張大樣碧油絹幕。又别翦好色樣一千朵，安頓花架，並是水晶、玻瓈、天青汝窑、金瓶。就中間沈香卓兒一隻，安頓白玉碾花商尊，約高二尺，徑二尺三寸，獨插「照殿紅」十五枝。進酒三杯，應隨駕宫人内官【六】，並賜兩面翠葉滴金牡丹一枝、翠葉牡丹沈香柄金綵御書扇各一把【七】。是日，知閤張掄進《壺中天慢》云：「洞天深處，賞嬌紅輕玉，高張雲幕。國艷天香相競秀，瓊苑風光如昨。露洗妖妍【八】，風傳馥郁，雲雨巫山約。春濃如酒，五雲臺榭樓閣。聖代道洽功成，一塵不動，四境無鳴柝。屢有豐年天助順，基業增隆山嶽。兩世明君，千秋萬歲，永享昇平樂。東皇呈瑞，更無一片花落。」賜金盃盤、法錦等物。此詞或謂是康伯可所賦，張掄以爲己作。又進酒兩盞，至清輝少歇。至翠光登御舟，入裏湖，出斷橋，又至珍珠園。太上命盡買湖中龜魚放生，並宣喚在湖賣買等人。内侍用小綵旗招引，各有支賜。時有賣魚羹人宋五嫂，對御自稱：「東京人氏，隨駕到此。」太上特宣上船起居，念其年老，賜金錢十文、銀錢一百文、絹十匹，仍令後苑供應泛索。時從駕官丞相趙雄、樞密使王淮、參政錢良臣並在顯應觀西齋堂侍班，各賜酒食、翠花扇子。至申時，御舟捎泊花光亭，至會芳少歇。時太上已醉，官裏親扶上船，並乘轎兒還内。都人傾城盡出觀瞻，贊嘆聖孝。

九月十五日，明堂大禮。十三日，值雨，未時，奏請宿齋。北内送天花蘑菇、蜜煎山

【六】應隨駕宫人内官　「應」，四庫本作「一應」。

【七】沈香柄金綵御書扇　「綵」，陳刻本、説郛本、四庫本作「絲」。

【八】露洗妖妍　「妍」，陳刻本、説郛本作「嬈」。

藥、棗兒、乳糖、巧炊、火燒角兒等。十四日早，車駕詣景靈宮，回太廟宿齋。雨終日不止，午後，太上遣提舉至太廟傳語官家：「連日祀事不易，所有十六日詣宮飲福，以陰雨泥濘勞頓，可免到宮行禮。天氣陰寒，請官家善進御膳，頻添御服。」聖旨遣閤長回奏：「上感聖恩，至日若登樓肆赦時，依舊詣宮行禮。若值雨不登門時，續當奏聞。」至晚，雨不止，宣諭大禮使趙雄：「來早更不乘輅，止用逍遥輦詣文德殿致齋，一應儀仗排立並行放免，從駕官並常服以從。」併遣御藥奏聞北内：「來日爲值雨，更不乘輅，謹遵聖旨，更不過宫行飲福禮。」太上令傳語官家：「既不乘輅，此間也不出去看也。」大禮使趙雄雖已得旨，猶不許放散。上聞之曰：「來早若不晴時，有何面目？」雄聞之曰：「縱使不晴，得罪不過罷相耳。」堅執不肯放散。至黄昏後，雨止月明，上大喜，遣内侍李思恭宣諭大禮使，仍舊乘輅。再遣御藥奏聞北内：「以天晴，仍舊乘輅，候登門肆赦訖，詣宫行飲福禮。」十五日，晴色甚佳，車駕自太廟乘輅還内，日映御袍，天顔甚喜，都民皆贊嘆聖德。至巳時，太上直閤子官往齋殿傳語官家：「且喜晴明，可見誠心感格。」賜御用匹段、玉鞦轡、七寶篦刀子事件、素食、果子等【九】，仍諭：「連日勞頓，免行飲福禮。」今上就遣知省回奏：「上感聖恩，天氣轉晴，皆太上皇帝聖心感格。容肆赦訖，詣宫行禮，併謝聖恩。」十六日，登門肆赦畢，車駕詣宫小次，降輦。提舉傳太上皇聖旨：「特減八拜，仍免至壽聖處飲福。」行禮畢，略至絳華堂進泛索。知閤張掄進《臨江仙》詞云：「聞道彤庭森寶仗，霜風逐雨

【九】果子等　「果子」原作「果衣」，據四庫本改。

驅雲。六龍扶輦下青冥。香隨鸞扇遠，日映赭袍明。簾捲天街人頂戴，滿城喜氣氤氳。等閒散作八荒春。欲知天意好，昨夜月華新。」

淳熙七年十二月二十八日，南内遣御藥並後苑官管押進奉兩宫守歲合食、則劇、金銀錢、消夜、歲軸、果兒、錦歷、鍾馗、爆仗、羔兒法酒、春牛、花朵等。就奏知太上皇帝：「元日欲先詣宫朝賀，然後還内，引見大金人使。」太上不許，傳語官家：「至日可先引見人使訖，却行到宫。」

淳熙八年正月元日，上坐紫宸殿，引見人使訖，即率皇后、皇太子、太子妃至德壽宫，行朝賀禮，詳見第一卷。並進呈畫本人使面貌、姓名及館伴問答。是歲太上聖壽七十有五，舊歲欲再行慶壽禮，太上不許，至是乃密進黄金酒器二千兩。上侍太上於欏木堂香閤内説話，宣押棊待詔並小説人孫奇等十四人下棊兩局，各賜銀絹。供泛索訖，官家恭請太上、太后來日就南内排當。初二日，進早膳訖，遣皇太子到宫恭請兩殿，並只用轎兒，禁衛簇擁入内。官家親至殿門恭迎，親扶太上降輦，至損齋進茶，次至清燕殿閒看書畫玩器。約午時初，後苑恭進酥酒，十色熬煮。午正二刻，就淩虚排當。三盞，至蕚緑華堂看梅。上進銀三萬兩、會子十萬貫。太上云：「宫中無用錢處，不須得。」上再三奏請，止受三分之一。未初，雪大下，正是臘前，太上甚喜。官家云：「今年正欠些雪，可謂及時。」太上云：「雪却甚好，但恐長安有貧者。」上奏云：「已令有司比去年倍數支散矣。」太上亦命提舉官於本宮支撥官會，照朝廷數目發下臨安府，支散貧民一次。又移至明遠樓，張燈進酒。節使吴琚進喜雪《水龍吟》詞云：「紫皇高宴蕭臺，雙成戲擊瓊包碎。何人爲把，銀河水翦，甲兵都洗。玉樣乾坤，八荒同色，了無塵翳。喜冰消太液，暖融鳷鵲，端門曉班初退。聖主憂民深意，轉鴻鈞滿天和氣。太平有象，三宫二聖，萬年千歲。雙玉盃深，五雲樓迥，不妨頻醉。細看來，不是飛花，片片是豐年瑞。」上大喜，賜鍍金酒器二百兩、細色段匹、復古殿香、羔兒酒等。太后命本宮歌板色歌此曲進酒，太上盡醉。至更後，宣輴兒入便門，上親扶太上上輦還宮。

淳熙九年八月十五日，駕過德壽宮起居。太上留坐至樂堂，進早膳畢，命小内侍進綵竿垂釣。上皇曰：「今日中秋，天氣甚清，夜間必有好月色，可少留看月了去。」上恭領聖旨，索車兒同過射廳射弓，觀御馬院使臣打毬，進市食，看水傀儡。晚宴香遠堂，堂東有萬歲橋，長六丈餘，並用吴璘進到玉石甃成，四畔雕鏤闌檻，瑩徹可愛。橋中心作四面亭，用新羅白羅木蓋造，極爲雅潔。大池十餘畝，皆是千葉白蓮。凡御榻、御屏、酒器、香奩、器用，並用水晶。南岸列女童五十人奏清樂，北岸芙蓉岡一帶，並是教坊工，近二百人。待月初上，簫韶齊舉，縹緲相應，如在霄漢。既入座，樂少止，太上召小劉貴妃獨吹白玉笙《霓裳中序》。上自起執玉盃，奉兩殿酒，並以壘金嵌寶注椀杯盤等賜貴妃。侍宴官開府曾覿恭上《壺中天慢》一首云：「素飈颺碧，看天衢穩送，一輪明月。翠水瀛壺人不到，比似世間秋别。玉手瑶笙，一時同色，小按霓裳疊。天津橋上，有人偷記新闋。當日誰幻銀橋，阿瞞兒戲，一笑成癡絶。肯信羣仙高宴處，移下水晶宫闕。雲海塵清，山河影滿，桂冷吹香雪。何勞玉斧，金甌千古無缺。」上皇曰：「從來月詞不曾用金甌事，可謂新奇。」賜金束帶、紫番羅、水晶注椀一副。上亦賜寶盞、古香。至一更五點還内。是夜隔江西興，亦聞天樂之聲。

淳熙十年八月十八日，上詣德壽宫，恭請兩殿往浙江亭觀潮。進早膳訖，御輦檐兒及内人車馬並出候潮門。先命脩内司於浙江亭兩旁抓縛席屋五十間，至是並用綵纈幕帟。得旨，從駕百官，各賜酒食，並免侍班，從便觀看。先是澉浦金山都統司水軍五千人抵江下，至是又命殿司新刺防江水軍、臨安府水軍，並行閲試。軍船擺布西興、龍山兩岸，近千隻。管軍官於江面分布五陣，乘騎弄旗，標槍舞刀，如履平地。點放五色煙炮滿江，及煙收炮息，則諸船盡藏，不見一隻。奉聖旨：自管軍官已下，並行支犒一次。自龍山已下，貴邸豪民綵幕凡二十餘里，車馬駢闐，幾無行路。西興一帶，亦皆抓縛幕次，綵繡照江，有如鋪錦。市井弄水人有如僧兒、留住等凡百餘人，皆手持十幅綵旗，踏浪爭雄，直至海門迎潮。又有踏混木、水傀儡、水百戲、撮弄等，各呈伎藝，並有支賜。太上喜見顔色，曰：「錢塘形勝，東南所無。」上起奏曰：「錢塘江潮，亦天下所無有也。」太上宣諭侍宴官，令各賦《酹江月》一曲，至晚進呈。太上以吴琚爲第一，其詞云：「玉虹遥挂，望青山隱隱，一眉如抹。忽覺天風吹海立，好似春霆初發，白馬淩空，瓊鼇駕水，日夜朝天闕。飛龍舞鳳，鬱葱環拱吴越。此景天下應無，東南形勝，偉觀真奇絶。好似吴兒飛綵幟，蹴起一江秋雪。黄屋天臨，水犀雲擁，看擊中流楫。晚來波靜，海門飛上明月。」兩宫並有宣賜。至月上還内。

淳熙十一年六月初一日，車駕過宫。太上命提舉傳旨：「盛暑，請官家免拜。」至内殿起居，太上令小内侍扶掖免拜，謝恩。太后處亦免拜。太上邀官裏便背兒至冷泉堂，進早膳訖，太上宣諭云：「今歲比常年熱甚。」上起答云：「伏中正要如此。」太上云：「今日且留在此納涼，到晚去。或三省有緊切文字，不妨就幄次進呈。」上領聖旨，遂同至飛來峯看放水簾。時荷花盛開，太上指池心云：「此種五花同榦，近伯圭自湖州進來，前此未見也。」堂前假山、脩竹、古松，不見日色，並無暑氣。後苑小厮兒三十人，打息氣，唱道情。太上云：「此是張掄所撰鼓子詞。」後苑進沆瀣漿、雪浸白酒。上起奏曰：「此物恐不宜多喫。」太上曰：「不妨，反覺爽快。」上曰：「畢竟傷脾。」太上首肯。因閒說：「宣和間，公公每遇三伏，多在碧玉壺及風泉館、萬荷莊等處納涼，此處涼甚。每次侍宴，雖極暑中，亦著衲襖兒也。」命小内侍宣張婉容至清心堂撫琴，並令棊童下棊，及令内侍投壺，賭賽利物，則劇。官家進水晶提壺連索兒，可盛白酒二斗，白玉雙蓮杯盤、碾玉香脱兒一套六箇，大金盆一面，盛七寶水戲，並宣押趙喜等教舞水族。又進太皇后白玉香珀扇柄兒四把、龍涎香數珠佩帶五十副、真珠、香囊等物。直至酉初還内。

卷八

車駕幸學

先期三日，儀鸞司及內侍省官至國子監相視，八廂亦至學中搜檢。次日，諸齋生員盡行搬出學外安泊，各齋門並用黃封，學官預擬御課題，咸淳丁卯出「辟雍揚緝熙賦」。用黃羅裝背大册，面僉云「太學某齋生臣姓某供」，以大黃羅袱護之，置於各齋之前，以備駕至點索。崇化堂後，即聖駕歇泊之所，皆設御屏、黃羅幃設、供御物等。凡敕入宮門號，止於國子監外門；敕入殿門號，止於國子監内門；敕入禁衛號，止於崇化堂天井，謂之「隔門」。除司業、祭酒外，其餘學官、前廊、長諭，並帶黃號，於隔門外席地坐，賜酒食三品，以俟迎駕。駕至純禮坊，隨駕樂部參軍色念致語，雜劇色念口號，起引子，導駕至大成殿欞星門。禮部太常寺官、國子監三學官及三學前廊、長諭，率諸生迎駕起居。上乘輦入門，至大成殿門降輦，有旨免鳴鞭，以昭至敬。閤門、太常禮直官前導入御幄，太常卿跪奏稱：「太常卿臣某言：請皇帝行酌獻之禮。」上出御幄，升殿，詣文宣王位前，三上香，跪受爵，三祭酒，奠爵，兩拜，在位皆兩拜，降階歸幄。太常卿奏「禮畢」，陪位官並退。上乘輦，鳴鞭，入崇化堂降輦，入幄更衣。上所至皆設御幄。禮官、國子監官、三學官、三學生並於堂下分東西立，次引執經官、講書官於堂下東壁面西立，宰臣、執政已下北向立。閤門奏「班齊」，上服帽，紅上蓋，玉束帶，絲鞵，出崇化堂坐。宰臣已下宣名，奏聖躬萬福。御藥傳旨，宣升堂，各兩拜，贊「賜坐」，分東西階升堂，席後立。次引執經官、講書官奏萬福，官該宣名者即宣名。兩拜。次引國子監三學官並三學生奏萬福，兩拜，分引升兩廊，席後立。内官進書案聽宣，以經授執經官進於案上，講筵内承受對展經册，入内官進牙界方。舍人贊「賜坐」，宰相已下及兩廊學官生員應喏訖，各就坐聽講。講書官進讀經義，執經官執牙篦執讀。入内官收撤經書，再以講義授講官，講書官指講訖，入内官撤書。堂上、兩廊官並起分行，宰臣已下降階，講書官當御前躬身致詞，北向立，兩拜。御藥降階宣答云：「有制，謁款將聖，肅尊視學之儀；講繹中庸，爰命敷經之彦。茂明彝訓，允當朕心。」再兩拜。御藥傳旨宣坐，賜茶訖，舍人贊「躬身不拜，各就坐」。分引升堂，席後立，兩拜，各就坐。翰林司供御茶訖，宰臣已下並兩廊官贊喫茶訖，宰臣已下降階，北向立。御藥傳旨不拜，引兩廊官北向，各再拜訖，出。皇帝起易服，幞頭、上蓋、玉帶、絲鞵，乘輦鳴鞭出學。百官、諸生迎駕如前，隨駕樂部參軍色迎駕念致語，雜劇色念口號，曲子起《壽同天》引子，導駕還宫。在學前廊並該恩出官諸生，各有免解恩例，餘並推恩有差。

人使到闕

北使到闕，先遣伴使賜御筵於赤岸之班荆館，中使傳宣撫問，賜龍茶一斤、銀合三十兩。次日，至北郭税亭茶酒，上馬，入餘杭門，至都亭驛，中使傳宣賜龍茶、銀合如前，又賜被褥、銀沙鑼等。明日，臨安府書送酒食，閤門官説朝見儀，投朝見榜子。又明日，入見於紫宸殿。見畢，赴客省茶酒，遂賜宴於垂拱殿。酒五行，從官已上與坐。是日，賜茶酒名果，又賜使、副衣各七事，幞頭、牙笏、二十兩金帶一條，並金魚袋鞾一雙、馬一匹、鞍轡一副，共折銀五十兩，銀沙鑼五十兩，色綾絹一百五十匹，餘並賜衣帶銀帛有差。明日，賜牲餼，折博生羅十匹、綾十匹、絹布各二匹。朝見之二日，與伴使偕往天竺寺燒香，賜沈香三十兩，並齋筵、乳糖、酒果。次至冷泉亭呼猿洞遊賞。次日，又賜内中酒果、風藥、花餳。赴守歲夜筵，用傀儡。元正，朝賀禮畢，遣大臣就驛賜御筵，中使傳宣勸酒九行。三日，客省簽賜酒食，禁中賜酒果，遂赴浙江亭觀潮，酒七行。四日，赴玉津園燕射，命善射者假官伴之，賜弓矢。酒行，樂作，伴射與大使射弓，館伴與副使射弩，酒五行【二】。五日，大燕集英殿，尚書、郎官、監察御史已上並與，學士院撰致語。六日，裝班朝辭退，賜襲衣、金帶三十兩、銀沙鑼五十兩、紅錦二色、綾二匹、小綾十色、絹三十匹、雜色絹一百匹，餘各有差。臨安府書送贈儀。復遣執政就驛賜燕，晚赴解换夜筵，伴使始與親勸酬，且以衣物爲

【二】酒五行　「五」，陳刻本、説郛本、四庫本作「九」。

侑，謂之「私覿」。次日，賜龍鳳茶、金銀合，乘馬出北關，登舟。又次日，遣近臣賜御筵。自到闕至朝辭，密賜大使銀一千四百兩，副使八百八十兩，衣各三襲，金帶各三條；都管、上節各銀四十兩，衣二襲；中下節各銀三十兩，衣一襲，塗金帶副之。

宮中誕育儀例略

宮中凡閤分有娠，將及七月，本位醫官申內東門司及本位提舉官奏聞，門司特奏。再令醫官指定降誕月分訖，門司奏排辦產閤，及照先朝舊例，三分減一，於內藏庫取賜銀絹等物如後：

羅二百匹、絹四千六百七十四匹、釘設產閤、三朝、一臘、二臘、三臘、滿月、百晬、頭晬。金二十四兩八錢七分四釐、裹木篦、榦杈、針眼【二】、鈴鋌、鍍盆。銀四千四百四十兩、銀錢三貫足、大銀盆一面、醽醁沈香酒五十三石二斗八升、裝畫扇子一座、裝畫油盆八面、簇花生色袋身單一副【三】、催生海馬皮二張、檀香匣盛硾銅剃刀二把、金鍍銀，鎖鑰全【四】。彩畫油栲栳、簸箕各一、彩畫油甌八口、彩畫油瓶二、新羅漆馬銜鐵一副、裝畫胎衣瓶、鐵秤錘五箇、鐵鉤五十條、眠羊卧鹿二合各十五事、金銀果子五百箇、影金貼羅散花兒二千五百、錦沿席一、綠席氈蒲合褥子各二【五】、碼碯纈絹一匹、大氈四領、乾蓐草一束、雜用盆十五箇、暖水釜五箇、綠油柳木槌十箇、生菜一合、生艾一斤、

【二】裹木篦榦杈針眼　說郛本作「裹木幹枝、銀計篦」，四庫本作「裹木幹枝、銀眼篦」。陳刻本「針眼」作「銀計」。

【三】簇花生色袋身單一副　陳刻本、說郛本、四庫本「單」下有「袋」字。

【四】檀香匣盛硾銅剃刀二把金鍍銀鎖鑰全　「金鍍銀鎖鑰全」，疑當為小字。

【五】綠席氈蒲合褥子各二　「蒲」，陳刻本、說郛本、四庫本作「繡」。

生母薑二斤、黑豆一斗、栲栳全。無灰酒二瓶、米醋二瓶、紐地黄汁布二條、濾藥布二條、金漆箱兒全。香墨十鋌、鈿漆影金匣【六】。雞子五十箇、金漆箱兒。小石子五十顆、竹作籠。竹柴五十把、紅布袋二、盛馬桶末用。帶泥藕十挺、生芋子一合、彩畫。銀杏一合五十斤、内裝畫一千箇。嘉慶子五十斤、内裝畫七百箇。菱米五十斤、内裝畫七百箇。荔枝五十斤、胡桃二千箇、裝畫。圓眼五十斤、裝畫。蓮肉五十斤、棗兒五十斤、柿心五十斤、栗子五十斤、粱子十合【七】、喫食十合。蒸羊一口、生羊蒴花八節、羊六色子、棗大包子、棗浮圖兒、豌豆棗塔兒、炊餅、糕糖餅、髓餅。

仍令太醫局差産科大小方脉醫官宿直，供畫産圖方位、飲食禁忌、合用藥材、催生物件。合本位踏逐老娘、伴人、乳婦、抱女、洗澤人等，中學士院撰述淨胎髮祝壽文。排辦産閤了畢，犒賜脩内司、會通門官、本司人吏、庫子醫官、儀鸞司等人銀絹官會有差。候降誕日，本位官即便申内東門司轉奏。降誕、三日、一臘、兩臘四節次，拆産閤、三臘、滿月二次，百晬、頭晬，已上十次，支賜銀絹，仍添本位聽宣内人請給十分。已上並係常例，此外特恩臨時取旨，不在此限，外廷儀禮不在此内。

册皇后儀

先一日，宣押翰林學士鎖院，草册后制詞，賜學士潤筆金二百兩。次日，百官聽宣布，

【六】鈿漆影金匣　「鈿漆」，陳刻本、説郛本、四庫本作「紅羅」。

【七】粱子十合　「粱子」，陳刻本、説郛本、四庫本作「果子」。

皇后三辭免，不允。差官奏告天地、宗廟、社稷、諸陵。太史局擇日，先期命有司陳設。至日早，文武百僚集於大慶殿門外，節次贊引執事官入，立班定。皇帝自内服幞頭、紅袍、玉帶、鞾入幄，更服通天冠、絳紗袍。禮部侍郎奏中嚴外辦。禮儀使俛伏跪稱：「禮儀使臣某言：請皇帝發册。」餘與德壽宫上册寶禮儀並同。侍中詣御坐前，躬承旨訖，降東階立，稱「有制」，皆再拜。太傅、太保躬身。侍中宣制曰：「册妃某氏，立爲皇后。命公等持節展禮。」太傅、太保再拜。參政帥掌節者脱節衣，詣太傅位。掌節者以節授參政，參政奉節西向，以節授太傅。太傅受訖，以節授掌節者。次中書令以册授太傅，太傅受訖，置於案。次侍中轉寶授太保，並如前儀。復位，並再拜。持節者前導册、寶進行，太傅押册，太保押寶，《正安樂》作。由中道出文德殿東偏門。樂止。掌節者加節衣，至穆清殿外幄次，初册寶出門，禮儀使至御座前跪奏：「禮儀使臣某言：禮畢。」内侍承旨索扇，扇合，簾降，鳴鞭，協律郎舉麾鼓柷。《乾安樂》作。皇帝降坐，入東房，戛敔，樂止。侍中版奏解嚴。是日，穆清殿設樂架、黄麾仗。皇后常服，乘金龍肩輿，至穆清殿後西閤，内命婦等應陪列者奉從至閤。内侍中版奏中嚴外辦，應行事執事官各就門外位立定，持節者立於左，内命婦各就位。皇后首飾、褘衣，内侍引司言，司言引尚宫，尚宫引皇后出閤。協律郎舉麾，《坤安樂》作。由西房至殿上，南向立定。樂止。禮直官引太傅、太保就内給事前西向跪稱：「册使太傅某、副使太保某，奉制授皇后前備物典册。」俛伏，興，退，復位。内給事詣皇后前跪奏如前。次太傅以册授内侍，内侍受册，舉册官奠册，舉册舉案，俱詣内謁者監位，以册授内謁者監，受册奠訖。次太保轉寶授内謁者監如前儀。掌節者脱節衣，以節授掌節，内侍前導册、寶進行入殿門，内謁者監、都大主管後從，以次入殿庭，《宜安樂》作。至位。樂止。尚宫引皇后自東階至殿下中褥位北向，《承安樂》作。至位。樂止。舉册、寶官並案進於皇后之右，少前，西向跪，奠訖。内侍稱「有制」，后再拜。讀册官跪宣册文，后又再拜。次内謁者監奉册授皇后，皇后受訖，以授司言。次奉寶授皇后，皇后受訖，樂止。皇后再拜，退。内侍以謝皇太后牋授皇后，皇后置於案，再拜，内侍奉表以出投進。次謝皇帝表如前。内侍奏「禮畢」。次尚宫引皇后升堂，《和安樂》作。司寶奉寶至於坐前，樂止。司賓引内命婦次就位，班首初行，《惠安樂》作。至位，樂止。命婦皆再拜。司贊引班首升階，《惠安樂》作，樂止。進當皇后北向致詞稱贊，降自西階，《惠安樂》作。至位，樂止。内外命婦皆再拜。司言稱「令旨」，命婦皆再拜。宣令旨訖，又皆再拜。司賓以次引命婦還宫，《惠安樂》作。出門。樂止。次内侍引外命婦出，《咸安樂》作。至階上，樂止。北向致詞，《咸安樂》作。降階，樂止。外命婦皆再拜，又宣答如前。内侍奏「禮畢」，皇后降坐，《徽安樂》作。皇后歸閤，《泰安樂》作。至閤，樂止。受賀畢。皇后更常服，升坐，命外命婦如宫中儀會畢，再拜，以次出。

皇后歸謁家廟用咸淳全后例

太史局預擇日，降旨，命禮寺參酌禮典所屬排辦。至日，皇后出宫，至祥曦殿，上升龍檐，出和寧門，至皇后家廟。本府幹辦使臣等並穿秉，兵士並衫帽，於大門外香案前排立，俟儀衛至，各兩拜。本府親屬於門内，婦人於廳下側立，俟龍檐升廳，至堂門，降檐，入幄次少歇。次本府親屬並立幄前興居，退，詣家廟，以俟陪立。次本閤官奏請皇后服團冠背兒，乘小車，入詣家廟，内侍傳呼樂官，樂作。西階降車。樂止。皇后升堂，西向位，樂作。兩拜，陪位官各兩拜。讀祝文，兩拜，陪位各兩拜如上儀。樂作、樂止如上。皇后還位，再拜，陪位官各兩拜。皇后降東側階，升車。樂止。又詣後堂，炷香如前儀。次赴賜筵，皇后坐於堂中，南向，堂前施簾。親屬並常服，詣廳下，南向謝恩。俟皇后升堂，詣簾前兩拜，婦人於簾内兩拜，親屬並繫韈立定以俟，就坐，供進酒食如家人禮。至第五盞，各於席前立俟，皇后降坐，少歇。再坐，並如前儀。又至第九盞，酒畢，並韡、笏，各兩拜。賜筵、賜物，次於廳前排立謝恩，各兩拜。俟皇后出幄，乘龍檐，親屬北向兩拜，退。皇后還内，詣御前謝恩。進納御前，及送諸閤分夫人、御侍詔部、職事内人，及諸位次内人、本殿内人，並細色四帛、盤盞、細果、海鮮、時新喫食，及支給内侍省大官已下及本殿官吏銀絹有差。次日，内降指揮：皇后封贈三代，親屬並行推恩。

早泛索。

皇后：下飯七件、菜蔬五件、茶果十合、小楪兒五件。

親屬：各早食十味。

賜筵。

皇后：繡高飣十、時果十楪、脯腊十楪、細京果十楪、細蜜煎十楪、看菜十楪【八】。

親屬：京果四十壘、脯腊三百楪、時果、乾果共五百楪。

初坐。

皇后：下酒喫食九盞、上細看食十件、果子意思十件。

歇坐。

下酒喫食十盞、果子十件、時果十件。

宣賜折食錢。

大官四員、閤長已下十三員、皇后閤內人、押班等二十五人、本殿隨從官、儀鸞司官、御酒庫官、御輦院官、御廚官、翰林司官、祗候庫官、講殿幕士、樂官。

賜筵樂次。

家廟酌獻三盞，諸部合《長生樂》引子。

賜筵初坐：《蕙蘭芳》引子。

【八】看菜十楪 「菜」，陳刻本、說郛本、四庫本作「果」。

第一盞，觱篥起《玉漏遲慢》，笛起《側犯》，笛起《真珠髻》，觱篥起《柳穿鶯》，合《喜慶》曲破，對舞。第二盞，觱篥起《聖壽永》歌曲子，琵琶起《傾盃樂》。第三盞，琵琶起《憶吹簫》，觱篥起《獻仙音》。第四盞，琵琶獨彈《壽千春》，笛起《芳草渡》，念致語、口號，勾雜劇色時和等做《堯舜禹湯》，斷送《萬歲聲》，合意思，副末念。雨露恩濃金穴貴，風光遠勝馬侯家。　第五盞，觱篥起《賣花聲》，笛起《魚水同歡》。

歇坐。

第一盞，觱篥合小唱《簾外花》。第二盞，琵琶獨彈《壽無疆》【九】。第三盞，箏、琵、方響合《雙雙燕神曲》。第四盞，唱賺。第五盞，鼓板。觱篥合小唱《舞楊花》。

再坐。

第六盞，笙起《壽南山》，方響起《安平樂》。第七盞，箏彈《會羣仙》，笙起《吴音子》，勾雜劇吴國寶等做《年年好》，斷送《四時歡》。合意思，副末念。香生花富貴，綠嫩草精神。　第八盞，笛起《花犯》，觱篥起《金盞倒垂蓮》。第九盞，諸部合《喜新春慢》曲犯。

宫樂官五十八人，各帽子、紫衫、腰帶。

都管一人，幞頭、公服、腰帶、繫鞵、執杖子。

樂官犒設。

【九】琵琶獨彈壽無疆　「壽無疆」，陳刻本、説郛本、四庫本作「無疆壽」。

內藏庫支賜銀、皇后殿外庫支賜錢酒、本府支犒錢酒。

皇后散付本府親屬、宅眷、幹辦使臣已下。

金合、金瓶、金盤盞、金環、金鋌、金釵、金錢、共金五百兩。銀盤盞、共二千兩。細色段匹、翠領、翠花、翠冠、翠扇、翠篦環、銀錢、畫扇、龍涎香、刺繡領、畫領、生色羅。

皇子行冠禮儀略

太史擇日，降旨，令太常寺參酌舊禮，有司具辦儀物。至日質明，百僚立班，皇帝即御座，禮直官、通事舍人、太常博士引掌冠、贊冠者入就位。掌冠以太常卿，贊冠以閤門官。初入門，《祗安樂》作。至位，樂止。典儀贊「再拜」，在位皆再拜，跪。左輔詣御坐前承制，降自東階，詣掌冠者前稱「有制」，典儀贊「再拜」，在位皆再拜訖。左輔宣制曰：「皇子冠，命卿等行禮。」掌冠、贊冠者再拜，左輔復位。王府官入詣皇子東房，禮直官、通事舍人、太常博士引皇子，內侍二人夾侍，王府官後從。自後並准此。皇子初行，《恭安樂》作。即席，南向坐。樂止。禮直官等引掌冠、贊冠詣罍洗，樂作。搢笏、盥手、帨手訖，執笏升。樂止。執折上巾者升，掌冠者降一等受之，右執項左執前進皇子席前，北向跪，冠。《修安樂》作。掌冠者興，席南北面立。贊者進席前，北面跪，正冠，興，立於掌冠者後。皇子興【一〇】，內侍跪進服，服訖，樂止。掌冠者揖，皇子復坐。贊冠者跪取爵，內侍以酒注於爵，掌冠受爵，跪進皇

【一〇】皇子興 「興」原作「與」，據四庫本改。

子席前，北向立，祝曰：「酒醴和旨，籩豆靜嘉。受爾元服，兄弟具來。永言保之，降福孔皆。」皇子搢笏，跪受爵，《翼安樂》作。飲訖，奠爵，執笏。太官令奉饌，設於皇子席前，皇子搢笏，食訖，樂止。執笏，太官令撤饌。禮直官等復引掌冠、贊冠降詣罍洗，樂作。搢笏、盥手、執笏升。樂止。贊冠者進席前，北向跪，脱折上巾，置於匴，興。內侍跪受服，興，置於席。執七梁冠者升，掌冠者降二等受之，右執項左執前進皇太子席前，北向跪，冠。《進安樂》作。掌冠者興，席南北面立，贊者進席前，北面跪，簪，結紘，興，立於掌冠者之後。皇子興【一二】，內侍跪進服，服訖，樂止。贊冠者揖，皇子復坐。贊冠者跪取爵，內侍以酒注爵，掌冠者跪受，進爵皇子席前，北向立，祝曰：「賓贊既戒，肴核惟旅。申加厥服，禮儀有序。允觀爾誠，受天之祜。」皇子搢笏，跪受爵，《輔安樂》作。飲訖，奠爵。執笏太官令進饌、撤饌，並如前。贊冠者進席前，北向跪，脱七梁冠置於匴，興。內侍跪受服，興，置於席。執九旒冕者升，掌冠者降三等受之，右執項左執前進皇子席前，北向跪，冠。《廣安樂》作。掌冠者興，贊冠者進席前，北面跪，簪，結紘，興，立。皇子興，內侍進服，服訖，樂止。皇子復坐。贊冠者再進酒如前，祝曰：「旨酒既清，嘉薦令芳。三加爾服，眉壽無疆。永承天休，俾熾而昌。」皇子跪受爵，《咸安樂》作。太官令奉饌如前。皇子降自東階，詣朵殿東房，易朝服，降立於橫街南王府官階下，西向。皇子初行，樂作。至位，樂止。禮直官等引掌冠者詣皇子位，少進，字之曰：「歲日云吉，威儀孔時。昭告厥字，君子攸宜。順爾成德，永

【一二】皇子興　「興」原作「與」，據秘笈本、四庫本改。

言保之。奉敕字某。」皇子再拜，舞蹈，再拜，奏：「聖躬萬福。」又再拜。左輔詣御坐前承旨，降階，詣皇子前宣曰：「有敕。」皇子再拜，左輔宣敕戒曰：「好禮樂善，服儒講藝。蕃我王室，友于兄弟。不溢不驕，惟以守之。」宣訖，皇子再拜。餘如皇太子儀。次日，文武百僚詣東上閤門拜表稱賀。

卷九

高宗幸張府節次略

紹興二十一年十月，高宗幸清河郡王第，供進御筵節次如後。

安民靖難功臣、太傅、靜江寧武靖海軍節度使、醴泉觀使、清河郡王臣張俊進奉：

繡花高飣一行八果壘：香圓、真柑、石榴、棖子、鵝梨、乳梨、榠楂、花木瓜。

樂仙乾果子叉袋兒一行：荔枝、圓眼、香蓮、榧子、榛子、松子、銀杏、梨肉、棗圈、蓮子肉、林檎旋、大蒸棗。

縷金香藥一行：腦子花兒、甘草花兒、硃砂圓子、木香丁香、水龍腦、史君子、縮砂花兒、官桂花兒、白术人參、橄欖花兒。

雕花蜜煎一行：雕花梅毬兒、紅消花【一】、雕花筍、蜜冬瓜魚兒、雕花紅團花、木瓜大段兒【二】、雕花金橘、青梅荷葉兒、雕花薑、蜜筍花兒、雕花棖子、木瓜方花兒。

砌香鹹酸一行：香藥木瓜、椒梅、香藥藤花、砌香櫻桃、紫蘇柰香、砌香萱花柳兒、砌香葡萄、甘草花兒、薑絲梅、梅肉餅兒、水紅薑、雜絲梅餅兒。

校勘記

【一】紅消花　「花」，陳刻本、説郛本、四庫本作「兒」。

【二】木瓜大段兒　「兒」，陳刻本、説郛本作「花」。

脯腊一行：肉線條子【三】、皂角鋌子、雲夢豝兒、鰕腊、肉腊、妳房、旋鮓、金山鹹豉、酒醋肉、肉瓜齏。

垂手八盤子：揀蜂兒、番蒲萄、香蓮事件念珠、巴欖子、大金橘、新椰子象牙板、小橄欖、榆柑子。

再坐。

切時果一行：春藕、鵝梨餅子、甘蔗、乳梨月兒、紅柿子、切棖子、切緑橘、生藕鋌子【四】。

時新果子一行：金橘、葴楊梅、新羅葛、切蜜蕈、切脆棖、榆柑子、新椰子、切宜母子、藕鋌兒、甘蔗柰香、新柑子、梨五花子【五】。

雕花蜜煎一行。同前。

砌香鹹酸一行。同前。

瓏纏果子一行：荔枝甘露餅、荔枝蓼花、荔枝好郎君、瓏纏桃條、酥胡桃、纏棗圈、纏梨肉、香蓮事件、香藥葡萄、纏松子、糖霜玉蜂兒、白纏桃條。

脯腊一行。同前。

下酒十五盞：第一盞，花炊鵪子、荔枝白腰子。第二盞，妳房簽、三脆羹。第三盞，羊舌簽、萌芽肚胘。第四盞，肫掌簽、鵪子羹。第五盞，肚胘膾、鴛鴦煠肚。第六

【三】肉線條子　「肉線」，陳刻本、説郛本、四庫本作「線肉」。

【四】生藕鋌子　「子」，陳刻本、説郛本、四庫本作「兒」。

【五】梨五花子　「子」，陳刻本、説郛本、四庫本作「兒」。

盞，沙魚膾、炒沙魚襯湯。第七盞，鱔魚炒鱟、鵝肫掌湯齏。第八盞，螃蟹釀棖、奶房玉蕊羹。第九盞，鮮鰕蹄子膾、南炒鱔。第十盞，洗手蟹、鯚魚假蛤蜊。第十一盞，五珍膾、螃蟹清羹。第十二盞，鵪子水晶膾、豬肚假江鰩。第十三盞，鰕棖膾、鰕魚湯齏。第十四盞，水母膾、二色薑兒羹。第十五盞，蛤蜊生、血粉羹。

插食：炒白腰子、炙肚胘、炙鵪子脯、潤雞、潤兔、炙炊餅、炙炊餅鬻骨【六】。

勸酒果子庫十番：砌香果子、雕花蜜煎、時新果子、獨裝巴欖子、鹹酸蜜煎、裝大金橘小橄欖【七】、獨裝新椰子、四時果四色、對裝揀松番葡萄、對裝春藕陳公梨。

廚勸酒十味：江鰩煠肚、江鰩生、蝤蛑簽、薑醋生螺【八】、香螺煠肚、薑醋假公權、煨牡蠣、牡蠣煠肚、假公權煠肚、蟑蚷煠肚。

準備上細壘四卓。

又次細壘二卓。内蜜煎、鹹酸、時新、脯腊等件。

對食十盞二十分：蓮花鴨簽、薑兒羹、三珍膾、南炒鱔、水母膾、鵪子羹、鯚魚膾、三脆羹、洗手蟹、煠肚胘。

對展每分時果子盤兒【九】：知省、御帶、御藥、直殿官、門司。

晚食五十分各件：二色薑兒、肚子羹、笑靨兒、小頭羹飯、脯腊雞、脯鴨。

直殿官大楪下酒：鴨簽、水母膾、鮮鰕蹄子羹、糟蟹、野鴨、紅生水晶膾、鯚魚膾、

【六】炙炊餅鬻骨　「炙炊餅」三字疑衍。陳刻本、説郛本、四庫本「炙」上有「不」字。

【七】裝大金橘小橄欖　「裝」上疑脱「對」字。

【八】薑醋生螺　「生」，陳刻本、説郛本、四庫本作「香」。

【九】對展每分時果子盤兒　陳刻本、説郛本、四庫本「盤兒」上有「五」字。

七寶膾、洗手蝌、五珍膾、蛤蜊羹。

直殿官合子食：脯雞、油飽兒、野鴨、二色薑豉、雜熝、八糙雞【一〇】、康魚、麻脯雞臟、炙焦、片羊頭、菜羹一葫蘆。

直殿官果子：時果十隔楪。

準備：薛方瓠羹。

備辦外官食次。

第一等，並簇送。太師尚書左僕射同中書門下平章事秦檜：燒羊一口、滴粥、燒餅、食十味、大碗百味羹、餻兒盤勸、簇五十饅頭、血羹。燒羊頭、雙下。雜簇從食五十事、肚羹、羊舌托胎羹、雙下大膀子【一一】、三脆羹、鋪羊粉飯、大簇飣、鮓糕鵪子、蜜煎三十楪、時果一合、切榨十楪。酒三十瓶。少保觀文殿大學士秦熺：燒羊一口、滴粥、燒餅、食十味、蜜煎一合、時果一合、切榨。酒十瓶。

第二等，參知政事余若水、簽書樞密巫伋、少師恭國公殿帥楊存中、太尉兩府吳益、普安郡王、恩平郡王：各食十味、蜜煎一合、切榨一合、燒羊一盤、酒六瓶。

第三等，侍從七員：左朝散郎禮部侍郎兼權吏部尚書陳誠之、左中大夫刑部侍郎兼權吏部侍郎韓仲通、右承議郎權吏部侍郎李如崗、右奉議郎起居舍人湯思退、右朝散大夫太府卿兼户部侍郎徐宗説、右宣教郎樞密院檢詳諸房文字兼兵部侍郎陳

【一〇】八糙雞　「八」原作「入」，據本書卷六改。

【一一】雙下大膀子　「大」，陳刻本、説郛本、四庫本作「火」。

相、右宣教郎中書門下省檢正諸房公事兼給事中陳夔；　管軍二員：　馬軍太尉成閔、步軍太尉趙密；　知閤六員：　保信軍節度使領閤門使兼客省四方館事提點皇城司鄭藻、照化軍承宣使領閤門使兼客省四方館事提點皇城司錢、成州團練使領閤事兼客省四方館事提點皇城司趙愷、貴州團練使領閤門事兼客省四方館事提點皇城司宋□、武節大夫吉州刺史領閤門事兼客省四方館事提點皇城司孟□、武節大夫惠州刺史領閤門事兼客省四方館事提點皇城司蘇□；　御帶四員：　降授郢州防禦使帶御器械潘端卿、忠州防禦使帶御器械石清、武功大夫遥郡防禦使帶御器械冀彦明、武功大夫兼閤門宣贊舍人帶御器械李彦實；　宗室三員：　安慶軍承宣使同知大宗正事士街、建州觀察使士劇、瓊州觀察使居廣；　外官六員：　建寧軍節度使提舉萬壽觀韋謙、崇慶軍節度使提舉萬壽觀韋□、慶遠軍節度使提舉萬壽觀吴蓋、崇信軍承宣使提舉佑神觀劉光烈、永寧軍承宣使提舉佑神觀朱孝莊、武慶軍承宣使提舉佑神觀王安道：　各食七味、蜜煎一合、時果一合、酒五瓶。

第四等，環衛官九員：　右監門衛大將軍貴州刺史居閑、右監門衛大將軍福州防禦使士輻、右監門衛大將軍榮州團練使士陁、右監門衛大將軍貴州團練使士歆、右監門衛大將軍宣州刺史士銖、右監門衛大將軍宣州刺史士赫、右監門衛大將軍吉州刺史士陪、右監門衛大將軍吉州刺史士暗、右監門衛大將軍吉州刺史士誾；　宣贊舍人十八人：王漢臣、陳清、郭蔓之、王正月【一二】、許彥洪、鄭應之、裴良弼、陳迪、李大有、王邦昌、張彥圭、梁份、鄭立之、李邦傑、蔡舜臣、谷璹、王德霖、張安世；閤門祗候二十人：李丙、李唐誼、鄭明、范涉、周譚、張令綽、張拱、楊价、賈公正、陳仲通、劉堯咨、張耘、何忱、李偁【一三】、王謙、董原、劉伉、劉康祖、何超祖、朱邦達；看班祗候八人：梁振之、王誼、董珩、司馬純【一四】、潘思夔、張赫、馮倚、劉堯卿；提點兼祗應行首五人：李觀、邊思聰、逯鎬、鄭孝禮、常士廉；三省樞密房副承旨逐房副承旨六人：劉興仁、劉興賢、韓師文、武鑄、邊俊民、嚴經安；隨駕諸局幹辦監官等十八人：成州團練使幹辦皇城司馮持、右武郎幹辦皇城司劉允升、保義郎幹辦御廚潘邦、保義郎幹辦御廚馮藻、保義郎幹辦翰林司王喜、脩武郎幹辦儀鸞司郭公既、保義郎幹辦祗候司黎安國、武翼郎閤門宣贊舍人兼翰林幹辦御輦院邵璿、忠翊郎幹辦左右騏驥院班彥通、武忠郎幹辦左右騏驥院張淳、承信郎閤門祗候兼幹辦左右騏驥院裴良從、武功大夫幹辦行在左藏庫石瑜、右朝散大夫幹辦行在左藏庫劉份、武功大夫幹辦行在左藏庫吳鑄、忠翊郎閤門祗候兼幹辦行在左藏庫趙節、承節郎閤門祗候兼幹辦行在左藏庫劉勰、忠翊郎主管軍頭司兼祗應杜淵、保義郎主管軍頭司兼祗應徐宗彥：各食五味、時果一盒、酒二瓶。

第五等，閤門承受十人、知班十五人、御史臺十六人：各食三味、酒一瓶。

【一二】王正月　陳刻本、説郛本、四庫本作「王肯」。

【一三】李偁　説郛本作「李儒」。

【一四】司馬純　陳刻本、説郛本作「司馬紀」。

聽叫喚中官等五十分：各食五味、斬羊一斤、饅頭五十箇、角子一箇、鋪薑粉飯、下飯鹹豉、各酒一瓶。

進奉盤合。

寶器：御藥帶一條、玉池面帶一條、玉獅蠻樂仙帶一條、玉鶻兔帶三條、玉璧環二、玉素鍾子一、玉花高足鍾子一、玉枝梗瓜盃一、玉瓜盃一、玉東西盃一、玉香鼎二、蓋全。玉盆兒一、玉椽頭楪兒一、玉古劍璏等十七件、玉圓臨安樣楪兒一、玉靶獨帶刀子二、玉並三靶刀子四、玉犀牛合替兒一、金器一千兩、珠子十二號共六萬九千五百九顆、珠子念珠一串一百九顆、馬價珠金相束帶一條、翠毛二百合、白玻瓈圓盤子一、玻瓈花瓶七、玻瓈椀四、馬瑙椀大小共二十件。

古器：龍文鼎一、商彝二、高足商彝一、商父彝一、周盤一、周敦二、周舉罍一、有蓋獸耳周罍一。

汝窑：酒瓶一對、洗一、香爐一、香合一、香毬一、盞四隻、盂子二、出香一對、大奩一、小奩一。

合仗【一五】：螺鈿合一十具、織金錦褥子全。犀毘合【一六】一十具。織金錦褥子全。

書畫：有御寶十軸：曹霸《五花驄》、馮瑾《霽煙長景》、易元吉《寫生花》、黃居寶《雀竹》、吴道子《天王》、張萱《唐后竹叢》、邊鸞《萱草山鷓》【一七】、黃筌《萱草山

【一五】合仗　陳刻本、説郛本、四庫本作「合伏」。

【一六】犀毘合　「毘」，陳刻本、説郛本、四庫本作「皮」。

【一七】萱草山鷓　「草」原作「花」，據説郛本、四庫本改。

鶺》、宗婦曹氏《蓼岸》、杜庭睦《明皇斫鱠》。無寶有御書九軸：趙昌《蹲踢鶺鴒》、梅行思《蹲躅母雞》【一八】、杜霄《撲蝶》、巨然《嵐鎖翠峯》、徐熙《牡丹》、易元吉《寫生枇杷》、董源《夏山早行》二軸、僞主李煜《林泉渡水人物》。無寶無御書二軸：荆浩《山水》、吴元俞《紫氣星》。

匹帛：撚金錦五十匹、素緑錦一百五十匹、木綿二百匹、生花番羅二百匹、暗花婺羅二百匹、樗蒲綾二百匹。

進奉犒設。

隨駕官、知省、御帶、御藥、門司、直殿官：紫羅五百匹、雜色纈羅五百匹、馬下目子錢一萬貫文。

禁衛一行祗應人等：錢二萬貫文、炊餅二萬箇、熟豬肉三千觔、熝爆三十合、酒二千瓶。

本家親屬推恩：

弟拱衛大夫張保。

男右奉議郎直敷文閣主管台州崇道觀賜紫金魚袋張子顔、男右宣教郎直敷文閣主管台州崇道觀賜紫金魚袋張子正。

孫承事郎籍田令賜紫金魚袋張宗元。

【一八】梅行思　原作「梅竹思」，據四庫本及《宣和畫譜》改。

姪龍神衛四廂都指揮使清海軍承宣使添差兩浙西路馬步軍副總管張子蓋、姪右朝請大夫直徽猷閣主管佑神觀賜紫金魚袋張子儀、姪承奉郎張子安、姪忠翊郎張子文。

姪孫保義郎張宗旦、姪孫保義郎張宗亮、姪孫登仕郎張宗説、姪孫成忠郎張宗益、姪孫登仕郎張宗穎。

妻秦國夫人魏氏，妾咸寧郡夫人章氏、妾和寧郡夫人楊氏、妾碩人潘氏、妾碩人沈氏、妾碩人曹氏、妾碩人周氏。

弟婦太碩人王氏、弟婦恭人任氏，第二女孺人張氏、第三女孺人張氏、第四女孺人張氏，男子顔婦王氏、男子正婦王氏，孫宗元婦王氏，姪子蓋婦碩人趙氏、姪子儀婦宜人郭氏。

紹興二十一年十一月　日。

和州防禦使幹辦府事兼提點兼排辦一行事務張貴具【一九】。

【一九】幹辦府事兼提點兼排辦一行事務張貴具　「兼提點兼排辦」，陳刻本、説郛本、四庫本作「差提點排辦」；「張貴」，作「張青」。

卷十

官本雜劇段數

爭曲六幺、扯攔六幺、三哮。教聲六幺【一】、鞭帽六幺、衣籠六幺、廚子六幺、孤奪旦六幺、王子高六幺、崔護六幺、骰子六幺、照道六幺、鶯鶯六幺、大宴六幺、驢精六幺、女生外向六幺、慕道六幺、三偌慕道六幺、雙攔哮六幺、趕厥夾六幺、羹湯六幺。

索拜瀛府、厚熟瀛府、哭骰子瀛府、醉院君瀛府【二】、懊骨頭瀛府【三】、賭錢望瀛府。

四僧梁州、三索梁州、詩曲梁州、頭錢梁州、食店梁州、法事饅頭梁州、四哮梁州【四】。

領伊州、鐵指甲伊州、鬧五伯伊州【五】、裴少俊伊州、食店伊州。

桶擔新水、雙哮新水、燒花新水。

簡帖薄媚、請客薄媚、錯取薄媚、傳神薄媚、九妝薄媚、本事現薄媚、打調薄媚、拜褥薄媚、鄭生遇龍女薄媚。

土地大明樂、打毬大明樂、三爺老大明樂。

列女降黃龍、雙旦降黃龍、柳玭上官降黃龍【六】、入寺降黃龍、榆標降黃龍【七】。

校勘記

【一】教聲六幺　「聲」，説郛本、四庫本作「鼙」。

【二】醉院君瀛府　「院」，陳刻本、説郛本、四庫本作「縣」。

【三】懊骨頭瀛府　「懊」，陳刻本、説郛本、四庫本作「燠」。

【四】四哮梁州　「梁」，陳刻本、説郛本、四庫本作「伊」。

【五】鬧五伯伊州　「鬧五伯」，説郛本、四庫本作「鬧五百」。

【六】柳玭上官降黃龍　「玭」，陳刻本、四庫本作「比」。

【七】「入寺」至「降黃龍」十字原位於下文「看燈胡渭州」後，據本條段數分類改移。

趕厥胡渭州、單番將胡渭州、銀器胡渭州、看燈胡渭州。三厥。

打地鋪逍遥樂、病鄭逍遥樂、崔護逍遥樂、瀸湎逍遥樂【八】。

單打石州、和尚那石州【九】、趕厥石州。

塑金剛大聖樂、單打大聖樂、柳毅大聖樂。

霸王中和樂、馬頭中和樂、大打調中和樂、封陟中和樂【一〇】。

喝貼萬年歡、託合萬年歡。

迓鼓兒熙州、駱駝熙州、二郎熙州。

大打調道人歡、會子道人歡、雙拍道人歡【一一】、越娘道人歡。

打勘長壽仙、偌賣妲長壽仙、分頭子長壽仙。

棊盤法曲、孤和法曲、藏瓶兒法曲、車兒法曲。

病爺老劍器【一二】、霸王劍器。

黄傑進延壽樂、義養娘延壽樂。

扯籃兒賀皇恩【一三】、催妝賀皇恩。三偌。

唐輔採蓮、雙哮採蓮、病和採蓮。

諸宮調霸王、諸宮調卦册兒、相如文君、崔智韜艾虎兒、王宗道休妻【一四】、李勉負心。

四鄭舞楊花、四偌皇州、檻偌寶金枝【一五】、磕瓦。浮漚傳永成雙、浮漚暮雲歸、老孤嘉

【八】瀸湎逍遥樂　「湎」，陳刻本、説郛本、四庫本作「趍」。

【九】和尚那石州　「和尚」，陳刻本、説郛本、四庫本作「石和」。

【一〇】封陟中和樂　此五字原位於下文「催妝賀皇恩」後，據本條段數分類改移。

【一一】雙拍道人歡　「雙」，陳刻本、説郛本、四庫本作「打」。

【一二】病爺老劍器　陳刻本、説郛本、四庫本無「老」字。

【一三】扯籃兒賀皇恩　「籃」，陳刻本、説郛本、四庫本作「檻」。

【一四】王宗道休妻　「宗」，陳刻本、説郛本、四庫本作「崇」。

【一五】檻偌寶金枝　「寶」，陳刻本、説郛本、四庫本作「保」。

慶樂、兩相宜萬年芳、進筆慶雲樂、裴航相遇樂、能知他泛清波、三釣魚泛清波、五柳菊花新、夢巫山彩雲歸、青陽觀碑彩雲歸、四小將整乾坤、四季夾竹桃花、禾打千秋樂【一六】、牛五郎罷金征。

新水爨、三十拍爨、天下太平爨、百花爨、三十六拍爨、門子打三教爨、孝經借衣爨、大孝經孫爨【一七】、喜朝天爨、説月爨、風花雪月爨、醉青樓爨、宴瑶池爨、錢手帕爨、小字太平歌。詩書禮樂爨、醉花陰爨、錢爨、鶻鶊爨【一八】、借聽爨、大徹底錯爨、黄河賦爨、睡爨、門兒爨、上借門兒爨、抹紫粉爨、夜半樂爨、火發爨、借衫爨、燒餅爨、調燕爨、棹孤舟爨、木蘭花爨、月當聽爨、醉還醒爨、鬧夾棒爨、撲胡蝶爨、鬧八妝爨、鍾馗爨、銅博爨、戀雙雙爨、惱子爨、像生爨、金蓮子爨。

思鄉早行孤、睡孤、迓鼓孤、論禪孤、諱藥孤【一九】、大暮故孤、小暮故孤、老姑遺妲【二〇】、孤慘、雙孤慘、骨突肉。三孤慘、四孤醉留客、四孤夜宴、四孤好、四孤披頭、四孤擂。

病孤三鄉題、王魁三鄉題、强偌三鄉題、文武問命。

兩同心卦鋪兒、一井金卦鋪兒、滿皇州卦鋪兒、變貓卦鋪兒、白苧卦鋪兒、探春卦鋪兒、慶時豐卦鋪兒、三哮卦鋪兒。

三哮揭榜、三哮上小樓、三哮文字兒、三哮好女兒、三哮一檐脚、艦哮合房、艦哮店

【一六】禾打千秋樂　「秋」，陳刻本、説郛本、四庫本作「春」。

【一七】大孝經孫爨　「孫」，陳刻本、説郛本、四庫本作「狐」。

【一八】鶻鶊爨　「鶻」，説郛本作「鶻」；「鶊」，字無考。

【一九】諱藥孤　「藥」，陳刻本、四庫本作「樂」。

【二〇】老姑遺妲　「姑」，陳刻本、説郛本、四庫本作「孤」。

休妲。

襤哮負酸、秀才下酸擂、急慢酸、眼藥酸、食藥酸。

風流藥、黄元兒、論淡、醫淡、醫馬。

調笑驢兒、雌虎、崔智韜。解熊、鶻打兔變二郎。

二郎神變二郎神、毁廟、入廟霸王兒。

單調霸王兒、單調宿、單背影、單頂戴、單唐突、單折洗、單兜、單搭手。

雙搭手、雙厥送、雙厥投拜、雙打毬、雙頂戴、雙園子、雙索帽、雙三教、雙虞候、雙養娘、雙快【一一】、雙捉、雙禁師、雙羅羅啄木兒、賴房錢啄木兒、圍城啄木兒、大雙頭蓮、小雙頭蓮、大雙慘、小雙慘、小雙索、雙排軍、醉排軍、雙賣妲。

三入舍【一二】、三出舍【一三】、三笑月中行、三登樂院公狗兒、三教安公子、三社爭賽、三頂戴、三偌一賃驢、三盲一偌、三教鬧著棊、三借窯貨兒、三獻身、三教化、三京下書、三短鐙、打三教庵宇、普天樂打三教、滿皇州打三教、領三教、三姐醉還醒、三姐黄鶯兒、賣花黄鶯兒。

大四小將、四小將、四國朝、四脱空、四教化、泥孤。

【一一】雙快　「快」，陳刻本、説郛本作「抉」。

【一二】三入舍　陳刻本、説郛本、四庫本作「三合入」。

【一三】三出舍　陳刻本、説郛本、四庫本作「三出合」。

【二四】余掃軌林扃　「扃」，陳刻本、四庫本作「閒」。

【二五】則淫房酒肆　「房」，陳刻本作「坊」。

【二六】倘情生智隔　陳刻本、四庫本作「情知物隔」。

【二七】故家風流　「風流」，陳刻本、四庫本作「流風」。

張約齋賞心樂事 並序

余掃軌林扃【二四】，不知衰老，節物遷變，花鳥泉石，領會無餘。每適意時，相羊小園，殆覺風景與人爲一。閒引客攜觴，或幅巾曳杖，嘯歌往來，澹然忘歸。因排比十有二月燕遊次序，名之曰《四並集》，授小菴主人，以備遺忘。非有故，當力行之。然爲具真率，毋致勞費及暴殄沈湎，則天之所以與我者爲無負無褻。昔賢有云：「不爲俗情所染，方能說法度人。」蓋光明藏中孰非遊戲，若心常清淨，離諸取著，於有差別境中而能常入無差別定，則淫房酒肆【二五】，偏歷道場；鼓樂音聲，皆談般若。倘情生智隔【二六】，境逐源移，如鳥黏黐，動傷軀命，又烏知所謂說法度人者哉。聖朝中興七十餘載，故家風流【二七】，淪落幾盡。有聞前輩典刑，識南湖之清狂者，必長哦曰：「人生不滿百，常懷千歲憂。晝短苦夜長，何不秉燭遊？」一旦相逢，不爲生客。嘉泰元年歲次辛酉十有二月，約齋居士書。

正月孟春：歲節家宴、立春日迎春春盤、人日煎餅會、玉照堂賞梅、天街觀燈、諸館賞燈、叢奎閣賞山茶、湖山尋梅、攬月橋看新柳、安閒堂掃雪。

二月仲春：現樂堂賞瑞香、社日社飯、玉照堂西賞緗梅、南湖挑菜、玉照堂東賞紅梅、餐霞軒看櫻桃花、杏花莊賞杏花、羣仙繪幅樓前打毬、南湖泛舟、綺互亭賞千葉茶花、馬塍看花。

三月季春：生朝家宴、曲水修褉【二八】、花院觀月季、花院觀桃柳、寒食祭先掃松、清明踏青郊行【二九】、蒼寒堂西賞緋碧桃、滿霜亭北觀棣棠、碧宇觀筍、鬭春堂賞牡丹芍藥、芳草亭觀草、宜雨亭賞千葉海棠、花苑蹴秋千、宜雨亭北觀黃薔薇、花院賞紫牡丹、豔香館觀林檎花、現樂堂觀大花、花院嘗煮酒、瀛巒勝處賞山茶、經寮鬭新茶、羣仙繪幅樓下賞芍藥。

四月孟夏：初八日亦菴早齋、隨詣南湖放生、食糕糜、芳草亭鬭草、芙蓉池賞新荷、蕊珠洞賞荼蘼、滿霜亭觀橘花、玉照堂嘗青梅、豔香館賞長春花、安閒堂觀紫笑、羣仙繪幅樓前觀玫瑰、詩禪堂觀盤子山丹、餐霞軒賞櫻桃、南湖觀雜花、鷗渚亭觀五色鶯粟花。

五月仲夏：清夏堂觀魚、聽鶯亭摘瓜、安閒堂解粽、重午節泛蒲家宴、煙波觀碧蘆、夏至日鵝炙【三〇】、綺互亭觀大笑花、南湖觀萱草【三一】、鷗渚亭觀五色蜀葵、水北書院採蘋、清夏堂賞楊梅、叢奎閣前賞榴花、豔香館嘗蜜林檎、摘星軒賞枇杷。

六月季夏：西湖泛舟、現樂堂嘗花白酒、樓下避暑、蒼寒堂後碧蓮、碧宇竹林避暑、南湖湖心亭納涼、芙蓉池賞荷花、約齋賞夏菊、霞川食桃、清夏堂賞新荔枝。

七月孟秋：叢奎閣上乞巧家宴、餐霞軒觀五色鳳兒【三二】、立秋日秋葉宴、玉照堂賞玉簪、西湖荷花泛舟、南湖觀稼【三三】、應鉉齋東賞葡萄、霞川觀雲【三四】、珍林剝棗。

【二八】曲水修褉　陳刻本、四庫本作「曲水流觴」。

【二九】清明踏青郊行　「行」，陳刻本作「遊」。

【三〇】夏至日鵝炙　「炙」，陳刻本、四庫本作「臠」。

【三一】南湖觀萱草　「草」，陳刻本、四庫本作「花」。

【三二】餐霞軒觀五色鳳兒　「鳳兒」，四庫本作「鳳仙花」。

【三三】南湖觀稼　「稼」，陳刻本、四庫本作「魚」。

【三四】霞川觀雲　「觀雲」，陳刻本、四庫本作「水莊」。

八月仲秋：湖山尋桂、現樂堂賞秋菊、社日糕會、衆妙峯賞木樨、中秋摘星樓賞月家宴、霞川觀野菊、綺互亭賞千葉木樨、浙江亭觀潮、羣仙繪幅樓觀月、桂隱攀桂、杏花莊觀雞冠黃葵。

九月季秋：重九家宴、九日登高把萸、把菊亭採菊、蘇堤上翫芙蓉、珍林嘗時果、景全軒嘗金橘、滿霜亭嘗巨螯香橙、杏花莊篘新酒、芙蓉池賞五色拒霜【三五】。

十月孟冬：旦日開爐家宴、立冬日家宴、現樂堂煖爐、滿霜亭賞蚤霜【三六】、煙波觀買市、賞小春花、杏花莊挑薺、詩禪堂試香、繪幅樓慶煖閣。

十一月仲冬：摘星軒觀枇杷花、冬至節家宴、繪幅樓食餛飩、味空亭賞蠟梅、孤山探梅、蒼寒堂賞南天竺、花院賞水仙、繪幅樓前賞雪、繪幅樓削雪煎茶。

十二月季冬：綺互亭賞檀香蠟梅、天街閱市、南湖賞雪、家宴試燈【三七】、湖山探梅、花院觀蘭花、瀛巒勝處賞雪、二十四夜餳果食、玉照堂賞梅、除夜守歲家宴、起建新歲集福功德。

約齋桂隱百課

淳熙丁未秋，余捨所居爲梵剎。爰命桂隱堂館橋池諸名，各賦小詩，總八十餘首。逮慶元庚申，歷十有四年之久，匠生於心，指隨景變，移徙更葺，規橅始全。因删易增補，得

【三五】芙蓉池賞五色拒霜　「五」，陳刻本、四庫本作「三」。

【三六】滿霜亭賞蚤霜　「蚤霜」，陳刻本、四庫本作「蜜橘」。

【三七】家宴試燈　「家宴」，陳刻本、四庫本作「安閒堂」。

詩凡數百。綱舉而言之：東寺爲報上嚴先之地，西宅爲安身攜幼之所，南湖則管領風月，北園則娱燕賓親。亦菴晨居植福，以資淨業也；約齋晝處觀書，以助老學也。至於暢懷林泉，登賞吟嘯，則又有衆妙峯山，包羅幽曠，介於前六者之間。區區安恬嗜静之志，造物亦不相負矣。或問余曰：「造物不負子，子亦忍負造物哉？釋名宦之拘囚，享天真之樂適【三八】，要當於筋骸未衰時【三九】。今子三仕中朝，顛華齒墮，涉筆纔十二旬【四〇】，如之何則可。」余應之曰：「仕雖多，不使勝閒日，余之願也，余之幸也，敢不勉旃。」壬戌歲中夏，張鎡功父書。

東寺：敕額「廣壽慧雲」。大雄尊閣、千佛鐵像。静高堂、寢室。真如軒。種竹。

西宅：叢奎閣、安奉被賜四朝宸翰。德勳堂、祖廟。以高宗御書二字名。儒閒堂、前堂。用告詞字取名。現樂堂、中堂。用朱巖壑語。安閒堂、後堂。綺互亭、有小四軒。瀛巒勝處、東北小堂。前後山水。

柳塘花院【四一】、應鉉齋、筮得鼎卦，故名。振藻、取告詞中字名。宴頤軒、尚友軒、賞真亭。山水。

亦菴：法寶千塔、鐵鑄千塔，藏經千卷。如願道場、藥師佛壇。傳衣菴、寫經寮。書《華嚴》等大乘諸經。

約齋：泰定軒。

南湖：閬春堂、牡丹、芍藥。煙波觀、天鏡亭、水心。御風橋、十間。鷗渚亭、把菊亭、汎月闕、水門。星槎。船名。

【三八】享天真之樂適　「樂適」，陳刻本作「快適」，四庫本作「快樂」。

【三九】要當於筋骸未衰時　「骸」，陳刻本、四庫本作「骨」。

【四〇】涉筆纔十二旬　「纔」，陳刻本、四庫本作「總無」。

【四一】柳塘花院　「塘」，説郛本、四庫本作「堂」。

北園：羣仙繪幅樓、前後十一間，下臨丹桂五六十株，盡見江湖諸山。桂隱、諸處總名，今揭樓下。清夏堂、面南，臨池。玉照堂、梅花四百株。蒼寒堂、青松二百株。豔香館、雜春花二百株。碧宇、脩竹十畝。水北書院、對山，臨溪。界華精舍、夢中得名。撫鶴亭、近松株。芳草亭、臨池。味空亭、蠟梅。垂雲石、高二丈，廣十四尺。攬月橋、飛雪橋、在梅林中。蕊珠洞、荼蘼二十五株。芙蓉池、紅蓮十畝，四面種芙蓉。珍林、雜果小園。涉趣門、總門，入松徑。安樂泉、竹間井。杏花莊、村酒店。鵲泉。井名。

衆妙峯山：詩禪堂、黄寧洞天、景白軒、寘香山畫像並文集。文光軒、臨池。緑晝軒【四二】、木樨臨側。書葉軒、柿二十株。俯巢軒、高檜旁。無所要軒、長不昧軒、摘星軒、餐霞軒、櫻桃三十餘株。讀易軒、詠老軒、《道德經》。凝薰堂、楚佩亭、蘭。宜雨亭、千葉海棠二十株，夾流水。滿霜亭、橘五十餘株。聽鶯亭、柳邊，竹外。千歲菴、仁皇飛白字。恬虚菴、憑暉亭、弄芝亭、都微別館、誦《度人經》處，經乃徽宗御書。水湍橋、漪嵐洞、施無畏洞、觀音銅像。澄霄臺、面東。登歗臺、金竹巖、古雪巖、隱書巖、石函仙書在巖穴中，可望不可取。新巖、疊翠庭、茂林中，容十許人坐。釣磯、菖蒲澗、上有小石橋。中池、養金魚在山澗中。珠旒瀑、藏丹谷、煎茶磴。

右各有詩在集中，此不繁録。

【四二】緑晝軒　「晝」，陳刻本、説郛本、四庫本作「晝」。

附録

宋氏武林舊事跋

杭郡地卑隘，不可以國。宋高宗南播，樂其湖山之秀，物産之美，遂建都焉。傳五帝，享國百二十有餘年，雖曰偏安，其制度禮文，猶足以彷佛東京之盛。可恨者當時之君臣，忘君父之讐，而沉酣於湖山之樂，竟使中原不復，九廟爲墟。數百載之下，讀此書者，不能不爲之興歎。書凡六卷，四水潛夫輯。潛夫亦不知爲誰，其紀武林之事，較他書爲備，因命工刊置郡庠，俾博雅者有考焉。武林，杭郡名。正德戊寅孟夏，巡按浙江監察御史奉天宋廷佐跋。

陳氏秘笈後武林舊事序

余往讀杭板《舊事》，意似有未盡者。久之，海虞趙元度示余全帙，則自「棊待詔」已下五卷，杭刻所缺也。然趙本所有，不暇泛考。即田氏《西湖志餘》捃拾最博，無論第一段「西牌還内」後十行，田志不收。更檢淳熙五年二月、六年三月、九月，九年中秋，觀濤諸則，大都此本宛盡，《志餘》前後多彼此不同。又如「高宗幸張循王」，多「親屬推恩」二幅，「張功甫賞心樂事」，多「桂隱」等四幅，其若「太學」已後及「雜劇」七條，志記別録亦多異同，豈田氏未之見邪？余更有感於壽皇孝養思陵，而光宗惑於凶牝，至爲不朝不臨，此無異故：孝宗得非所望，故能竭孝展恩；光宗謂所固有，遂至溺讒行忍。此繼立賢於身出，人態俗情，最悲隱地也。至若張俊公附秦檜贊協和議，冀握兵柄，不踰年而爲江邈劾罷。思陵幸第時，解柄之明年也。觀其進奉珍玩之夥，此皆鬻賣中原牙儈錙貫耳。地主覩之，能無面頳汗下乎！約齋標韻孤上，賞識風花，爲雅流歸與，乃以謀誅侂胄，賞薄怨望，欲捋虎須，遠謫象臺而死。去玉照堂成，僅隔旬五耳，惜哉。案：張鎡以謀去史彌遠謫死，此誤。海鹽姚士麟叔祥敘。

讀書敏求記一則

《武林舊事》流俗本止六卷，予從元人鈔仇先生所藏，録得後四卷。乾淳奉親之事，今昔所無，閲之不勝惋嘆。後過吴門書肆，又購得一本，校此添補數則，並録入四水潛夫前序一篇，此書始無遺憾矣。

西湖志一則

謹案，《武林舊事》足本凡十卷。自明正德間宋廷佐刊置郡庠本，又嘉靖間杭郡守陳柯翻刻本，止前六卷。海鹽姚士麟續刻後五卷，目曰《後武林舊事》，五卷者，即就原本後四卷内析出一卷爲五卷也。郎瑛《七脩類稿》云：「杭刻其六，全者在吴人袁飛卿家。」是疑續刻五卷猶未全，不知原本止有十卷，見於忻厚德跋，並未嘗有十二卷也。又《七脩類稿》云：「公謹居齊之東，作《齊東野語》；居杭癸辛街，作《癸辛雜識》；泗水出山東，號泗水潛夫；居華不注，號弁陽老人。」第《舊事》皆叙杭事，不應題「泗水」。然舊本又作「四水」，當别有義意。按《湖録》：「四水者，湖城以苕水、餘不水、前溪水、北流水合而入於霅溪。唐人詩：『四水交流霅霅聲。』」據此，則四水乃吴興之名。公謹生於湖，中年遷杭，晚仍還弁，號弁陽老人。是則公謹原稱四水，古本作「四水潛夫」，洵乎不謬也。

諸本跋文

《武林舊事》，乃弁陽老人草窗周密公謹所集也。刊本止第六卷。山村仇先生所藏本，終十卷，後歸西河莫氏家。予就假於莫氏，因手鈔成全書，以識歲月，藏於家塾。至元後戊寅正月，忻厚德用和父。

此書二册，予假於太子太保遂安伯陳公家，同年友文部副郎黄君廷用録之，以歸予云。弘治乙卯夏四月望祝靖手跋。

己未夏五月十六日，校四字。

《武林舊事》，齋中所有止六卷，趙元度本多四卷，今繕寫增入者是也。古書爲市人刊削，以圖省工牟利，往往如此。余借趙本增入者數十種，不獨此書也。萬曆壬子春日澹翁識。澹生堂祁氏本跋。

「棊待詔」以下，原接前第六卷「諸色伎藝人」之下。自傳鈔既失，而《秘笈》刊本誤别爲一卷，與前隔斷。微汲古舊本，幾不見原書矣。大抵明季人刊書，俱犯妄作之弊，而《秘笈》與《説郛》、《稗海》則尤繆戾之甚者。己亥二月望前一日，鑒閣書。瓶花齋吴氏本跋，元在第六卷後。

南宋遺老周公謹氏入元後，追憶乾、淳舊事，撰述此書，凡朝廷典禮、山川風俗，與夫市肆節物、教坊樂部，無不備載，而於孝廟奉親之事，尤致意焉。武林徵掌故者，多就取材，而流傳絶少善本。此册得之紅豆山房惠氏，即《讀書敏求記》所謂元人傳自仇山村家足本也。自序一篇，聲情綿邈，悽然有故國舊君之思，不僅流連今昔而已。而舊刻遺之，失其旨矣。爰就明時宋、陳兩刻，參校以傳，不惟爲藝苑增一佳本，亦以慰作者於百世之上也。乾隆癸丑端陽後一日，歙鮑廷博書於知不足齋。

◎周　密撰

癸辛雜識

范　熒　整理

點校説明

《癸辛雜識》前集一卷，後集一卷，續集二卷，别集二卷，周密撰。周密生平仕履，已見《齊東野語》點校説明。

癸辛者，杭之癸辛街也，宋楊和王之府，因屋向而得名。周密寓居於此里，因以名書。全書凡四百八十一條，是宋代同類筆記中卷帙較多的一種。内容與《齊東野語》大致相近。然《齊東野語》兼考舊文，此編則辨訂者無多；《齊東野語》多記朝廷大政，此編則瑣事雜言居多。故《四庫全書》將前者録爲子部雜家類，而將是編歸入小説家類。

作者以南宋遺民自居，時以亡國之痛寄於筆端。多處記載了爲國犧牲的將士，堅持民族氣節的士大夫及投降派言行。論宋亡之由，多追咎韓侂胄、賈似道，所記如「襄陽始末」、「方回」等條，史料價值甚高。四庫館臣稱是書「究非尋常小説家之可比也」。

是編原僅有鈔本，明商濬刻入《稗海》，殘缺不全，且有《齊東野語》文字混入。後烏程閔元衢于蘇州金閶小肆購得鈔本，乃緘致毛晉，刻入《津逮秘書》，至此始還其原帙。清代又有《四庫全書》本和《學津討原》本流傳，其源或亦出於毛本。

此外，國家圖書館藏有明鈔本兩種，皆僅有前、後而無續、别集。其一爲馮夢禎寫校本（下簡稱馮本），以舊刻名鈔爲勝。另一無名氏鈔本（下簡稱明鈔本），雖亦非完本，然頗有可采之處。

本次整理以《津逮秘書》本爲底本，校以《稗海》本、《學津討原》本和文淵閣《四庫全書》本，其前集、後集部分，另校以馮本和明鈔本。整理過程中參考了中華書局吴企明點校本，在此致謝。

序

坡翁喜客談，其不能者，强之説鬼。或辭無有，則曰姑妄言之，聞者絶倒。洪景盧志《夷堅》，貪多務得，不免妄誕，此皆好奇之過也。余卧病荒閒，來者率野人畸士，放言善謔，醉談笑語，靡所不有。可喜可噩，以警以懼，或獻一時之笑，或起千古之悲。其見紿者固不少，然求一二於千百，當亦有之。暇日萃之成編，其或獨夜遐想，舊朋不來，展卷對之，何異平生之友相與抵掌劇談哉！因竊自歎曰：是非真誕之辨，豈惟是哉？信史以來，去取不謬，好惡不私者幾人，而舛僞欺世者總總也。雖然一時之聞見，本於無心；千載之予奪，狃於私意。以是而言，豈不猶賢於彼哉？癸辛，蓋余所居里云。弁陽老人周密戲書於道邇齋。

目録

前集　一五六

胎息　陳聖觀夢　改春州爲縣　吴興園圃
假山　艮岳　砲禍　牛女
蕈毒　呼名怖鬼　閩鄞二廟　健啖
科舉論　薦楊誠齋　王小官人　化蝶
玉環　紃書蘊書　乘槎　游月宫
鄭仙姑　寡欲　芍藥　三建湯
楊凝式僧淨端　迎曙　白帽　送刺
簡槧　人妖　四韓　韓彦古
松五粒　唐重浮屠　葵　乞食歌姬院
袁彦純客詩　長沙茶具　真西山入朝詩　趙子固梅譜
筆墨　辨章　來牟　父客
誤著祭服　向胡命子名　賈母飾終　孝宗行三年喪

施行韓震 一九九

後集

理宗初潛 魏子之謗 徽欽梓宮 成均舊規

光齋 諸齋祠先輩 學規 太學文變

兩學暇日 學舍燕集 三學之横 賈相制外戚抑北司戢學校

祠神 簿録權臣 韓平原之敗 馬相去國

荔枝梅花賦 金龜稱瑞 許占寺院 鬚屬腎

短小精悍 綱目用武后年號 游閲古泉 種竹法

律文去避來 廖瑩中仰藥 先君出宰 向氏書畫

誤書廟諱 脩史法 過癩 十二分野

吹霎 故都戲事 馬裕齋尹京 賈廖刊書

賈廖碑帖 濟王致禍 十三故事 舞譜

知州借紫 記方通律 大父廉儉 斷橋

饋送壽物 桐蕈鰒魚 縱囚 趙孟桂

紫紗公服 譯者 祕固 雅流自居

張氏至孝 五行間色 杓字義 連枷

正閏　奉倩象山　大行　龍有三名
押字不書名　蕞葩　五月五日生　度宗祔廟無室
徐留登第　私取林竹溪　吴益登對　朱王二事相同
方珠　張約齋傭者　禁男娼　趙春谷斬蛇
三山詔歲舉送

續集上　二四五

羅椅　大打圍　水竹居　宋彦舉鍼法　華夷圖石
縉雲葉醫　洪渠　插花種菊　大野猪　天花異
西域玉山　靈壽杖　改安吉州　二王入閩大略　海船頭髮
海神擎日　戊子地震　江西術者奇驗　天裂　李醉降仙
海井　狗畏鼻冷　鑿井法　重窖　日形如瓠
葉李遭黥　地連震　蜀人不浴　梅無仰開花　柵沙武口
李仲賓談鬼　大興獄鬼　梨酒　四明延壽寺火　合樂諧和
盜馬踏淺　于闐玉佛　狗站　姨夫眼眶　偏僻無子
琴應絃　治物各有法　金鳳染甲　杭城食米　開慶六士
范元章夢　福王婚啓　雷雪　醫術　湖翻

回回沙磧　短蓬　子山隆吉　蹇材望　船吼
古獄塔燈　成都惡事　馮婦搏虎義　鹽養花　文山像贊
王茂林立子　回回送終　接待寺　天雨塵土　宋江三十六贊
種葡萄法　插瑞香法　楊髡發陵　西征異聞　嘲留忠齋
鎖陽　純色骰錢　公主添房　聖門本草　海鰍兆火
壬辰星隕　葉李紀夢詩　海蛆　北方大車　全氏孿鬼
押不蘆　種茯苓　葉李姓名二十　訟學業觜社　相馬法
碑蓋　駝峰　解厄呪　霍山顯靈　黃蘆城幹

續集下

二八六
徐淵子詞　龍負舟　白玉笙簫　白玉出香獅
畫本草三輔黃圖　水落石出筆格　吳妓徐蘭　冰蛆飛駝
虹見井中　道學　秦九韶　吳生坐亡
銀瓶娘子籤　上庠齋牌　入燕士人　賣闕沈官人
愛水　避諱去姓　貢獅子　倭人居處
馬趙致怨　南丹婚嫁　相憐草　石洞雷火
按摩女子　老張防禦沈垚　蔡陳市舶　鐵蛆

捕狸法　蘭亭兩王俣　洪起畏守京口　張世傑忠死
許夫人　孕婦雙胎　屠節避諱　回人送炭
趙孟議臺評　金鉤相士　十干紀節　文山書爲北人所重
至元甲午節氣之巧　香爐峰桐柏山　失誥碎帶　吴氏鳥卵
魯港風禍　慈憲生吉兆　德祐二子名　紹陵初誕
寧宗不慧　衢吏徐信　征日本　束手無措
蜘蛛珠　佛蓮家貲　聖鐵　華岳阿房基
釘官石　張氏銀窖　猪禍　張松
桃符獲罪　龍蚌　透光鏡　菖蒲子
死馬殺人　爪哇銅器　黑膝船　周彌陀入冥
馬相漂棺　伯宣被盜　李性學　夏駕山
渴字無對　觀堂二石　董儀父論易　棺蓋懸鏡
北地賞柳　光禄寺御醴　姦僧僞夢　沉香聖像
西湖好處　石庭苔梅　陳謂搗油　襄鄂百詠
打聚　家之巽三賢詩　四聖水燈　大辟登科
黄王不辨　押韻語録　演福新碑　喜行古禮

龍畏神火
不葬父妨子
多景紅羅纏頭
韓平原姓王
烏銀江珧
金紫銀青
烏賊得名
天雨豆米
朱宣慰詩
杏仁有毒
章宗效徽宗
茯苓益松
虎引彪渡水
撩紙
冬至前造酒
壬日扦種
白蠟

別集上　三三一

汴梁雜事
螃蠘餛飩
包弘齋桃符
南風損藕
燈檠去蟲
魚苗
同里虎
陶裴雙縊
因庸堂
德壽買市
天狗墜
丁酉異星
彗星改元
和劑藥局
葛天民賞雪
彭晉叟
唐堯封
林喬
李夢庚
陳憍如尊者
史浩傳贊
唐震黃震
男不授女狀
沈次卿
陳預知
牧羊子
何生五行
戴生星術
括蒼趙墓
陰陽忌樂
懸棺葬
郭閶
王蓋伏法
埋藏會
東遷道人
屠門受祭
陳公振立子
梅津食籠
鬱邕大毒
陳仲潛健啖
范呂不合
施武子被劾
二章清貧
卿宰小鬼
劉漫塘
陳宜中父
劉朔齋再娶
朔齋小姬
成均浴堂
潛說友

王積翁　王厚齋形拘　安劉　俞浙　黃國
方回　衡嶽借兵　北客詩　須溪月詩　菊子
回回無閏月　亂敲二字　兩王醫師　髯閹　胡服間色
天市垣　石行　世修降表　社公珠　賀知章倚史勢
尼站　升遐玉圭　椒蘭殿赤草　燕用　薦
大仙筆詩　蒙古江西政　火蝎　倪氏窖藏　燕子城銅印
祖傑　楊髠發陵　二僧入冥
別集下　三七四
天籟　陳紹大改名　銀花　褚承亮不就試　鳳凰見
武城蝗　綿上火禁　旱魃　買地券　泰山如坐
平分四時　必世後仁　畫扇不入内　權知舉　一彪
咸陽六岡　卯酉克損目　守口如瓶　德壽賞月　汴京宫殿
宦者服藥　空談實效　周莫論張説　假尸還魂　兩世王
象油　狗蚤頌　物外平章　德祐表詔　景炎詔
雞冠血　葯州園館　亭名　史嵩之始末　嵩之起復
徐霖　史宅之　鄭清之　衛王惜名器　閻寺

余晦　余玠　王惟忠　李伯玉　僞號
馬光祖　胥吏識義理　沈夏　史嵩之致仕　度宗誕育
鈿屏十事　襄陽始末　機速房　置士籍　宋二十一帝
宋十五朝御押

前集

胎息

東坡云：「養生之方，以胎息爲本。」此固不刊之語，更無可議。但以氣若不閉，任其出入，則渺綿滉漭，無卓然近効，待其兀然自住，恐終無此期。若閉而留之，不過三五十息，奔突而出，雖有微暖養下丹田，此一於迂【一】，決非延世之術。近日沉思，似有所得，蓋因看孫真人養生門中《調氣》第五篇，反復尋究，恐是如此。其略曰：「和神之道，當得密室閉户，安床暖席，枕高二寸半，正身偃卧，瞑目閉氣於胸膈間，以鴻毛著鼻上而不動，經三百息，耳無所聞，目無所見，心無所思。則寒暑不能侵，蜂蠆不能毒，壽三百六十歲，此鄰於真人也。」此一段要訣，且静心細意，字字研究看。既云「閉氣於胸膈中，令鼻端鴻毛不動」，初學之人安能持三百息之久哉？恐是元不閉鼻中氣，只以意堅守此氣於胸膈中，令出入息似動不動，氤氳縹緲，如香爐蓋上烟，湯瓶觜上氣，自在出入，無呼吸之重煩【二】，則鴻毛可以不動。若心不起念，雖過三百息可也。仍須一切依此本訣，卧而爲之。仍須真以鴻毛粘著鼻端，以意守氣於胸中，遇欲吸時，不免微吸，及其呼時，不免微

校勘記

【一】此一於迂　「於迂」，馮本原作「於蕩」，馮夢禎改爲「放蕩」，明鈔本作「於陽」。

【二】無呼吸之重煩　「煩」，明鈔本作「頬」。

呼【三】。但任其氣氤氲縹緲，微微自出，出盡氣平，則又吸入【四】。如此出入元不斷而鴻毛自不動，動亦極微。覺其極微動，則又加意則勒之，以不動爲度。雖云則勒，然終不閉，至數百息。出者多則内守充盛，血脉流通，上下相灌輸，而生理備矣。予悟此玄意，甚以爲奇。

又記張安道《養生訣》云：此法比之服藥，其力百倍，非言語所能形容。其訣大略具於左：

每日以子時後，三更三四點至五更以來。披衣坐，床上擁被坐亦可。面東或南，盤足坐，叩齒三十六通，握固，兩拇指掐第三指手文，或以四指都握拇指，兩手拄腰腹間可也。閉息，閉息最是道家要妙，先須閉目靜慮，除滅妄想【五】，使心源湛然，諸念不起，自覺出入調匀細微，即閉口并鼻，不令出氣，方是工夫。內視五臟，肺白、肝青、脾黄、心赤、腎黑。當先求五臟圖，或烟蘿子之類，常掛於壁上，使日常熟識五臟六腑之形狀也【六】。次想心爲炎火，光明洞徹，入下丹田中，丹田在臍下三寸是。待腹滿氣極，則徐徐出氣。不得令耳聞聲。候出息匀調，即以舌攪唇齒内外，漱煉津液，若有鼻涕，亦須漱煉，不可嫌其鹹。漱煉良久，自然甘美，此即真氣也。未得嚥下。復用前法閉息內觀【七】，納心丹田，調息漱津，皆依前法。如此者三，津液滿口，即低頭嚥下，以氣送下丹田中。須用意精猛，令津與氣谷谷然有聲，徑入丹田中。又依前法爲之，凡九閉息、三嚥津而止。然後以左右手熱摩兩脚心，此涌泉穴，上徹頂門，氣訣之妙。及臍下腰脊間，皆

【三】不免微呼　馮本作「不得呼」，明鈔本作「雖不得呼」。

【四】微微自出出盡氣平則又吸入　原「盡」上無「出」字，「吸入」作「呼吸」，據稗海本補改。明鈔本作「微微自盡，氣平則又吸」。

【五】除滅妄想　「除滅」前原有「掃」字，據明鈔本、稗海本删。

【六】熟識五臟六腑之形狀也　「五」原作「六」，「形狀」原作「形似」，據馮本、明鈔本、稗海本改。

【七】復用前法　原無「用」字，據馮本補。

令熱徹。徐徐摩之，微汗出不妨【八】，不可喘。次以兩手摩熨眼、面、耳、項【九】，皆令極熱，仍按捏鼻梁左右五七次，梳頭百餘梳，散髮而卧，熟寢至明。

右其法至簡易，惟在長久不廢，即有深功。且試行二十日，精神便自不同，覺臍下實熱，腰脚輕快【一〇】，面目有光，久之不已，去仙不遠。但當存閉息，使漸能持久，以脉候之，五至爲一息。某近來閉得漸久【一一】，每一閉一百二十至而開，蓋已閉得二十餘息也。又不可强閉多時，使氣錯亂，或奔突而出，則反爲害也。慎之！慎之！又須常節晚食，令腹中寬虚，氣得回轉。晝日無事，亦時時閉目内觀【一二】，漱煉津液嚥之，摩熨耳、面以助真氣。但清淨專一【一三】，即易見功矣。神仙至術，有不可學者三：一忿躁，二陰險，三貪慾【一四】。

道家胎息之法，以玄牝爲鼻。鼻者，氣之所由出入，以爲息也。佛藏中有《安盤守意經》云：「其法始於調身簡息，以謂凡出入鼻中而有聲者，風也；雖無聲而結滯不通者，喘也；雖無聲亦不結滯，而猶粗悍不細者，氣也。去是三者，乃謂之息。」然後自鼻端至臍下，一二數之至於十，周而復始，則有所繫而趨於定。則又數，以心隨息，聽其出入。如是反復，調和一定，而不可亂【一五】。則生滅道斷，一切三昧，無不見前。

道士陳彦真常教人，令常寄其心，納之臍中，想心火烈烈然下注丹田，如是坐卧起居不廢。行之既久，覺臍腹間如火，則舊疾盡去矣。

【八】微汗出不妨　馮本、明鈔本「微汗」前有「手」字。

【九】眼面耳項　「項」，馮本、明鈔本、稗海本作「頂」。

【一〇】腰脚輕快　「腰脚」，馮本作「脚膝」，明鈔本作「脚力」。

【一一】某近來閉得漸久　原「閉」前有「漸」字，據明鈔本删。

【一二】亦時時閉目　「時時」，馮本、明鈔本、稗海本作「得」。

【一三】清淨專一　「淨」，稗海本作「静」，馮本作「而能專一」，明鈔本作「爲法專一」。

【一四】三貪慾　馮本於其下有「真確論也」四字。

【一五】而不可亂　原無「不」字，據馮本、明鈔本、稗海本補。

陳聖觀夢

咸淳甲戌秋，余爲豐儲倉。時陳聖觀過予，爲言邊報日急，余以鄉曲通家故，因間扣之。聖觀蹙然，引入小室曰：「時事將不可爲矣，某春首常夢至一大宮殿，若常日朝參處，殿上皆垂簾【一六】，寂無人聲。既而稍近簾窺之，見御榻上一異物踞之。或龍或虎之類，陳不詳言。其傍則有小兒，服斬衰之衣，余遂驚寤。今嗣君尚幼，方居先帝之喪，此小兒衰服之驗，其不祥莫甚焉，天下事去矣。」余意其夢事不足信，然是歲之冬，果有透渡之事。透渡即宋之北狩也。

改春州爲縣

春州瘴毒可畏，凡竄逐黥配者必死。盧多遜貶朱厓，知開封府李符言：朱厓雖在海外，水土無他惡；春州在内地，而至者必死，望改之。後月餘，符坐事，上怒甚，遂以符知春州。至州，月餘死。元豐六年【一七】，王安石居相位，遂改春州爲陽春縣，隸南恩州。既改爲縣，自此獲罪者遂不至其地，此仁人之用心也。

【一六】殿上皆垂簾　「垂簾」，馮本、明鈔本、稗海本作「重簾」。

【一七】元豐六年　「元豐」當爲「熙寧」之誤，據《宋會要·方域》，廢春州在熙寧六年。

吳興園圃

吳興山水清遠，昇平日，士大夫多居之。其後【一八】，秀安僖王府第在焉【一九】，尤爲盛觀。城中二溪水横貫【二〇】，此天下之所無，故好事者多園池之勝。倪文節《經鉏堂雜志》嘗紀當時園圃之盛，余生晚，不及盡見，而所見者亦有出於文節之後。今摭城之内外常所經遊者列於後，亦可想像昨夢也【二一】。

南沈尚書園　沈德和尚書園，依南城，近百餘畝，果樹甚多，林檎尤盛。内有聚芝堂藏書室，堂前鑿大池幾十畝，中有小山，謂之蓬萊池【二二】。南豎太湖三大石，各高數丈，秀潤崎峭，有名於時。其後賈師憲欲得之，募力夫數百人，以大木搆大架，懸巨絙，縋城而出，載以連舫，涉溪絶江，致之越第，凡損數夫。其後賈敗，官斥賣其家諸物，獨此石卧泥沙中。適王子才好奇，請買於官，募工移植，其費不貲。未幾，有指爲盜賣者，省府追逮幾半歲，所費十倍於石，遂復昇還之，可謂石妖矣。

北沈尚書園　沈賓王尚書園，正依城北奉勝門外，號「北村」，葉水心作記。園中鑿五池，三面皆水【二三】，極有野意。後又名之曰「自足」。有靈壽書院、怡老堂、溪山亭、對湖臺，盡見太湖諸山。水心嘗評天下山水之美，而吳興特爲第一，誠非過許也。

章參政嘉林園　外祖文莊公居城南，後依南城，有地數十畝，元有潛溪閣，昔沈晦巖

【一八】其後　「後」原作「俊」，據馮本改。

【一九】秀安僖王府第在焉　「僖」原作「禧」，秀安僖王子偁乃高宗少子、孝宗父，追封秀王，謚安僖。據馮本、明鈔本、稗海本及《宋史》改。下同。

【二〇】城中二溪水横貫　原「城」前有「麗」字，據馮本删。

【二一】亦可想像昨夢　「昨夢」，馮本、明鈔本、稗海本作「作夢」。

【二二】謂之蓬萊池　「蓬萊」，馮本、明鈔本作「崔家」。

【二三】三面皆水　「皆」原作「背」，據馮本、明鈔本、稗海本改。

清臣故園也。有嘉林堂、懷蘇書院，相傳坡翁作守，多遊於此。城之外別業可二頃，桑林、果樹甚盛，濠濮橫截，車馬至者數返【二四】。復有城南書院，然其地本《郡志》之南園，後廢，出售於民，與李寶謨者各得其半，李氏者後歸牟存齋。

牟端明園　本《郡志》南園，後歸李寶謨，其後又歸牟存齋。園中有碩果軒、大梨一株。元祐學堂、芳菲二亭、萬鶴亭、荼䕷。雙杏亭、桴舫齋、岷峨一畝宮，宅前枕大溪，曰「南漪小隱」。

趙府北園　舊爲安僖故物，後歸趙德淵觀文【二五】，其子春谷文曜葺而居之。有東蒲書院、桃花流水、薰風池閣、東風第一梅等亭。正依臨湖門之内，後依城。城上一眺，盡見具區之勝。

丁氏園　丁總領園，在奉勝門内，後依城，前臨溪，蓋萬元亨之南園，楊氏之水雲鄉，合二園而爲一。後有假山及砌臺，春時縱郡人遊樂。郡守每歲勸農還，必於此艤舟宴焉。

蓮花莊　在月河之西，四面皆水，荷花盛開時，錦雲百頃，亦城中之所無。昔爲莫氏産，今爲趙氏。

趙氏菊坡園　新安郡王之園也，昔爲趙氏蓮莊，分其半爲之。前面大溪，爲修堤、畫橋，蓉柳夾岸數百株，照影水中，如鋪錦繡。其中亭宇甚多，中島植菊至百種，爲菊坡，中甫二卿自命也。相望一水，則其宅在焉。舊爲曾氏極目亭，最得觀覽之勝，人稱曰「八面

【二四】車馬至者數返　「返」，馮本、明鈔本作「百」。

【二五】趙德淵觀文　「德淵」原作「德勤」，趙府北園主人趙與𥲅，《宋史》卷四二三「字德淵，太祖十世孫。居湖州，觀文殿學士」，據改。

曾家」，今名「天開圖畫」。

程氏園　程文簡尚書園，在城東宅之後，依東城水濠，有至游堂、鷗鷺堂、芙蓉涇。

丁氏西園　丁葆光之故居，在清源門之內，前臨苕水，築山鑿池，號「寒巖」。一時名士洪慶善、王元渤【二六】、俞居易、芮國器、劉行簡、曾天隱諸名士皆有詩。臨苕有茅亭，或稱爲「丁家茅菴」【二七】。

倪氏園　倪文節尚書所居，月河即其處，爲園池，蓋四至傍水，易於成趣也。

趙氏南園　趙府三園在南城下，與其第相連。處勢寬閑，氣象宏大，後有射圃、崇樓之類，甚壯。

葉氏園　石林左丞相族孫溥號克齋者所創【二八】，在城之東，多竹石之勝。

李氏南園　李鳳山參政本蜀人，後居霅，因創此爲游翔之地【二九】。中有傑閣曰「懷岷」，穆陵御書也。

王氏園　王子壽使君家，於月河之間【三〇】，規模雖小，然曲折可喜。有南山堂，臨流有三角亭，苕、霅二水之所匯。苕清霅濁，水行其間，略不相混，物理有不可曉者。

趙氏園　端肅和王之家，後臨顏魯公池，依城曲折，亂植拒霜，號「芙蓉城」，有善慶堂，最勝。

趙氏清華園　新安郡王之家，後依北城，有秫田二頃。有清華堂，前有大池，靜深可

【二六】王元渤　「渤」原作「漱」，據馮本、明鈔本、稗海本改。

【二七】丁家茅菴　稗海本、四庫本無「茅」字。

【二八】石林左丞相　「左」原作「右」，據《宋史》「葉夢得於建炎二年遷尚書左丞」和馮本改。

【二九】因創此爲游翔之地　「翔」，明鈔本、稗海本作「遨」。

【三〇】於月河之間　「之間」，馮本、明鈔本、稗海本作「之中」。

愛【三一】。

俞氏園　俞子清侍郎臨湖門所居爲之。俞氏自退翁四世未及年告老，各享高壽，晚年有園池之樂，蓋吾鄉衣冠之盛事也。假山之奇，甲於天下，詳見後。已上皆城中園。

趙氏瑶阜　蘭坡都承旨之別業，去城既近，景物頗幽，後有石洞，常萃其家法書，刊石爲「瑶阜帖」。

趙氏蘭澤園　亦近世所葺，頗宏大，其間規爲葬地，作大寺，牡丹特盛。未幾，寺爲有力者撤去。

趙氏繡谷園　舊爲秀邸，今屬趙忠惠家。一堂據山椒，曰「霅川圖畫」，盡見一城之景，亦奇觀也。

趙氏小隱園　在北山法華寺後，有流杯亭，引澗泉爲之，有古意，梅竹殊勝。

趙氏蜃洞　亦趙忠惠所有。一洞窅然，而深不可測，聞昔有蜃居焉。

趙氏蘇灣園　菊坡所刱【三二】，去南關三里而近碧浪湖，浮玉山在其前，景物殊勝。山椒有雄跨亭，盡見太湖諸山。

畢氏園　畢再遇承宣所葺【三三】，正依迎禧門城，三面皆溪，其南則丘山在焉。亦歸之趙忠惠家。

倪氏玉湖園　倪文節別墅，在峴山之傍，取浮玉山、碧浪湖合而爲名。中有藏書樓，

【三一】有秋田二頃……靜深可愛　「秋田」，馮本作「林田」；「可愛」，馮本、明鈔本作「可畏」。

【三二】菊坡所刱　「刱」原作「仞」，據馮本、稗海本、學津本、四庫本改。

【三三】畢再遇承宣　「再」原作「最」，據馮本及《宋史》卷四〇二改。

極有野趣。

章氏水竹塢　章農卿北山別業也【三四】，有水竹之勝。

韓氏園　距南關無二里，昔屬平原群從【三五】，後歸余家，名之曰「南郭隱」【三六】，城南讀書堂、萬松關，太湖三峰各高數十尺，當韓氏全盛時，役千百壯夫移置於此【三七】。

葉氏石林　左丞葉少藴之故居，在卞山之陽，萬石環之，故名，且以自號。正堂曰「兼山」，傍曰「石林精舍」，有承詔、求志、從好等堂，及淨樂菴【三八】、愛日軒、躋雲軒、碧琳池，又有巖居、真意、知止等亭。其隣有朱氏怡雲菴、涵空橋、玉澗，故公復以「玉澗」名書。大抵北山一徑産楊梅，盛夏之際，十餘里間，朱實離離，不減閩中荔枝也。此園在霅最古，今皆没於蔓草，影響不復存矣。

黄龍洞　與卞山佑聖宫相鄰，一穴幽深，真蜿蜒之所宅。居人於雲氣中，每見頭角，但歲旱禱之輒應。真宗朝金字牌在焉。在唐謂之「金井洞」，亦福地名山之一也。

玲瓏山　在卞山之陰，嵌空奇峻，略如錢塘之南屏及靈隱、薌林【三九】，皆奇石也。有洞曰「歸雲」，張有謙中篆書於石上【四〇】。有石梁闊三尺許，横繞兩石間，名「定心石」。傍有唐杜牧題名云「前湖州刺史杜牧大中五年八月八日來」，及紹興癸卯葛魯卿、林彦政、劉無言、莫彦平、葉少藴題名。章文莊公有詩云：「短鍤長鑱出萬峯，鑿開混沌作玲瓏。市朝可是無巉嶮，更向山林巧用工。」

【三四】章農卿北山別業也　「農」原作「南」，據馮本、稗海本、學津本改。

【三五】昔屬平原群從　「群」原作「郡」，據學津本改。

【三六】名之曰南郭隱　馮本「隱」下有「居」字。

【三七】役千百壯夫　「千百」，稗海本作「三百」。

【三八】淨樂菴　「淨」，馮本、稗海本作「静」。

【三九】薌林　馮本作「櫛比」。

【四〇】張有謙中篆書於石上　「張有謙中」，按張有，字謙中，馮本、學津本作「張謙中有」。

賽玲瓏　去玲瓏山近三里許，近歲沈氏抉剔爲之。大率此山十餘里，中間皆奇石也。今歲皆蕪没於空山矣。

劉氏園　在北山，德本村富民劉思忠所葺【四二】，後亦歸之趙忠惠。

錢氏園　在毗山，去城五里，因山爲之。巖洞秀奇。亦可喜，下瞰太湖，手可攬也。錢氏所居在焉，有堂曰「石居」。

程氏園　文簡公别業也，去城數里，曰河口。藏書數萬卷，作樓貯之。

孟氏園　在河口。孟無菴第二子既爲趙忠惠壻，居霅，遂創别業於此。有極高明樓，亭宇凡十餘所。

假山

前世疊石爲山，未見顯著者。至宣和，艮岳始興大役，連艫輦致，不遺餘力。其大峰特秀者，不特侯封，或賜金帶，且各圖爲譜。然工人特出於吳興，謂之「山匠」，或亦朱勔之遺風。蓋吳興北連洞庭，多産花石，而弁山所出，類亦奇秀，故四方之爲山者，皆於此中取之。浙右假山最大者，莫如衞清叔吳中之園，一山連亘二十畝，位置四十餘亭，其大可知矣。然余平生所見秀拔有趣者，皆莫如俞子清侍郎家爲奇絶。蓋子清胸中自有丘壑，又善畫，故能出心匠之巧。峯之大小凡百餘，高者至二三丈，皆不事餖飣，而犀珠玉樹，森

【四二】德本村富民　馮本無「德」字。

列旁午，儼如群玉之圃，奇奇怪怪，不可名狀。大率如昌黎《南山》詩中，特未知視牛奇章爲何如耳。乃於衆峰之間，縈以曲澗，甃以五色小石，旁引清流激石高下，使之有聲，淙淙然下注大石潭。上蔭巨竹、壽藤，蒼寒茂密，不見天日。旁植名藥奇草，薜荔、女蘿、菟絲，花紅葉碧。潭旁橫石作杠，下爲石渠，潭水溢自此出焉。潭中多文龜、斑魚，夜月下照，光景零亂，如窮山絶谷間也。今皆爲有力者負去【四二】，荒田野草，淒然動陵谷之感焉。

艮岳

艮岳之取石也，其大而穿透者，致遠必有損折之慮。近聞汴京父老云：「其法乃先以膠泥實填衆竅，其外復以麻筋、雜泥固濟之令圓混，日曬極堅實，始用大木爲車，致於舟中。直俟抵京，然後浸之水中，旋去泥土，則省人力而無他慮。」此法奇甚，前所未聞也。又云：「萬歲山大洞數十，其洞中皆築以雄黄及盧甘石。雄黄則辟蛇虺，盧甘石則天陰能致雲霧，滃鬱如深山窮谷。後因經官拆賣，有回回者知之，因請買之，凡得雄黄數千斤，盧甘石數萬斤。」

砲禍

趙南仲丞相溧陽私第常作圈，豢四虎於火藥庫之側。一日，焙藥火作，衆砲儵發，聲

【四二】今皆爲有力者負去　原無「有」字，據馮本、稗海本、學津本補。

如震霆，地動屋傾，四虎悉斃，時盛傳以爲駭異。至元庚辰歲，維揚砲庫之變爲尤酷。蓋初焉，製造皆南人，囊橐爲奸。遂盡易北人，而不諳藥性。碾硫之際，光燄倏起，既而延燎，火搶奮起，迅如驚蛇，方玩以爲笑【四三】。未幾，透入砲房，諸砲併發，大聲如山崩海嘯，傾城駭恐，以爲急兵至矣，倉皇莫知所爲。遠至百里外，屋瓦皆震，號火四舉，諸軍皆戒嚴，紛擾凡一晝夜。事定按視，則守兵百人皆糜碎無餘【四四】，楹棟悉寸裂，或爲砲風扇至十餘里外。平地皆成坑谷，至深丈餘。四比居民二百餘家，悉罹奇禍，此亦非常之變也。

【四三】方玩以爲笑　「玩」，馮本作「視」。

【四四】糜碎無餘　「無餘」，明鈔本作「無一存」。

牛女

七夕牛女渡河之事，古今之説多不同。非惟不同，而二星之名莫能定。《荆楚歲時記》云：「黄姑、織女時相見。」太白詩云：「黄姑與織女，相去不盈尺。」是皆以牽牛爲黄姑。然李後主詩云：「迢迢牽牛星，杳在河之陽。粲粲黄姑女，耿耿遥相望。」若此，則又以織女爲黄姑，何耶？然以《星曆》攷之，牽牛去織女隔銀河七十二度，古詩所謂「盈盈一水間，脉脉不得語」，又安得如太白「相去不盈尺」之説。又《歲時記》則又以黄姑即河鼓，《爾雅》則以河鼓爲牽牛。又焦林《大斗記》云：「天河之西，有星煌煌，與參俱出，謂之牽牛。天河之東，有星微微，在氐之下，謂之織女。」《晉・天文志》云：「河鼓三星，即天鼓也。牽牛六星，天之關梁，又謂之星紀。」又云：「織女三星，在天紀東端，天女也。」《漢・天文志》又謂：「織女，天之貞女。」其説皆不一。至於渡河之説，則洪景盧辨析最爲精當，蓋渡河乞巧之事，多出於詩人及世俗不根之論，何可盡據。然亦似有可怪者，楊纘繼翁大卿倅湖日【四五】，七夕夜，其侍姬田氏及使令數人露坐至夜半，忽有一鶴西來，繼而有鶴千百從之，皆有仙人坐其背，如畫圖所繪者。綵霞絢粲，數刻乃没。楊卿時已寢，姬急報，起而視之，尚見雲氣紛郁之狀。然則流俗之説，亦有時而可信耶！

蕈毒

菌蕈類皆幽隱蒸溼之氣，或蛇虺之毒，生食之，皆能害人。而好奇者每輕千金之軀以嘗試之，殊不可曉。《夷堅志》所載簡坊大蕈，及金谿田僕食蕈，一家嘔血，隕命六人，丘岑幸以痛飲而免，蓋酒能解毒故耳。又靈隱寺僧得異蕈，甚大而可愛，獻之楊郡王。王以其異，遂進之上方，既而復賜靈隱。適貯蕈之器有餘瀝，一犬過而舐之【四六】，跳躍而死，方知其異而棄之。此事關涉尤大。近得耳目所接者兩事，併著爲口腹之戒。嘉定乙亥歲，楊和王墳上感慈菴僧德明遊山，得奇菌，歸作糜供衆。毒發，僧行死者十餘人，德明亟嘗糞獲免。有日本僧定心者，寧死不污，至膚理拆裂而死。至今楊氏菴中尚藏日本度牒，其年有久安、保安、治象等號，僧銜有法勢大和尚、威儀、從儀、少屬、少録等稱。是歲，其

【四五】楊纘繼翁　稗海本下有小字：「楊最知音律，善琴」。

【四六】一犬過而舐之　「犬」原作「失」，據馮本、學津本、四庫本改。

國度僧萬人。定心姓平氏，日本國京東路相州行香縣上守鄉光勝寺僧也。咸淳壬申，臨安鮑生，姜巷民家，因出郊得佳蕈，作羹恣食。是夜，隣人聞其家撞突有聲，久乃寂然，疑有他故，遂率衆排闥而入，則其夫婦一女皆嘔血殞越，倚壁抱柱而死矣。案間尚餘杯羹，以俟其子，適出未還，幸免於毒。嗚呼！殆哉【四七】！

呼名怖鬼

劉胡面黝黑，似胡蠻，人畏之。小兒啼，語云：「劉胡來！」便止。楊大眼威聲甚振，淮、泗、荆、沔之間童兒啼者，呼云：「楊大眼至！」即止。將軍麻秋有威名，兒啼輒呼：「麻狄來！」即止。檀道濟雄名大振，魏甚憚之，圖以禳鬼。江南人畏桓康，以其名怖小兒，且圖其形於寺中，病瘧者寫其形貼床壁，無不立愈。

閩鄞二廟

嘉熙庚子歲，先子爲閩漕幹官。時方公大琮爲計使，特加禮敬，一臺之事悉委之。先是郡中有富沙太尉祠，頗爲鄉民所信，至是投牒乞保奏丐封額。時方久旱，先子遂書牒云：「本路正兹閔雨，神能三日内爲霖，當與保奏。」方公笑語吏魁曰【四八】：「汝可以運幹所擬【四九】，白之於神。」吏敬録其語，往祠所焚之。次日大雨，連雨晝夜，境内沾足。遂

【四七】嗚呼殆哉　稗海本于文末有「可戒可戒」四字。

【四八】笑語吏魁曰　「魁」原作「鬼」，據馮本、四庫本改。下同。

【四九】汝可以運幹所擬　明鈔本、稗海本「運」前有「周」字。

從其請，竟獲封侯。而里人以周公能通神明，作歌美之，且刻梓書其事，鬻於市焉。乙卯歲，先子守鄞江，以貢士院湫甚，遂一新之。院内舊有土神七姑廟在焉，先子素剛介，併欲撤去，且命鑿二井以便汲。既而得泉，皆汙濁不堪用。監修判官周頡及吏魁賴良者白曰：「土神廟貌已久，州人賴之，今既與院中無所妨，欲姑存之。」先人謾答云：「神若能令二井清泠【五〇】，則可。」官吏因往白太守語。次日落成，吏欣然走告曰：「井水已可食矣。」試命汲之，清泠佳泉也。於是併爲葺其祠焉。此二事，余所目擊【五一】。

健啖

趙温叔丞相形體魁梧，進趨甚偉，阜陵素喜之。且聞其飲啖數倍常人，會史忠惠進玉海，可容酒三升。一日，召對便殿，從容問之曰：「聞卿健啖，朕欲作小點心相請，如何？」趙悚然起謝。遂命中貴人捧玉海賜酒，至六七，皆飲釂。繼以金柈捧籠炊百枚，遂食其半。上笑曰：「卿可盡之。」於是復盡其餘，上爲之一笑。其後均役南【五二】，暇日欲求一客伴食，不可得。偶有以本州兵馬監押某人爲薦者，遂召之燕飲。自早達暮，賓主各飲酒三斗，猪、羊肉各五觔，蒸糊五十事。趙公已醉飽摩腹，而監押者屹不爲動。公云：「君尚能飲否【五三】？」對曰：「領鈞旨。」於是再進數勺，復問之，其對如初。凡又飲斗餘，乃罷。臨別，忽聞其人腰腹間砉然有聲，公驚曰：「是必過飽，腹腸迸裂無疑【五四】。

【五〇】神若能令二井清泠　「二」原作「三」，據馮本、明鈔本、稗海本、學津本、四庫本改。

【五一】余所目擊　馮本作「余侍從之所目擊」。

【五二】其後均役南　「均役南」，明鈔本作「守荆南」。

【五三】君尚能飲否　「尚能」原作「能尚」，據馮本、明鈔本乙。

【五四】腹腸迸裂無疑　原無「腸」字，據馮本、明鈔本、稗海本補。

吾本善意，乃以飲食殺人。」終夕不自安。黎明，亟遣鈐下老兵往問，而典客已持謁白曰【五五】：「某監押見留客次謝筵。」公愕然延之，扣以夜來所聞。跼蹐起對曰：「某不幸抱飢疾，小官俸薄，終歲未嘗得一飽，未免以革帶束之腹間。昨蒙宴賜，不覺果然，革條爲之迸絶，故有聲耳。」

科舉論

淳熙間，趙温叔丞相常力薦郭明復、劉光祖、楊輔之，謂皆省殿試前列，且云「大好士人」。壽皇宣諭云：「朝廷用人以才，安論科第？科第不過入仕一途耳。」温叔唯唯而退。越日，御製《科舉論》，其略謂：

近世取士，莫若科場，及至用人，豈當拘此？詩賦、經義，學者皆能爲之，又何足分輕重乎！夫科場之弊，於文格高下但以分數取之，真幸與不幸耳。至於廷試，未嘗有黜落者，盡以官貲命之，才與不才者混矣，是科場取士之弊也。夫用之弊在乎人君擇相之不審【五六】，至於懷姦私，壞綱紀，亂法度，及敗而逐之，不治之事，已不勝言矣。宰相不能擇人，每差一官，則曰此人中高第，真佳士也，然不考其才行如何。孔聖之門猶分四科，人才兼全者自古爲難。今則不然，以高科虛名之士，謂處之無不宜者，何嘗問才之長短乎。夫監司、郡守，繫民之休戚，今以資格付之，丞相雖擇其一

【五五】而典客已持謁白曰　「而」原作「曰」，據馮本、明鈔本、稗海本、學津本改。

【五六】是科場取士之弊也夫用之弊在乎人君擇相之不審　馮本、明鈔本、稗海本無「也夫用之弊」五字。

二，又未能皆得其人。及至陛對，既無過人之善，粗無凡猥之容，則又未能極精其選。國朝以來，過於忠厚【五七】，宰相而誤國者，大將而覆軍者，皆未嘗誅戮之。雖三代得天下以仁，而啓誓六卿曰：「不用命，戮于社。」羲和廢厥職，猶征之曰：「以干先王之誅。」況掌邦邑軍師之大事乎！要在人君必審擇相，相爲官擇人，不失其所長。懋賞立乎前，嚴誅設於後，人才不出，吾不信也。朕延一二柄臣，皆能精白一心，盡忠無隱，宜勉乎此，更勤夙夜，以懋庶績，豈不休哉！

初宣示【五八】，温叔色變，上曰：「不謂卿等。」趙奏曰：「迅雷風烈，雖不爲孔子，而孔子色變者，畏天怒也。」異日，上復宣諭曰：「朕所著《科舉論》，或以爲過，或以爲是。以爲過者，史浩也；以爲是者，閻蒼舒也。浩極長者，故不欲朕用威刑；閻蒼舒趨事赴功之人也，故贊朕以爲是。」劉子宣《邇言》亦云：「場屋之文，朝廷假以取士，與學優則仕異矣。士大夫以此高下人物，更相矜傲，更相景慕，亦可悲矣。善乎文節公之言曰【五九】：『不爲俗學所累者，可與言理道焉。』」

薦楊誠齋

紹興庚戌十月【六〇】，倪文節公思爲中書舍人，楊文節萬里自大蓬除直龍圖閣，將漕江東。朝論惜其去，公留録黄欲繳奏【六一】。或以語楊，楊亟作簡止之。倪公答云：「賢

【五七】過於忠厚　「過」，明鈔本作「習」。

【五八】初宣示　「示」，明鈔本作「是諭」。

【五九】善乎文節公之言　「文節公」，馮本、明鈔本及劉炎《邇言》作「文鄭公」。

【六〇】紹興庚戌十月　高宗紹興朝無庚戌年，當爲光宗「紹熙」之誤。

【六一】公留録黄欲繳奏　「奏」字上原有「卻當」二字，據馮本、明鈔本、稗海本删。

者去國，公論以爲不然，既辱寵喻，不敢復繳，却當別作商量也。」楊公即以所答簡餘紙復止之，云：「死無良醫，幸公哀我，得併別作商量之説免之尤荷。公孫黑辭職，既而又使子爲卿【六二】，子産惡之。至懇至叩，不勝激切。」至以恩府呼之，其欲去之意可見也。然倪公竟入劄留之，云：「臣聞孔子曰：『吾未見剛者。』又曰：『不得中行而與之，必也狂狷乎。』剛與狂狷，皆非中道，然孔子有取焉。爲其挺特之操可與有爲，賢於柔懦委靡、患得患失者遠矣。若朝廷之上得如此三數輩，可以逆折奸萌，矯厲具臣，爲益非淺。竊見秘書監楊萬里，學問文采，固已絶人，乃若剛毅狷介之守，尤爲難得。夫其遇事輒發，無所顧忌，雖未盡合中道，原其初心，思有補於國家，至惓惓也。向來勸講東宫，已蒙陛下嘉奬。陛下踐祚，首賜收召，晉登册府，士類咸以爲當。今甫踰年，遽爾丐外，朝廷以職名漕節處之，不爲不優。然而公論以爲如萬里者不宜遂使去國，録黄之下，臣始欲繳論，又念朝廷此命本是優賢【六三】，雖已書行，而於臣愚見，猶欲陛下改命留之。蓋萬里再入修門，未爲甚久，儻朝廷以貪賢爲意，喻之小留，萬里感荷君恩，豈能復以私計爲辭云云。」蓋二公相知極深也。後二十年，楊公已亡，倪公得其當時手簡【六四】，不忍棄之，遂自録所上之劄及往來之書，裝潢成卷，親敘其事於後。攻媿樓公嘗跋之云：「東坡賦屈原廟云『雖不適中，要以爲賢兮』，誠齋有焉。昌黎留孔戣，事雖不行，陳義甚高，誠齋有焉。」尤爲確論。亦可槩想前輩去就之道，交情之誼也。

【六二】又使子爲卿　「子」，馮本、明鈔本作「己」。

【六三】又念朝廷此命本是優賢　「又」下原衍「爲」字，據馮本、明鈔本、稗海本删。

【六四】倪公得其當時手簡　「其」原作「復」，據馮本、明鈔本、稗海本、學津本改。

王小官人

建康緝捕使臣湯某者，於儕輩中著能聲，蓋群盜巨擘也。一日，有少年衣裳楚楚，背負小笈，扣湯所居。湯遣詢誰何，則自通爲鄱沙王小官人，趨前致拜。湯亦素知其名，因使小憩。辭云：「觀察在此，不敢留，只今往和州，擬假一力，負至東陽鎮問渡。」湯疑有他，遂擇其徒騆黠者偕往，俾偵伺之。自離城闉，遇肆輒飲，已而大吐，幾不能步。同行者左負笈，右扶醉人，殊倦甚恚，曰：「湯觀察以其爲好手，不過一酒徒耳。」凡七十里抵鎮邸，大吐投床，終夕索水喧呶不少休。黎明，有騎馬扣門者，乃湯也。密扣同行，知夕來酒醉伏枕，亟造卧所，少年聞湯來，則亦扶頭强披衣【六五】，扣所以至。湯謾以他語答之，少年笑曰：「得非疑某沿途有作過否【六六】？」因指同行爲證，且曰：「雖然或有他故，願効區區【六七】。」湯囁嚅久之，曰：「不敢相疑，實以夜來總所有大酒樓失銀器數百兩，總所移文制司，立限搆捕嚴甚，少違則身受重譴矣。束手無措，用是冒急求策耳【六八】。」少年微笑曰：「若然，則關係甚大，恐妖異所爲，非人力能措手。惟有祈哀所事香火，或可徼神物之庇耳。」湯哂其醉中語荒誕，不復詰，力邀同還。抵家，謾用其説，禱之聖堂，則所失器物皆粲然横陳供床下矣。湯始大驚，以爲神，方欲出謝之，則其人已去矣。盜亦有道，其是之謂乎！

【六五】少年聞湯來則亦扶頭强披衣　原作「則亦扶頭客聞湯來强披衣」，據明鈔本、稗海本改。

【六六】得非疑某沿途有作過否　「某」原作「其」，據馮本、稗海本、學津本改。

【六七】願効區區　稗海本「區區」下有「之力」二字。

【六八】用是冒急求策　「急」，馮本作「瀆」。

化蝶

楊昊字明之，娶江氏少艾，連歲得子。明之客死之明日，有蝴蝶大如掌，徊翔於江氏傍，竟日乃去。及聞訃，聚族而哭，其蝶復來繞江氏，飲食起居不置也。蓋明之未能割戀於少妻稚子，故化蝶以歸爾。李商嘗作詩記之曰：「碧梧翠竹名家兒，今作栩栩蝴蝶飛。山川阻深羅網密【六九】，君從何處化飛歸。」李鐸諫議知鳳翔，既卒，有蝴蝶萬數自殯所以至府宇，蔽映無下足處。官府弔奠，接武不相辨，揮之不開，踐踏成泥。其大者如扇，踰月方散。楊大芳娶謝氏，謝亡未殮，有蝶大如扇，其色紫褐，翩翩自帳中徘徊飛集窻户間，終日乃去。始信明之之事不誣。余嘗作詩悼之云：「帳中蝶化真成夢，鏡裏鸞孤枉斷腸。吹徹玉簫人不見，世間難覓返魂香。」亦紀實也。

玉環

楊太真小字玉環，故古今詩人多以阿環稱之【七〇】。按李義山云：「十八年來墮世間，瑶池歸夢碧桃閒。如何漢殿穿針夜，又向窻中覷阿環。」荆公詩云：「瑶池森漫阿環家。」又云：「且當呼阿環，乘輿弄溟渤。」則是以西王母爲阿環也。按西王母降漢庭，遣使女與上元夫人，答云：「阿環再拜上問起居。」然則上元夫人亦名阿環耳。

【六九】山川阻深羅網密　「羅網」原作「網羅」，據馮本、明鈔本、稗海本乙。

【七〇】古今詩人　「古今」原作「今古」，據馮本、明鈔本、稗海本乙。

𧮫書⿱艹極書

隆州跨鼇李先生，老儒也，嘗著書名之曰《𧮫書》。張行成跋云：「《方言》曰：『𧮫，倦也。』丁度謂字或作𢄼，故司馬相如云：『窮極倦𢄼。』釋云：『倦𢄼，疲憊也。』蓋樂其倦游，不希時用也。」樓攻媿云：「嘗考之《集韻》二十陌，有𢄼字，與劇同音，《方言》：『倦也。』然則此書之名，音從劇，義則倦耳。然《説文解字》無𧮰而有谻【七一】，《集韻》：『𧮰，胡官反，𥓓𧮰，亭名，在上谷。𥓓，謨官切。』《説文解字》：『谻，其虐切【七二】，相踦谻也。』二字若不類，俗書足以相亂。𧮰從山谷之谷，彈丸之丸。則欽宗兼名三十六號【七三】，止是亭名，別無義可取。谻從谷，亦其虐切，口上阿也，從口，上象其理。郤、綌皆從谷，俗書與山谷之谷無別。丮，居逆切，持也，象手也。《集韻》云：『隸變爲丮，執、孰等丸，恐、筑之几，皆從丮，俗書與丸几無別。』相如《上林賦》曰『徼𧮫受詘』，曰『窮極倦𢄼』，倶音劇倦，疲憊。而《説文》谻字，徐鍇《通釋》亦引《上林賦》『徼𧮫受屈』【七四】，謂以力相踦角，徼𧮫而受屈也。𧮫，渴極切；谻，其虐切，聲亦相近，疑即谻字。跨鼇之書不應取踦谻之意義，正用《方言》、《上林賦》倦𧮫之意耳。區區雖若辭費，詳考及此，因併及之。」又余橦自著書以擬《太玄潛虛》，命名《⿱艹極書》，以八起數，⿱艹極字之義亦未易曉。攻媿嘗爲攷云：「《説文解字》二字部，亟，敏疾也，從人、從口、從又、從二。二，天地也，去吏反。徐鍇《通

【七一】説文解字無𧮰而有谻 原作「説文解字無𧮰」，據《攻媿集》卷七十八改。

【七二】谻其虐切 「谻」，據《正字通》，乃「𧮰」的篆體。「其虐切」，馮本、明鈔本作「極虐切」。下同。

【七三】欽宗兼名三十六號 《攻媿集》卷七十八作「欽宗廟諱嫌名第三十六字」。

【七四】徐鍇通釋 「鍇」原作「楷」，據學津本改。

釋》曰【七五】：『承天之時，因地之利，口謀之，手執之，時不可失，疾也。會意，气至切。』《集韻》於去聲七志正引上文，而又入聲二十四職出此字。⿱艹極蒿，⿱艹極注亦引上文，而云或作蒿極。幢蓋以此備三才，故用之，亦務奇字【七六】，故又加廾，第未知⿱艹亟字止用《集韻》爲據，惟復別見他書，其下又加木【七七】，則未之見也，當考。去吏乃本音也，要當從去聲爲正。」余異二公名書之僻，嘉前輩考訂之精，故併書之，以俟問奇字者。

乘槎

乘槎之事，自唐諸詩人以來，皆以爲張騫。雖老杜用事不苟，亦不免有「乘槎消息近，無處問張騫」之句。按騫本傳止曰「漢使窮河源」而已。張華《博物志》云：舊説天河與海通，有人賫糧乘槎而去，十餘月至一處，有織女及丈夫飲牛於渚【七八】。因問此是何處，答曰：「君還至蜀，問嚴君平則知之。」還問君平，曰：「某年月日，有客星犯牽牛宿。」然亦未嘗指爲張騫也。及梁宗懔作《荆楚歲時記》，乃言武帝使張騫使大夏，尋河源，乘槎見所謂織女牽牛，不知懔何所據而云。又王子年《拾遺記》云：堯時有巨槎浮於西海，槎上有光若星月，槎浮四海，十二月周天，名貫月槎、掛星槎【七九】，羽仙棲息其上。然則自堯時已有此槎矣。

【七五】徐鍇通釋曰　原脱「通」字，據《攻媿集》補。

【七六】亦務奇字　原「奇」下無「字」，據馮本、明鈔本、稗海本、《攻媿集》補。

【七七】其下又加木　原「其」上有「復」字，據明鈔本、稗海本、《攻媿集》删。

【七八】有織女及丈夫　「女」，馮本、明鈔本、稗海本作「婦」。

【七九】十二月周天名貫月槎掛星槎　馮本、明鈔本、稗海本「周天」前有「一」字，「掛星」前有「又名」二字。

游月宫

明皇游月宫一事，所出亦數處。《異聞録》云：「開元中，明皇與申天師、洪都客夜遊月中，見所謂廣寒清虚之府，下視玉城嵯峩，若萬頃琉璃田，翠色泠光，相射炫目。素娥十餘舞於廣庭，音樂清麗，遂歸製『霓裳羽衣』之曲。」唐《逸史》則以爲羅公遠，而有擲杖化銀橋之事。《集異記》則以爲葉法善，而有過潞州城【八〇】，奏玉笛、投金錢之事。《幽怪録》則以爲游廣陵，非潞州事【八一】。要之，皆荒唐之説，不足問也。

鄭仙姑

瑞州高安縣旌義鄉鄭千里者，有女定二娘。己酉秋，千里抱疾，危甚，女刲股和藥，疾遂瘥。至次年，女出汲井之次【八二】，忽雲湧於地，不覺乘空而去，人有見若紫雲接引而昇者。於是鄉保轉聞之縣，縣聞之州，乞奏於朝，立廟旌表以勸孝焉。久之未報，然鄉里爲立仙姑祠，禱祈輒應，遠近翕然趍之作會，幾數千人。明年，苦旱，里士復申前請【八三】。時洪起畏義立爲宰，頗疑其有他，因閲故牒，密遣縣胥廉其事。適新建縣有闕氏者雇一婢，來歷不明，且又旌義人，因呼牙儈訊，即所謂鄭仙姑也。蓋此女初已定姻，而與人有姦而孕，其父醜之，遂宛轉售之傍邑，乃設爲仙事以掩之，利其施享之入，以爲此耳。昌黎

【八〇】葉法善而有過潞州城　原無「過」字，據馮本、稗海本補。

【八一】非潞州事　馮本、明鈔本、稗海本無「事」字。

【八二】女出汲井之次　「女出」，明鈔本、稗海本作「春」字。

【八三】里士復申前請　「里」原作「軍」，據馮本、明鈔本、稗海本、學津本改。

《謝自然》、《華山女》詩，蓋亦可見。然則世俗所謂仙姑者，豈皆此類也耶？

寡欲

孟子曰：「養心莫善於寡欲。」老子曰：「不見可欲，使心不亂。」聖賢拳拳然以欲爲害道，可不慎乎！劉元城南遷日，嘗求教於涑水翁曰：「聞南地多瘴，設有疾以貽親憂，奈何？」翁以絶欲少疾之語告之。元城時盛年，乃毅然持戒惟謹。趙清獻、張乖崖至撫劍自誓，甚至以父母影象設之帳中者。蓋其初未始不出於勉强，久乃相忘於自然。甚矣，欲之難遣也如此。坡翁云：「服氣養生，難在去欲。」蘇子卿嚙雪啖氈，蹈背出血，無一語少屈，可謂了生死之際，然不免與胡婦生子於窮海之上，況洞房綺疏之下乎【八四】？乃知此事未易消除。香山翁佛地位人，晚年病風放妓，猶賦《不能忘情吟》。王處仲兇悖小人，知體敝於色，乃能一旦感悟，開閤放妓。蓋天下事勇決爲之，乃可進道。余少年多病，間有一二執巾櫛、供紉浣者，或歸咎於此。兵火破家，一切散去，近止一小獲亦復不留，然猶未免時有霜露之疾。好事不察者復以前説戲之，殊不知散花之室已空久矣。雖然戲之者，所以愛之也。余行年五十，已覺四十九年之非，其視秀惠温柔，不啻伐命之斧、鴆毒之杯。一念勇猛，頓絶斯事，以徼晚年清淨之福【八五】。閉閤焚香，澄懷觀道，自此精進不已，亦庶乎其幾於道矣。然則疾疢者安知非吾之藥石乎？

【八四】洞房綺疏之下　「綺疏」，明鈔本作「綺紈」。

【八五】晚年清淨之福　「晚年」，明鈔本作「衰年」，稗海本作「數年」。

芍藥

韓昌黎詩「兩廂鋪氍毹，五鼎烹芍藥」註引《上林賦》註云：「芍藥根主和五臟，辟毒氣，故合之於蘭桂五味，以助諸食，因呼五味之和爲芍藥。」《七發》亦曰：「芍藥之醬。」《子虛賦》曰：「芍藥之和具，而後御之。」《南都賦》曰：「歸鴈鳴鵽，香稻鮮魚，以爲芍藥。」服虔、文穎、文儼等解芍藥，亦不過稱其美【八六】，而《本草》亦止言辟邪氣而已。獨韋昭曰：「今人食馬肝者，合芍藥而煮之。馬肝至毒，或誤食之至死，則制食之毒者，宜莫良於芍藥，故獨得藥之名耳。」此説極有理。《古今註》載牛亨問曰：「將離將別，贈以芍藥，何耶？」答曰：「芍藥一名將離，故以此贈之。」此又別一説也。江淹《別賦》云「下有芍藥之詩」，正用此義，而註之中僅引「贈之以芍藥」之語。張景陽《七命》「和兼芍藥」，乃音酌略。《廣韻》中亦有二音。

三建湯

三建湯所用附子、川烏、天雄，而莫曉其命名之義。比見一老醫云：「川烏建上，頭目之虛風者主之【八七】；附子建中，脾胃寒者主之；天雄建下，腰腎虛憊者主之。」此説亦似有理。後因觀謝靈運《山居賦》【八八】曰：「三建異形而同出。」蓋三物皆一種類，一

【八六】亦不過稱其美　「亦」前原有「或」字，據明鈔本、稗海本刪。

【八七】頭目之虛風者　「虛風」原作「風虛」，據馮本、明鈔本、稗海本乙。

【八八】後因觀謝靈運山居賦　「後」原作「復」，據馮本、明鈔本、稗海本、學津本改。

歲爲萴子，二歲爲烏喙，三歲爲附子，四歲爲烏頭，五歲爲天雄。是知古藥命名，皆有所本祖也。

楊凝式僧淨端

楊凝式居洛日，將出遊，僕請所之，楊曰：「宜東遊廣愛寺【八九】。」僕曰：「不若西遊石壁寺。」凝式舉鞭曰：「姑遊廣愛寺。」僕又以石壁爲請，凝式乃曰：「姑遊石壁。」聞者爲之撫掌。吴山僧淨端，道解深妙，所謂「端獅子」，章申公極愛之。乞食四方，登舟旋問何風，風所向即從之，所至人皆樂施。蓋楊出無心，端出委順，跡不同而意則同也。

迎曙

李方叔《師友談記》及《延漏録》、《鐵圍山録》載仁宗晚年不豫，漸復康平。忽一日，命宫嬪、妃主游後苑，乘小輦向東欲登城堞【九〇】。遥見小亭，榜曰「迎曙」，帝不悦，即時回輦。翌日上仙，而英宗登極，蓋曙字乃英宗御名也。又寇忠愍《雜説》載哲宗朝嘗創一堂，退繹萬幾，學士進名皆不可意，乃自制曰「迎端」，意謂迎事端而治之。未幾，徽宗由端邸即大位。又晁無咎《雜説》言，仁宗時作亭名曰「迎曙」，已乃悟爲英宗名，改之曰「迎旭」，又以爲未安，復改曰「迎恩」，皆符英宗御名也。已上數説，未知孰是。

【八九】宜東遊廣愛寺　「愛」原作「受」，據馮本、明鈔本、稗海本、學津本改。下同。

【九〇】乘小輦向東　「向東」，馮本、稗海本作「東向」。

白帽

管寧白帽之説尚矣。雖杜詩亦云「白帽應須似管寧」，然幼安本傳止云「常著皂帽」，又云「著絮帽布衣而已」，初無白帽之事。獨杜佑《通典》帽門載管寧在家常著帛帽，豈以帛爲白乎？然宋、齊之間，天子燕私多著白高帽，或以白紗，今所畫梁武帝像亦然。蓋當時國子生亦服白紗巾，晉人著白接䍦，謝萬著白綸巾，《南齊》桓崇祖白紗帽，《南史》和帝時百姓皆著下簷白紗帽，《唐六典》天子服有白紗帽。他如白帢、白幍之類，通爲慶弔之服。古樂府《白紵歌》云：「質如輕雲色如銀，製以爲袍餘作巾。」杜詩：「光明白氎巾」，「當念著白帽，采薇青雲端」。白樂天詩云：「青筇竹杖白紗巾。」然則古之所以不忌白者，蓋喪服皆用麻，重而斬、齊，輕而功、緦，皆麻也，惟以升數多寡精粗爲異耳。自麻之外，繒，縞固不待言，苧、葛雖布屬，亦皆吉服。縞帶、紵衣，昔人猶以爲贈，則亦何忌之有。漢高帝爲義帝發喪，兵皆縞素，行師權制，固不備禮。後世人多忌諱，喪服往往求殺【九二】。今之薄俗，蓋有以縞、紵爲緦、功者矣。宜乎巾帽之不以白也。

送刺

節序交賀之禮，不能親至者，每以束刺僉名於上，使一僕遍投之，俗以爲常。余表舅

【九二】喪服往往求殺　「求殺」，明鈔本作「末殺」。

吴四丈性滑稽，適節日無僕可出，徘徊門首【九二】。恰友人沈子公僕送刺至，漫取視之，類皆親故，於是酌之以酒，陰以己刺盡易之。沈僕不悟，因往遍投之，悉吴刺也。異日合併，因出沈刺大束，相與一笑，鄉曲相傳以爲笑談。然《類説》載陶穀易刺之事，正與此相類，恐吴効之爲戲耳。又《雜説》載司馬公自在臺閣時，不送門狀，曰：「不誠之事，不可爲之。」滎陽吕公亦言送門狀習以成風，既勞作僞，且疎拙露見可笑。則知此事由來久矣。

今時風俗轉薄之甚。昔日投門狀有大狀、小狀，大狀則全紙，小狀則半紙。今時之刺，大不盈掌，足見禮之薄矣。

簡槧

簡槧古無有也【九三】，陸務觀謂始於王荆公，其後盛行。淳熙末始用竹紙，高數寸，濶尺餘者，簡版幾廢。自丞相史彌遠當國，臺諫皆其私人，每有所劾薦，必先呈副封，以越簿紙書，用簡版繳達。合則緘還，否則別以紙言某人有雅故，朝廷正賴其用，於是旋易之以應課，習以爲常。端平之初，猶循故態。陳和仲因對首言之，有云「槀會稽之竹，囊括蒼之簡」，正謂此也。又其後括蒼爲軒様紙，小而多其層，數至十餘疊者。凡所言要切則用之，貴其卷還，以泯其迹。然既入貴人達官家，則竟留不遺【九四】，或別以他槧答之。往者，御批至政府從官皆用蠲紙，自理宗朝亦用黄封簡版，或以象牙爲之，而近臣密奏亦或

【九二】徘徊門首　「門首」，馮本作「門外」。

【九三】古無有也　「無有」，明鈔本作「之策」。

【九四】則竟留不遺　「遺」，稗海本作「還」。

用之，謂之「御槧」，蓋亦古所無也。

人妖

趙忠惠帥維揚日，幕僚趙參議有婢慧黠，盡得同輩之懽。趙昵之，堅拒不從，疑有異，强即之，則男子也。聞於有司，蓋身具二形，前後姦狀不一，遂置之極刑。近李安民嘗於福州得徐氏處子，年十五六，交際一再，漸具男形，蓋天真未破，則彼亦不自知。然小説中有池州李氏女及婢添喜事，正相類。而此外絶未見於古今傳記等書，豈以穢汙筆墨，不復記載乎？嘗考之佛書，所謂博叉半擇迦者【九五】，謂半月能男，半月不能男。又《遺像經》有五種不男【九六】，曰生、劇、妒、變、半【九七】，變、半者二形，人中惡趣也。晉《五行志》謂之人痾。惠帝時京洛有人兼男女二體【九八】，亦能兩用人道，而性尤淫亂，此亂氣所生也。《玉曆通政經》云男女二體主國淫亂。而二十八宿真形圖所載心、房二星皆兩形，與丈夫婦人更爲雌雄，此又何耶？《異物志》云：「靈狸一體，自爲陰陽，故能媚人。」《褚氏遺書》云：「非男非女之身，精血散分。」又云：「感以婦人則男脉應胗，動以男子則女脉順指，皆天地不正之氣也。」

【九五】博叉半擇迦　「叉」原作「乂」，據四庫本、《輟耕録》改。

【九六】遺像經　馮本、明鈔本作「造像經」。按：《法華經》授手卷第七有「五不男」之語。

【九七】生劇妒變半　「劇」，馮本、明鈔本、稗海本作「堅」。

【九八】京洛有人兼男女二體　原無「有」字，據馮本、明鈔本、稗海本補。

或云韓信爲吕后所殺，韓通爲杜后所殺，韓侂胄爲楊后所殺，韓震爲謝后所殺，四人皆將相，皆死於婦人之手，亦異矣。

韓彦古

韓彦古字子師，詭譎任數，處性不常。尹京日，范仲西叔爲諫議大夫【九九】，阜陵眷之厚，大用有日矣。范素惡韓，將奏黜之，語頗泄。韓窘甚，思所以中之。范門清峻，無間可入，乃以白玉小合滿貯大北珠，緘封於大合中，厚賂鈴下老兵，使因間通之。范大怒，叱使持去。所愛亦在傍【一〇〇】，怪其奩大而輕，曰：「此何物也？」試啓觀之，則見玉合。益怪之，方復取視，玉滑而珠圓，分迸四出，失手墮地。合既破碎，益不可收拾。范見而益怒，自起捽妾之冠，而氣中仆地竟不起，其無狀至此。李仁甫亦惡其爲人，弗與交，請謁嘗瞰其亡。一日，知其出，往見之，則實未嘗出也。既見，韓延入書屋而請曰：「平日欲一攀屈而不能，今幸見臨，姑解衣盤礴可也。」仁甫辭再三，不獲，遂爲强留。室有二厨貯書，牙籤黄袱，扃護甚嚴。仁甫問：「此爲何書？」答曰：「先人在軍中日，得於北方，蓋本朝野史，編年成書者。」是時仁甫方修《長編》，既成，有詔臨安給筆札，就其家繕録以

【九九】范仲西叔爲諫議大夫　「范仲」疑爲「范仲芑」，仲芑字西叔，官終右諫議大夫兼侍講。

【一〇〇】所愛亦在傍　「所愛」，《宋稗類鈔》卷十六作「時有所愛妾」。

進。而卷帙浩博，未見端緒，彦古常欲略觀不可得。仁甫聞其言，窘甚，亟欲得見之。則曰：「家所秘藏，將即進呈，不可他示也。」李益窘，再四致禱。乃曰：「且爲某飲酒，續當以呈。」李於是爲盡量，每杯行輒請。至酒罷，笑謂仁甫曰：「前言戲之耳，此即公所著《長編》也，已爲用佳紙作副本裝治，就以奉納，便可進御矣。」李視之，信然。蓋陰戒書吏傳録，每一板酬千錢。吏畏其威，利其賞，輒先録送韓所，故李未成帙而韓已得全書矣。仁甫雖憒媿不平，而亦幸蒙其成，竟用以進。其怙富玩世，狡獪每若此。今之官吏亦有過此者。

松五粒

凡松葉皆雙股，故世以爲松釵。獨栝松每穗三鬚，而高麗所産每穗乃五鬣焉，今所謂「華山松」是也。李賀有《五粒小松歌》，陸龜蒙詩云：「松齋一夜懷貞白，霜外空聞五粒風。」李義山詩：「松暄翠粒新。」劉夢得詩：「翠粒點晴露。」皆以粒言松也。《酉陽雜俎》云：「五粒者當言鬣，自有一種名五鬣，皮無鱗甲，而結實多，新羅所種云。」然則所謂粒者，鬣也。

唐重浮屠

唐世士大夫重浮屠，見之碑銘，多自稱弟子，此已可笑。柳子厚《道州文宣廟記》【一〇一】云：「《春秋》師晉陵蔣堅，《易》師沙門凝辯【一〇二】。」安有先聖之宮，而可使桑門橫經於講筵哉！此尤可笑者【一〇三】。然《樊川集》亦有《燉煌郡僧正除州學博士僧慧苑除臨壇大德制》【一〇四】，則知當時此事不以爲異也。

葖

今成都麵店中呼蘿蔔爲葖子，雖曰市井語，然亦有謂。按《爾雅》曰：「葖，蘆萉也【一〇五】。」郭璞以萉爲菔，俗呼雹葖。先北反，或作蔔。疏曰【一〇六】：「紫花松也，一名葖。」蓋其性能消食、解麵毒。《談苑》云：江東居民歲課藝，初年種芋三十畝，計省米三十斛；次年種蘿菔三十畝，計益米三十斛，可見其能消食。昔有婆羅門僧東來，見人食麵，駭云：「此有大熱，何以食之！」及見蘿菔，曰：「賴有此耳。」《洞微志》載齊州人有《病狂歌》曰：「五靈葉蓋晚玲瓏【一〇七】，天府由來汝府中。惆悵此情言不盡，一丸蘿菔火吾宮。」後遇道士作法治之，云：「此犯天麥毒，按醫經，蘆菔治麵毒。」即以藥并蘿菔食之，遂愈，以其能解麵毒故耳。

乞食歌姬院

韓熙載相江南，後主即位，頗疑北人，有鴆死者。熙載懼禍，因肆情坦率，不遵禮法，

【一〇一】道州文宣廟記　《柳河東集》卷五作「道州文宣王廟碑」。

【一〇二】易師沙門凝辯　原無「辯」字，馮本、明鈔本空一格，此據《柳河東集》卷五補。

【一〇三】此尤可笑者　「尤」原作「又」，據明鈔本、稗海本改。

【一〇四】燉煌郡僧正除州學博士僧慧苑　《樊川文集》卷十七「慧苑」前無「除州學博士僧」六字。

【一〇五】葖蘆萉也　「萉」原作「菔」，據《爾雅》卷八改。

【一〇六】疏曰　「疏」原作「釋」，據《爾雅注疏》改。

【一〇七】五靈葉蓋晚玲瓏　「葉」，明鈔本作「藥」。

破其家財，售妓樂數百人，荒淫爲樂，無所不至。所受月俸至不能給，遂敝衣破履作瞽者，持絃琴【一〇八】，俾門生舒雅執板挽之，隨房乞丐，以足日饍。後人因畫《夜宴圖》以譏之，然其情亦可哀矣。唐裴休晚年亦披毳衲於歌姬院，持鉢乞食，不爲俗情所染【一〇九】，可以説法爲人。乃知熙載之前，已有此例。雖裴公逃禪【一一〇】，熙載避禍，余謂熙載是世法，裴公是心法，心跡不同也。

袁彦純客詩

袁彦純同知始以史同叔同里之雅，薦以登朝，尹京。既以才猷自結上知，遂繇文昌躋宥府，寖寖乎柄用矣。適誕辰，客有獻詩爲壽云：「見説黄麻姓字香，且將公論是平章。十年舊學資猶淺，二紀中書老欲殭。刑鼎豈堪金鎖印，仙翁已在白雲鄉。太平宰相今誰是，惟有當年召伯棠。」刑鼎指薛，蓋以金科賜第。仙翁指葛，時已七十。舊學則鄭安晚也。此詩既傳，史聞惡之，旋即斥去。

長沙茶具

長沙茶具【一一一】，精妙甲天下。每副用白金三百星或五百星，凡茶之具悉備，外則以大縷銀合貯之。趙南仲丞相帥潭日，嘗以黄金千兩爲之，以進上方，穆陵大喜，蓋内院

【一〇八】持絃琴　「絃琴」，馮本作「獨絃琴」，明鈔本作「七絃琴」。

【一〇九】不爲俗情所染　明鈔本、稗海本「不爲」前有「曰」字。

【一一〇】雖裴公逃禪　「裴公」原作「發令」，據馮本、明鈔本、稗海本、學津本改。下同。

【一一一】長沙茶具　「茶具」，馮本、明鈔本、稗海本作「茶器」。下同。

之工所不能爲也。因記司馬公與范蜀公游嵩山，各攜茶以往。温公以紙爲貼，蜀公盛以小黑合。温公見之，曰：「景仁乃有茶具耶？」蜀公聞之，因留合與寺僧而歸。向使二公見此，當驚倒矣。

真西山入朝詩

真文忠負一時重望，端平更化，人徯其來，若元祐之涑水翁也。是時楮輕物貴，民生頗艱，意謂真儒一用，必有建明，轉移之間，立可致治。於是民間爲之語曰：「若欲百物賤，直待真直院。」及童馬入朝，敷陳之際，首以尊崇道學、正心誠意爲第一義【一一二】，繼而復以《大學衍義》進。愚民無知，乃以其所言爲不切於時務，復以俚語足前句云：「喫了西湖水，打作一鍋麵。」市井小兒，囂然誦之。士有投公書云【一一三】：「先生紹道統，輔翼聖經，爲天地立心，爲生民立命。愚民無知，乃欲以瑣瑣俗吏之事望公，雖然負天下之名者必負天下之責，楮幣極壞之際，豈一儒者所可挽回哉？責望者不亦過乎！」公居文昌幾一歲，洎除政府，不及拜而薨。

趙子固梅譜

諸王孫趙孟堅字子固，善墨戲，於水仙尤得意。晚作梅，自成一家。嘗作《梅譜》二

【一一二】正心誠意爲第一義　原無「第」字，據馮本、明鈔本、稗海本補。

【一一三】士有投公書云　「書」原作「詩」，據馮本、明鈔本、稗海本、學津本改。

詩，頗能盡其源委。云：「逃禪祖花光，得其韻度之清麗；閒菴紹逃禪，得其蕭散之布置。回視玉面而鼠鬚【一一四】，已見工夫較精緻。枝枝倒作鹿角曲【一一五】，生意由來端若爾。所傳正統諒未節，捨此的傳皆僞耳。僧定花工枝則粗，夢良意到工則未。女中却有鮑夫人，能守師繩不輕墜。可憐聞名不識面，云有江西畢公濟。季衡麄醜惡拙祖，獎到雪蓬濫觴矣。所恨二王無臣法，多少東鄰儗西子。是中有趣豈不傳，要以眼力求其旨。踢鬚止七蕚則三，點眼名椒梢鼠尾。枝分三疊墨濃淡，花有正背多般蘂。夫君固已悟筌蹄，重說偈言吾亦贅。誰家屏幛得君畫，更以吾詩跋其底。」「濃寫花枝淡寫梢，鱗皴老幹墨微焦。筆分三踢攢成瓣【一一六】，珠暈一圓工點椒。糝綴蜂須凝笑靨【一一七】，穩拖鼠尾施長梢。盡吹心側風初急【一一八】，猶把枝埋雪半消【一一九】。松竹襯時明掩映，水波浮處見飄飖。黄昏時候朦朧月，清淺溪山長短橋。鬧裏相挨如有意，靜中背立見無聊【一二〇】。筆端的皪明非畫，軸上縱橫不是描。頃覺坐來春盎盎【一二一】，因思行過雨瀟瀟。從頭總是揚、湯法，拚下工夫豈一朝。」

筆墨

先君子善書，體兼虞、柳。余所書，似學柳不成，學歐又不成，不自知其拙，往往歸過筆墨，諺所謂不善操舟而惡河之曲也。雖然，工欲善其事，必先利其器，汎觀前輩善書者，

【一一四】回視玉面而鼠鬚　「回視」，馮本、明鈔本、稗海本、明《珊瑚木難》等作「回觀」。

【一一五】枝枝倒作鹿角曲　「枝枝」，《全宋詩》趙孟頫《里中康節庵畫墨梅求詩因述本末以示之》作「雙枝」。

【一一六】筆分三踢攢成瓣　「分」，馮本、明鈔本、稗海本及《全宋詩》趙孟頫《康不領此詩又有許梅谷者仍求再賦長律》作「頭」。

【一一七】糝綴蜂須凝笑靨　「糝綴」，明鈔本、稗海本及《全宋詩》作「妝綴」。

【一一八】盡吹心側風初急　「心」，馮本、稗海本及《全宋詩》作「花」。

【一一九】猶把枝埋雪半消　諸本各異，《全宋詩》作「猶帶枝頭雪未消」。

亦莫不於此留意焉。王右軍少年多用紫紙，中年用麻紙，又用張永義製紙，取其流麗便於行筆。蔡中郎非流紈豐素不妄下筆。韋誕云：「用張芝筆、左伯紙、任及墨，兼此三具，又得巨手，然後可以建徑丈之字，方寸千言。」韋昶善書而妙於筆，故子敬稱爲奇絶。漢世郡國貢兔，惟趙爲勝。歐陽通用狸毛筆。皇象云：「真措毫筆【一二二】，委曲宛轉，不叛散，嘗滑密沾污，墨須多膠紺黝者，如此逸豫。余日手調適而歡娱，正可小展試。」世惟米家父子及薛紹彭留意筆札，元章謂「筆不可意者【一二三】，如朽竹篙舟，曲筯哺物」，此最善喻。然則古人未嘗不留意於此，獨率更令臨書不擇筆，要是古今能事耳。

辨章

今人呼平章爲辨章，見《尚書大傳》唐傳第一曰：「辨章百姓，百姓昭明。」《史記》則又以爲「便章百姓」。韓文公《袁氏先廟碑》亦用辨章二字。

來牟

今人呼小麥麵爲來牟，或曰牟粉，皆非也。《廣雅》云：「牟爲大麥，來爲小麥。」然則來、牟自是兩物。《説文》云：「大麥，牟也。牟，大也。牟，一作麰，又作𪍿【一二四】。」周之所受瑞麥來牟，即今之大麥。按小麥生於桃後二百四十日【一二五】，秀之後六十日成。秋

【一二〇】靜中背立見無聊　「見」，諸本同，《全宋詩》作「似」。

【一二一】頃覺坐來春盎盎　「頃」，馮本、《全宋詩》作「頓」。

【一二二】真措毫筆　「真」，明鈔本、稗海本作「直」。

【一二三】薛紹彭留意筆札元章謂　「留意筆札」，馮本作「留意於筆」。「章」原作「暉」，據稗海本、學津本改。

【一二四】牟一作麰又作𪍿　原作「牟一作𪍿」，據稗海本補。

【一二五】小麥生於桃後二百四十日　「桃」，馮本作「秋桃」，説郛本作「秋」。

種，冬長，春秀，夏實，具四時之氣，兼有寒、温、熱、冷。故小麥性微寒，以爲麯則温，麪則熱，麩則冷。

父客

世稱父之友爲執，則父之賓客宜何稱？按《史記·張耳傳》：外黄女「亡其夫，去抵父客」。《漢·吴王濞傳》：「周亞夫問父絳侯客。」東坡贈王定國詩云「西來故父客」，正用此耳，父客二字甚新。

誤著祭服

余爲國局，嘗祠禘，充奉禮郎兼大祝。同行事官有老謬者，乃加中單於祭服之上，而以蔽膝係於肩背間【一二六】。一時見者，掩鼻忍笑不禁，幾致失禮，竟爲監察御史所劾。王明清《玉照志》載元符間有太學博士論奏云：「自來冠冕前仰後俯，此必是本官行禮之時倒戴差誤。」哲宗顧宰臣笑曰：「如此等豈可作學官？可與閑慢差遣。」遂改端王府記室。未幾，感會龍飛，遂揆序云【一二七】。

【一二六】係於肩背間　原無「背」字，據馮本、明鈔本、稗海本補。

【一二七】遂揆序云　「揆序」，馮本作「揆席」，與《玉照新志》卷四「至登宰席」意合。

向胡命子名

吳興向氏，欽聖后族也，家富而儉不中節，至於屋漏亦不整治，列盆盎以承之。有三子，常訪名於客，長曰渙，次曰汗、曰乇，古水字也。父不以爲疑也。他日，有連呼其名曰「渙汗水」，方悟爲戲己。又胡衞道三子，孟曰寬，仲曰定，季曰宕，音蕩【一二八】。蓋悉從宀。其後悼亡妻，俾友人作志，書曰：「夫人生三子，寬定宕。」讀者爲之掩鼻，蓋當時不悟爲語病也。寬後爲京僉，宕則多收古物，其子公明悉獻之賈師憲，得一官，以贓敗。

賈母飾終

甲戌咸淳十年三月二十日丁酉，賈似道母秦、齊兩國賢壽夫人胡氏薨。特輟視朝五日，賜水銀、龍腦各五百兩，聲鍾五百杵，特贈秦、齊國賢壽休淑莊穆夫人。擇日，車駕幸臨奠，差內侍鄧惟善主管敕葬，特賜謚「柔正【一二九】」。遂特起復仍舊職，任仰執政侍從詣府勸勉，就圖葬於湖山。且令帥、漕、州、司相視，展拓集芳園、仁壽寺基，營建治葬於內。藏庫支賜賻贈銀絹四千疋兩，又令户部特賜賻贈銀絹二千疋兩，皇太后殿又支賜賻贈銀絹四千疋兩【一三〇】。又令帥、漕兩司應辦葬事【一三一】，仍存胡夫人在日請給人從。又賜功德寺額爲「賢壽慈慶」，以雍熙寺改賜，永免科役。似道皆辭之。執政侍從兩省臺

【一二八】音蕩　原爲大字正文，據馮本、稗海本、學津本改。

【一二九】賜謚柔正　「正」原作「止」，據馮本、明鈔本、稗海本、學津本、《齊東野語》改。

【一三〇】又支賜賻贈銀絹四千疋兩　原無「贈」字，據馮本、稗海本補。

【一三一】又令帥漕兩司應辦葬事　「帥」原作「師」，據稗海本改。原無「事」字，據馮本補。

諫【一三二】，皆乞勉留元臣，遂降詔賈似道起復太傅，平章軍國重事。似道八疏控辭，皆不允。又令兩司建造賜第於城中。初擇六月初九日安厝，以急於入覲，遂令趲前於五月九日安厝。又令有司於出殯日特依一品例給鹵簿、鼓吹，仍屢差都司劉黻、李珏、梅應發致祭，併趣赴闕。於出殯日，特輟視朝一日，又差樞密章鑑、察官陳過前往勉諭回朝【一三三】。又命浙漕及紹興府守臣辦集船隻，祗備師相回闕。又命有司照禮例候師相回朝日，百官合郊迎【一三四】。又依所奏，將紹興府公使庫徑行撥賜。又令內臣梁大原賜銀合香藥。又令兩司踏逐建造賜第，凡九處：楊府清隱園、李府家廟、夏府、中酒庫、十官宅、大王宮【一三五】、舊秀王府、舊景獻帝府、御廚營。又命福王諭旨趣之。至五月二十二日【一三六】，始過江，還湖曲私第。至六月，盡百日之制，復以疾作，給朝參等假十日，展轉遲回。至七月初八日，度宗違和，求草澤，赦死罪。初九日，宣遺詔。十一月，除王爚左丞相【一三七】，章鑑右丞相。太史選用來年正月二十三日起攢，二月初三日發引【一三八】，三月十三日掩攢。至十二月十四日北軍透渡，遂改十二月二十四日起攢，二十八日發引，總護使改差章右相。降制賈似道都督諸路軍馬，依舊起復太傅、平章軍國重事。凡自三月二十日至七月度宗升遐，賈相持喪、起復、辭免，虛文汩汩，殆無虛日。如此三閱月，內外不安，而國事、邊事皆置不問。至十二月十四日透渡，自此喪亂相尋，無復可爲矣，悲哉！

【一三二】兩省台諫　原無「諫」字，據馮本、明鈔本、稗海本補。

【一三三】前往勉諭回朝　原「回朝」下有「合郊」二字，據馮本、明鈔本、稗海本刪。

【一三四】百官合郊迎　馮本無「合」字。

【一三五】大王宮　原作「大王官」，據馮本、明鈔本、稗海本改。

【一三六】五月二十二日　「二十二」，馮本作「二十五」。

【一三七】除王爚左丞相　「爚」原作「鑰」，據馮本、明鈔本、稗海本、《宋史》本傳改。

【一三八】二月初三日發引　「初三」，馮本作「十三」。

孝宗行三年喪

三年之喪，自天子達於庶人。自漢文短喪，其後時君皆以日易月，行之既久，無以爲非者。惟孝宗皇帝行之獨斷【一三九】，一旦復古，可謂孝矣。李氏《雜記》嘗書其事，甚略，今摭當時始末於此，以益國史之未備云。高宗之喪既易月，孝宗常諭大臣，不用易月之制。如晉武、魏孝文實行三年之服，自不妨聽政。丞相周必大入奏【一四〇】，上服縗絰，嗚咽流涕。奏及喪服指揮，上曰：「司馬光《通鑑》所載甚詳。」必大奏：「晉武雖有此意，後來止是宫中深衣練冠。」上曰：「當時群臣不能將順其美，光所以譏之，後來武帝竟行。」謂王太后之喪。必大奏：「記得亦是不能行。」上曰：「自我作古，何害！」遂詔曰：「大行太上皇帝奄棄至養，朕當衰服三年，群臣自遵易月之令。」至小祥祭奠，上不變服，必大奏：「聖孝過哀，猶御初祥之服，臣等不勝憂惶，乞俯從禮制。」上流涕曰：「大恩難報，情所不忍，俟過大祥商量。」既而，必大又奏：「禮官苴麻三年，恐難行於外庭，今祥禫在邇，乞付外施行。」樞密施師點奏曰：「百日之制，其實不可行，正碍正月人使朝見。」上云：「朕自所見。」必大奏：「陛下聖孝冠古，知漢文短喪之失，而陋晉群臣不能成武帝之美，所以鋭意復古，非聖孝高明，豈易及此。」上曰：「朕正欲稍捄千餘載之弊。」會敕令所删定官沈清臣論喪服六事【一四一】，凡八千言，展讀甚久，極合上意。知閤張巖奏：「已展正，引例

【一三九】惟孝宗皇帝行之獨斷　「行之獨斷」，明鈔本、稗海本作「獨行之」。

【一四〇】丞相周必大入奏　據《宋會要輯稿》禮三五、《建炎以來朝野雜記》乙集卷三記載，屢向孝宗奏事之臣乃王淮。

【一四一】沈清臣論喪服六事　「論」，馮本、明鈔本、稗海本作「論對」。

隔下。」清臣奏讀如初。久之，巖又云：「簡徑奏事。」上目之，令勿却。已而甚久，巖前奏恐妨進膳，清臣正色曰：「言天下事，讀竟乃已。」上勞之曰：「卿二十年閑廢，今不枉矣。」於是上意益堅。一日奏事，上忽指示衣袂曰：「此已易用布，不太細否？」必大奏曰：「陛下獨斷行三年之喪，均是布衣，何細也？且光堯初上仙，陛下便有此意，而群臣不能將順，致煩聖慮。所謂其臣莫及，足以垂訓萬世矣。」至卒哭，祭迎祔太廟，内批：「朕昨降指揮【一四二】，欲縗絰三年，緣群臣屢請御殿易服，故以布素視事内殿。雖有祔廟勉從所請之詔【一四三】，然稽之經典，心實未安，行之終制，乃爲近古，宜體至意，勿復有請。」於是徑行三年之服焉。

施行韓震

德祐元年乙亥正月，賈平章似道督府出師，時平昔愛將已有叛去者。賈聞之，氣大餒，臨行，與殿帥韓震、京尹曾淵子約曰：「或江上之師設有蹉跌，即邀車駕航海至慶元，吾當帥師至海上迎駕，庶異時可以入關【一四四】，以圖興復。」且留其二子於震家，使倉卒可以隨駕。時省吏翁應龍實知其謀【一四五】。至二月二十日，督府潰師於魯港，翁應龍得罪下獄。翁謂曾尹曰：「平章出師時，分付安撫道甚麽來？如今却來罪應龍，何也？」於是淵子語塞，而震亦不自安。會似道以蠟書至韓，趣爲遷避，其間有云：「但得趙家一

【一四二】朕昨降指揮　「昨」原作「咋」，據馮本、明鈔本、稗海本改。

【一四三】雖有祔廟勉從所請之詔　《宋會要輯稿》禮三五，「祔廟」前有「俟過」二字，應是。

【一四四】庶異時可以入關　「入關」，馮本、明鈔本作「入闕」。

【一四五】省吏翁應龍實知其謀　「吏」原作「史」，據馮本、稗海本改。下同。

點血，即有興復之望。」震得之，即具申狀，親攜蠟書白堂、白臺。陳丞相宜中遂奏之太后，宮中爲之震動。時都民、戚里、官寺往往皆欲苟安【一四六】，疑惑撼摇，目之爲賊。宜中本爲似道所引，至是與編修官潘希聖謀，一反賈政，專以圖守爲説。震不察其意，乃堅持遷避之策。三月朔日，宜中召震會議於第五府，先已差天府增級顧信等數人以擬之【一四七】，及震至，門闔，即以鐵撾擊其首。韓曰：「相公不當如此！」陳答曰：「此奉聖旨。」韓猶以坐椅格之，遂折其足脛而斃之。遂自後門舁出，揭其首於朝天門【一四八】。省吏劉應韶即以黄榜自牕楹中遞出張掛，慰諭一行將士，謂罪止誅其首。亟命彭之才統其軍馬，其隨行親兵賜銀二萬兩，十八界官會三十萬貫【一四九】，各補兩官。殿步馬司制領將官等并諸軍官兵，共特賜十八界官會一百萬貫，制領將官各轉兩官【一五〇】。其日坐中惟文及翁僉書及曾淵子在焉。淵子固嘗預遷避之謀【一五一】，聞變，面無人色。繼而得免而出，自慶再生，行至通衢，復有呼召【一五二】，倉忙而入，自分必死，口噤幾不能言。及至，乃處分他事耳。劉應韶以衢倅賞之【一五三】，顧信補承信郎，繼而潘希聖入察行，且登用。未幾，疽發於足，日見韓在左右，不數日而殂，身後以從官贈之【一五四】。潘字養蒙，永嘉人。及北軍既入，宜中乃挾二王航海而去。然則賈、韓之謀，是非果何如耶？後之秉筆削者，當有以任其責乎！

【一四六】都民戚里官寺　「官寺」，稗海本作「宫寺」。

【一四七】先已差天府增級顧信等數人以擬之　「擬」，明鈔本作「擒」。

【一四八】揭其首於朝天門　「首」，明鈔本作「屍」。

【一四九】十八界官會三十萬貫　原無「界」字，據馮本補。下同。

【一五〇】制領將官各轉兩官　原作「兵各補兩官」，據馮本、明鈔本、稗海本改。

【一五一】淵子固嘗預遷避之謀　「預」原作「領」，據學津本改。

【一五二】復有呼召　「有」原作「育」，據明鈔本、稗海本、學津本改。

【一五三】劉應韶以衢倅賞之　原無「之」字，據馮本、明鈔本、稗海本補。

【一五四】身後以從官贈之　「贈」原作「賞」，據明鈔本改。

唐、宋末諸家小説，多稱某年，蓋祖五柳先生但書甲子之意，以自寓其悲憤云。別有似紀年而寔紀地者，如許用晦《丁卯集》，周草窗《癸辛雜識》之類是也。余向酷嗜是書，可與《芥隱筆記》、《南邨輟耕録》並傳，苦坊本舛謬。喜閔康侯緘正本見示，亟梓以公同好。載吴興園圃，不媿《洛陽名園記》。讀至趙子固《梅譜》二詩，因取余家所藏子固《四香畫卷》展覽一過，筆筆寫生在阿堵間，所謂畫中有詩也，花光、逃禪二老不得專美矣。跋尾有仇遠詩云：「談墨英英妙寫真，一花一葉一精神。緐香曾入廬山夢，遺佩如行湘水春。小白凝珠還勝雪，輕黄承襪不生塵。老僧懶作浮華想，空谷猶疑見似人。」錢良右詩云：「名卉交加迥絶塵，芳香秀色映清真。歲華相對空山晚，不羨長安桃李春。」今弁陽老人見之，當亦採入集中矣。虞山毛晉識。

後集

理宗初潛

穆陵之誕聖前一夕，全夫人欲歸東浦母家，榮文恭王時待次，閩縣尉遣僕平某者，即平幞使之父也，贖黑神散與之同往。時天尚未曉，啓門則見甲士盈門，意謂過軍，亟驚入報。尉曰：「軍行自應由上塘，何緣至此？」遂出觀之，了無所覩。方艤小舟欲登，忽有大黑蛇有兩小角，壓船舷而卧，船爲之側，疑其有異，遂不復往。未幾誕男，即理宗也，小字烏孫，以蛇異也。其初被選也，史衛王當國，先命趙宗丞希言與權之，併選宗室子與號十歲已下者，各與課算五行，於是就其中選到十人。與膺、與爽【一】、與休、與蔽、與應、理宗、福王。時侍郎王與權善五星【二】，指理宗、福王二命謂衛王曰：「二者皆帝王之命也。」於是理宗改訓與莒，福王改訓與芮，蓋取二國以爲名也。始下大宗正司盡召十人，時入和尚師禹領宗司皆伺于王府土地祠，久之皆餒，遂就市肆呼麪。方及門而柈覆地，衆方餒甚，交責之，獨穆陵凝然略不變色，反以言慰藉之。史相聞其事，遂大異之。既而私引入書院中試，令寫字，即大書「朕聞上古」。衛王慄而起曰：「此天命也。」於是立儲之意已定云。

校勘記

【一】與爽　馮本、明鈔本「爽」字下有「與説」二字。

【二】侍郎王與權善五星　「王與權」原作「王宗與權」，《續資治通鑑》卷一六五、《宋史全文》卷三二記理宗朝有度支郎官王與權，此據明鈔本改。

魏子之謗

魏峻字叔高，號方泉，娶趙氏，乃穆陵親姊四郡主也。理宗第六，福王第八。庚午歲得男，小字關孫，自幼育於紹興之甥館，實慈憲全夫人之愛甥也【三】。慈憲每於禁中言其可喜，且爲求官。穆陵以慈憲之故，欲一見而官之，遂俾召至皇城。法凡異姓入宮門，必縣牌於腰乃可，惟宗子則免。此一時權宜，遂令假名孟關以入見焉。時度宗亦與之同入宮，知其故【四】，遂倡爲魏太子之説。既而外廷傳聞浸廣，於是王伯大、吴毅夫得其事，遂形奏疏，而四方遂有魏紫姚黄之傳，其實則不然也。關孫後溺死於檠邸瑶圃池中，魏洪則自地以繼關孫之後焉【五】。當吴毅夫爲相日，穆陵將建儲，吴不然之，欲別立汗邸，承宣專任方甫以通殷勤。吴以弗去國【六】，紹陵既爲皇子，嘗遣人偵於汗邸，欲殺之。方知之，乃自後門逃去，後爲謝堂捕之，送兵馬司，自刎而死。此事福王親聞之穆陵云。

徽欽梓宮【七】

徽宗、欽宗初葬五國城，後數遣祈請使欲歸梓宮，六七年而後許以梓宮還行在。高宗親至臨平奉迎，易緦服，寓于龍德別宮，一時朝野以爲大事。諸公論功受賞者幾人，費於官帑者大不貲。先是選人楊煒貽書執政李光，以真僞未辨。左宣義郎王之道亦貽書諫官

【三】慈憲全夫人之愛甥　「愛甥」，諸本同。《宋人軼事彙編》卷三作「外孫」，應是。

【四】知其故　「知」原作「欲」，據明鈔本改。

【五】魏洪則自地以繼關孫之後　「自地以繼」，四庫本作「自他族繼」，當是。

【六】吴以弗去國　「弗」，稗海本、學津本作「罪」，明鈔本作「拂命」。

【七】徽欽梓宮　「徽欽」原作「徽宗」，據馮本、明鈔本改。

曾統，乞奏命大臣取神櫬之下者斲而視之【八】。既而禮官請用安陵故事，梓宮入境，即承之以椁，仍納衮冕翬衣於椁中，不改斂。遂從之。近者楊髡盜諸陵，於二陵梓宮内略無所有。或云止有朽木一段，其一則木燈檠一事耳。當時已逆料其真僞不可知，不欲逆詐，亦聊以慰一時之人心耳。蓋二帝遺骸飄流沙漠，初未嘗還也，悲哉！

成均舊規

成均舊規，後來不復可見矣。謾言所知者數則於此【九】，亦可想見當時學校文物之盛，庶異日復古，或有取焉。太學私試以孟、仲、季分爲三場【一〇】，或司成無暇，則併在歲晚，有公試則無私試【一一】。試於監中【一二】，司成命題，就差學官充考校封録之職，不復經由朝廷。至第三日即揭曉，每十人取一，孤經則二三人亦取二名【一三】。第一等常缺。第二等謂之「放等」，魁當三分，第二名二分半。第三等魁二分，率從第二、三取起，魁二分，第二、第三一分半，第四、第五一分三釐，餘並一分。太學公試遇省試年，則在省試後二月下旬，凡引試二日。經賦一日，論策一日。非省試年分，則隨銓試後引試，係朝廷差官，士子則襴幞入試。大約七人取一。第一等缺。第二等三分，入等人數視卷人多少，約四十人取其一。第三等二分，所得人數倍第二等，約二十人取一【一四】。餘約七人取一，第四、第五並一分。公試魁縱不該升補，他日登第，亦是部注教官。若三名前，例是教官。有外

【八】取神櫬之下者斲而視之　「櫬」原作「襯」，據稗海本、學津本改；「斲」原作「斷」，據稗海本、四庫本改。

【九】謾言所知者數則　「謾言」，明鈔本作「謾記」。

【一〇】太學私試以孟仲季分爲三場　「私試」下，馮本有「之法每月一試」六字，明鈔本僅「每月一試」四字。

【一一】有公試則無私試　「公」原作「八」，據馮本、明鈔本、稗海本、學津本、四庫本改。

【一二】試於監中　「於」原作「爲」，據馮本、明鈔本改。

【一三】孤經則二三人亦取二名　「二名」，明鈔本作「一名」。

【一四】第二等三分入等人數視卷人多少約四十人取其一第三等二分所得人數倍第二等約二十人取一　這段文字原作「第二等約二十人取一」，據馮本、明鈔本補。

校次年公試中第二等，謂之「入等升」，又謂之「正升」。或外舍成校人前一年已中第三等，本年再中第三等，謂之「本等升」。或外舍成校定人前一年中第四等，本年中第三等，謂之「進等升」。若先在三而今在四，謂之「退舍」，不能成事。此外又有追補法，前一年或不成校，本年忽中公試第二等，名爲入等，却用本年私試，二場並得【一五】，如中魁，亦當一場，謂之「追升」，可以陳乞追升内舍。或止中兩場則無用。又前一年外校八分以止【一六】，或優本年公試，不同得失，得之升榜【一七】。若下就試者非内舍校定【一八】，以升補做内舍校定者，一年止有兩試。一試中則又試兩試，若一年兩試俱失，謂之「折脚」，不復試第三試。以三試不中，則當退舍。每年二十一人，或於内有未升上舍而過省者，或有事故者，許二十一人之後分數少者，依資次來豁校。如正升内外舍人，亦用狀射，某人已成事，缺新升内舍。一年無兩升，縱當年上舍試入優，止理爲内舍校定，不可升上舍。内舍一年無三色試，已試公試者，不許赴私試；已試私試者，不許赴公試。上舍試每三人取一人，優等十人，賦三，書二，餘經各一。通榜魁十分，亞鼎各九分，餘七名並八分，平等六分【一九】。内舍未有校定，本年中舍平等者【二〇】，理爲内校。升補上舍有三等：内舍平校試舍試平等；或内舍優校不中上舍試；或有季無校定，試入上舍試優等，亦與隨榜升補下等上舍，謂之「赤脚升」。其升補名字依上舍試榜資次，蓋舍試壓公試。内舍新升及無季人雖中舍試，只作内校分數。然舍試一中優等八分，平等六分，五名以前又有加分，

【一五】二場並得　「二場」，馮本、明鈔本作「三場」，據下文「止中兩場則無用」，當是。

【一六】前一年外校八分以止　「止」，馮本、明鈔本作「上」，疑是。

【一七】得之升榜　「得」，馮本、明鈔本作「謂」，疑是。

【一八】若下就試者　「下」，馮本、明鈔本作「不」。

【一九】平等六分　原作「平六分」，據馮本、明鈔本補。

【二〇】中舍平等　「中舍」，明鈔本作「中試」，馮本作「中舍試」，疑是。

盡可趕優。或前一年已有平校，本年有平等，上舍試入兩中舍試平等【二一】，已上謂之俱平，或一優一否，皆爲下等上舍。謂如內舍優校人試入上舍試平等，或內舍平校人試入上舍優等【二二】，當舉免省到殿。元有求免人理作升甲用，已升甲者升名，謂之一優一平，爲中等上舍。謂如內舍優校人又中上舍試優等，以優中優【二三】，皆是釋褐，不拘名數，先賜進士出身，謂之上等上舍，法注教官。續有此附黄甲第三人恩例，注推官，自方熙孫始。當年間有內舍優校，內優三人，當年積八分已上者，可成舍試。次年分已上者【二四】，不可成。偶舍試當年分人多，亦止以三人爲限，第四名縱積十分【二五】，亦不理。若以優中優，則謂之「兩優狀元」。其試兩年一次，率在季秋，聖旨差官命極難之題，重於省試。優校赴舍試，如不中，守三年後徑到殿中，平即免省到殿【二六】。平校人赴舍試，中優即赴殿。自甲子年後，上舍人多陳乞解褐出身，不到殿，應當舉免解，次舉免省赴殿，謂之「待年」。若本自免解，謂之「兩免相充」，此學法也。或本未免解，當年實請免，謂之「請免相衡」，並免省赴殿【二七】。國子生寄理法：國子生補入者，升補內舍，謂之「寄理內舍」。升補上舍，謂之「寄理上舍」。未許行正食，止借一日食而已。升中等、下等上舍，合後到殿者，未許到殿，直待元牒主補外方，理爲正行食，及許到殿。以此牒官有請一月或半月暇者，蓋欲其早成事故耳。解褐舍法：下等上舍先免解，後免省，待三年後到殿。中等上舍徑到殿，或特旨徑行解褐。釋褐恩數成而優者，謂之「狀元」。擇日於崇化堂鳴鼓集衆諸生，兩廊序

【二一】上舍試入兩中舍試平等　「入」，馮本、明鈔本作「及」，應是。

【二二】謂如內舍　「內舍」後「優校人試入上舍試平等或內舍」十三字原無，據馮本、明鈔本補。

【二三】以優中優　原作「以優中擾」，據稗海本、學津本及下文改。

【二四】次年分已上者　「次年」後，學津本有「白」字，稗海本爲空格，疑當爲「八」字。

【二五】第四名縱積十分　「第」原作「等」，據馮本、稗海本、學津本改。

【二六】平即免省到殿　原無「殿」字，據馮本及下文補。

【二七】並免省赴殿　原「免省」前有「相衡」二字，據馮本、明鈔本刪。

坐，學者穿秉立堂上，狀元亦襴幞立，同舍班俟揖。揖訖，詣堂下香案前，面東南望闕謝恩，跪受勑黄，再拜。次入幕换公裳，其所换下之衣，盡爲齋僕持去，以爲利市。再至階下【二八】，而西北再拜謝恩畢，與學官同舍講拜者，再次詣忠文廟。次詣直舍，通門狀，謝學官，亦止稱其齋學生，再拜，遂歸本齋團拜【二九】。次詣諸齋謝，亦稱同舍生，不書齋名。禮畢，到堂上换衫帽，與學官相見交賀。監中備酒七杯，次本齋三杯。訖，臨安府差到客將【三〇】，備轎馬、從人、差帽，迎至祥符寺狀元局。凡學夫、齋僕以次【三一】，平日趨走之人，皆以大小黄旗多至數百面，呵喝狀元，與唱名一同。遂擇日謁先聖。其局錢酒支用，並天府應辦。次日，謝宰執臺諫，然後部中送缺，初任文林郎、節察推官，視殿試第三人恩例。謝宰相，用啟事，見主司，有拜禮。太學解試與舍試無相干。太學十人取三人，若參未滿年，七人取一人，係不滿年太學生。升補一請求免，已經特恩正免，又一請者亦免【三二】。曾於方州請舉不改名者，謂之「帶胎入學」，異時於學中請者亦免。在學三十年，公私試曾一中者，永免在學。曾一請後二十日永免。太學解試都魁，雖不升舍，將來在第，亦許升甲，部注教官。

光齋

太學先達歸齋，各有光齋之禮，各刻于齋牌之上。宰執則送真金碗一隻，狀元則送鍍

【二八】以爲利市再至階下　原作「以利市再至爲階上」，據馮本、明鈔本改。

【二九】遂歸本齋團拜　「團」原作「圍」，據馮本改。

【三〇】臨安府差到客將　「差到客將」，明鈔本作「差官將」。

【三一】凡學夫齋僕以次　「學夫」，明鈔本作「太學」。

【三二】又一請者亦免　「亦」，馮本、明鈔本作「永」。

金魁星杯柈一副，帥漕新除，各齋十八界二百千、酒十尊。

諸齋祠先輩

太學諸齋各祠本齋之有德行者。存心齋、果行齋並祠粟齋鞏豐，循理齋祠慈湖楊簡，果行齋祠李紹，觀化齋祠梅溪王十朋【三三】、菊坡崔與之。

學規

學規五等。輕者關暇幾月，不許出入，此前廊所判也。重則前廊關暇，監中所行也。又重則遷齋，或其人果不肖，則所遷之齋亦不受，又遷別齋，必須委曲人情方可，直須本齋同舍力告公堂，方許放還本齋，此則比之徒罪。又重則下自訟齋，則比之黥罪，自宿自處，同舍亦不敢過而問焉。又重則夏楚屏斥，則比之死罪。凡行罰之際，學官穿秉序立堂上，鳴鼓九通，二十齋長諭並襴幞，各隨東西廊序立，再拜謝恩，罪人亦謝恩。用一新參集正宣讀彈文，一集正權司罰，以黑竹篦量決數下，大門甲頭以手對衆，將有罪者就下堂毁裂襴衫押去【三四】，自此不與士齒矣。

【三三】果行齋祠李紹觀化齋祠梅溪王十朋　原無「李紹觀化齋祠」六字，據馮本、明鈔本補。

【三四】就下堂毁裂襴衫押去　「下堂」，馮本、明鈔本作「堂下」。

太學文變

南渡以來，太學文體之變。乾、淳之文，師淳厚，時人謂之「乾淳體」，人材淳古，亦如其文。至端平，江萬里習《易》，自成一家，文體幾於中復。淳祐甲辰，徐霖以書學魁南省，全尚性理，時競趨之，即可以釣致科第功名。自此非《四書》、《東西銘》、《太極圖》、《通書》、《語録》不復道矣。至咸淳之末，江東李謹思【三五】、熊瑞諸人倡爲變體，奇詭浮艷，精神焕發，多用莊、列之語，時人謂之「换字文章」【三六】，對策中有「光景不露」、「大雅不澆」等語，以至于亡，可謂文妖矣。此則有商量。

兩學暇日【三七】

太學上巳暇一日，武學則三日。清明太學三日，武學乃一日，殊不可曉。

學舍燕集

學舍燕集必點妓，乃是各齋集正自出帖子，用齋印，明書「仰弟子某人到何處祗直本齋燕集」。專有一等野猫兒卜慶等十餘人【三八】，專充告報，欺騙錢物，以爲賣弄生事之地。凡外欲命妓者，但與齋生一人相稔，便可借此出帖呼之【三九】。此事不知起於何時，

【三五】江東李謹思　原無「李」字，據馮本、明鈔本補。

【三六】换字文章　「换」，馮本作「焕」，疑是。

【三七】兩學暇日　「暇」，明鈔本作「假」。下同。

【三八】野猫兒卜慶　「卜」原作「十」，據馮本、明鈔本、稗海本改。

【三九】便可借此出帖呼之　「帖」原作「貯」，據稗海本、學津本改。

極於無義【四〇】，乃所以起多事之端也。

三學之横

三學之横，盛於景定、淳祐之際。凡其所欲出者，雖宰相臺諫，亦直攻之，使必去權。乃與人主抗衡，或少見施行，則必借秦爲諭，動以坑儒惡聲加之。使時君、時相略不敢過而問焉【四一】。其所以招權受賂，豪奪庇姦，動摇國法【四二】，作爲無名之謗，扣閽上書，經臺投卷，人畏之如狼虎。若市井商賈，無不被害，而無所赴愬。非惟京尹不敢過問【四三】，雖一時權相如史嵩之、丁大全【四四】，不卹行之，亦末如之何也。大全時極力與之爲敵，重修丙辰監令，榜之三學，時則方大猷實有力焉。其後諸生協力合黨以攻大全，大全終於得罪而去。至於大猷，實有題名之石磨去【四五】，以爲敗羣之罰。自此之後，恣横益甚，至賈似道作相，度其不可以力勝，遂以術籠絡。每重其恩數，豐其饋給，增撥學田，種種加厚。於是諸生啖其利而畏其威，雖目擊似道之罪，而噤不敢發一語。及賈要君去國，則上書贊美，極意挽留，今日曰「師相」，明日曰「元老」；今日曰「周公」，明日曰「魏公」，無一人敢少指其非。直至魯港潰師之後，始聲其罪，無乃晚乎！蓋大全之治三學，乃懲嵩之之不敢爲；似道之不敢輕治，乃鑒大全之無能爲。至彭成大之爲前廊，竟摭其平日之贓【四六】，決配南恩州，學舍寂不敢發一語，此其術亦有過人者。

【四〇】極於無義　「極於」，明鈔本作「極爲」。

【四一】使時君時相略不敢過而問焉　原無「使」字，據馮本、明鈔本補。

【四二】動摇國法　「國法」，明鈔本作「國是」。

【四三】非惟京尹不敢過問　原無「惟」字，據馮本、明鈔本補。

【四四】丁大全　「丁」原作「下」，據明鈔本、稗海本、學津本改。

【四五】實有題名之石磨去　馮本、明鈔本無「實有」二字。

【四六】摭其平日之贓　「其」原作「爲」，據明鈔本、四庫本改。

賈相制外戚抑北司戢學校

似道誤國之罪，上通于天，不可悉數。然其制外戚、抑北司、戢學校等事，亦是所不可及者【四七】，固不可以人而廢也。外戚諸謝，惟堂最深嶮，其才最頡頏難制。似道乃與之日親狎而使之不疑，未幾，不動聲色，悉皆换班。堂雖知墮其術中，然亦末如之何矣。北司之最無狀者，董宋臣、李忠輔【四八】，前是當國者雖欲除之，往往反受其禍。似道談笑之頃，出之于外，餘黨懾伏，惴惴無敢爲矣。學舍在當時最爲横議，而啖其厚餌，方且頌盛德【四九】、贊元功之不暇，前廡一得罪，則黥決不少貸【五〇】，莫敢少非之。福邸，帝父也，略不敢以邪封墨敕以丐恩澤。内庭無用事之人，外閫無怙勢之將，官中、府中俱爲一體。凡此數事，世以爲極難，而似道乃優爲之，謂之無才可乎？其所短者，專功而怙勢，忌才而好名，假崇尚道學、旌别高科之名，而專用一等委靡迂緩不才之徒，高者談理學，卑者矜時文，略不知兵財政刑爲何物。垢面弊衣，冬烘昏憒，以致靡爛漸盡而不可救藥。此皆不學而任術，獨運而諱言之罪也。嗚呼！古人以集衆思、廣忠益爲相業，真萬世之名言也歟！

【四七】亦是所不可及者　「是」，馮本、明鈔本作「有」。

【四八】李忠輔　「忠」原作「臣」，據馮本、明鈔本改。

【四九】頌盛德　「頌」原作「訟」，據馮本、明鈔本改。

【五〇】則黥決不少貸　原無「貸」字，據稗海本、學津本補。

祠神

太學除夜各齋祀神，用棗子、荔枝、蓼花三果，蓋取「早離了」之讖。遇出湖，則多不至三賢堂，蓋以樂天、東坡、和靖爲「落酥林」故也【五一】。可發一笑。

簿録權臣

前後權臣之敗，官籍其家，每指有違禁之物爲叛逆之罪。若韓侂胄家有翠毛裀褥、虎皮，及有織龍男女之衣，及有穿花龍團之類是也。近世籍賈似道，至以藉御書【五二】、龍團錦袱之類爲違法，此則大不然。蓋大臣之家，平日必與禁苑通，往往有賜與。帝后之衣謂之「御退」，衣服皆織造龍鳳，他如御書，必藉以龍錦，又何足爲異。余妻舍有兩朝賜物甚多，亦皆龍鳳之物。至於御退羅帕，四角皆有金龍小印凡數十枚，亦皆御前之物，諸閤分遞相饋【五三】，無足怪者。今若一切指此爲違法，恐不足以當其罪，適足以起識者之笑耳。大臣誤國，其罪莫大，以此爲罪，死魄游魂不得而逃。若借此以重其罪，則恐九原有知，反得以有辭耳。昔侂胄敗，捕其黨於大理獄，獄吏加以不道，欲以違法諸物文致之。大理卿奚士遜明其不然【五四】，曰：「侂胄首兵權【五五】，自有定罪，若欲誣之以叛逆，天不可欺也。」廟堂無以奪其議。

【五一】和靖　「靖」原作「静」，據馮本、明鈔本、四庫本改。

【五二】至以藉御書　「藉」原作「籍」，據稗海本、學津本、四庫本及下文改。

【五三】分遞相饋　馮本、明鈔本作「皆分遞相饋遺」，馮本「遞」前別有「迎」字。

【五四】大理卿奚士遜　原無「士」字，據馮本、明鈔本補。

【五五】侂胄首兵權　「權」，稗海本疑作「端」，馮本、明鈔本作「首兵擅權」。

韓平原之敗

韓平原被誅之夕，乃其寵姬四夫人誕辰【五六】。張功甫移庖大燕，至五更方散，大醉幾不可起。幹辦府事周筠以片紙入投云：「聞外間有警，不佳，乞闕閤門免朝。」韓怒曰：「誰敢如此！」至再三，皆不從【五七】。乃盥櫛，取瑞香番羅衣一襲衣之，登車而往。旋即殿司軍已圍繞府第矣。是夕所用御前樂部伶官皆閉置於內，饑餓三日始放去。時趙元父祖母蘄國夫人徐氏與其母安部頭皆在府中，目擊其事。其後斥賣其家所有之物，至於敗衣破絮亦各分爲小包，包爲價若干。時先妣謾以數券得一包【五八】，則皆婦人弊鞋也，方恚恨以爲無用，欲棄之，疑其頗重，則內藏大北珠二十粒。蓋諸婢一時藏匿爲逃去之計，適倉惶遺之云耳。

馬相去國

咸淳甲戌之夏，丞相鄱陽馬公廷鸞字翔仲，以翻胃之疾乞去甚苦，凡十餘疏始得請，則疾已棘矣。以暑甚病危，不可即途，遂出寓於六和塔。余受公知，間日必出問之。時公偃卧小榻【五九】，素無姬妾，止一村僕煑藥其傍。嘗淒然謂余曰：「吾家素貧，少年應南宮之試，止草履襆被而已。一日道間餒甚，就村居買螺螄羹【六〇】，泡蒲囊中冷飯食之，遂得

【五六】乃其寵姬四夫人誕辰　「辰」原作「晨」，據稗海本、學津本改。

【五七】皆不從　「從」，馮本作「聽」。

【五八】先妣謾以數券得一包　原「先妣」下有「母」字，據馮本刪。

【五九】時公偃卧小榻　「卧」原作「仰」，據稗海本改。

【六〇】就村居買螺螄羹　「居」，馮本、明鈔本作「店」。

此疾。既無力治藥，朋友憐之者以二陳湯服之，良愈。是歲竊冒省魁，後爲兩制日，疾復作，醫者復以丁香草果飲，亦三兩服即愈。因念前疾之所以不死者，蓋有後來之功名故也。今承乏廟堂，分量極矣，過矣。今疾復作而衆藥不效，勢無生理必矣。所恨者時事日異，無以報國，爲不滿耳【六一】。」因泣下數行。然賈師憲終疑其託疾引去，欲相避者，因奏知自出關訪問之，其實覘之也。及見其骨立羸然，乃始驚曰：「碧梧乃真病也！」次日奏聞，以大觀文知鄉郡，以榮其歸。且特賜東園祕器，以爲沿途緩急之備。公即日輿疾以歸，及還鄱陽，疾乃安【六二】，閱月而全愈。未幾，以吴堅爲相。是冬，北軍渡江，督府軍潰，而國隨以亡矣。使公不病，病不亟，則位不可釋。位不可釋，則奉璽狩北之責，公實居之。今乃以疾而歸，歸而疾愈，安處山林，著書教子者，凡十四年而後薨。此非天相吉德，曲爲之庇【六三】，安能若是哉！公嘗自著《鄱陽遺老傳》，及門人所述《年譜》，備載出處之詳，茲不贅云。

荔枝梅花賦

唐舒元輿《牡丹賦序》云：「吾子獨不見張荆州之爲人乎，斯人信丈夫。然吾觀其文集之首有《荔枝賦》焉。荔枝信美矣，然而不出一果，所與牡丹何異，但問其所賦之旨何哉？」皮日休《桃花賦序》云：「余嘗慕宋廣平之爲相，貞姿勁質，剛態毅狀，疑其鐵腸與

【六一】爲不滿耳　「滿」，馮本作「足」，明鈔本作「幸」。

【六二】疾乃安　「安」，明鈔本作「少安」。

【六三】曲爲之庇　「庇」，馮本作「保全」。

石心，不解吐婉媚辭。然觀其文而有《梅花賦》，清便富艷，得南朝徐、庾體，殊不類其爲人也。」二序意同。《梅花賦》人皆知之，《荔枝賦》則人未有用之者，何耶！然《梅花賦》今不傳，近徐子方以江右所刊者出。觀其文猥陋，非惟不類唐人，亦全不成語，不善於作僞者也。

金龜稱瑞

真宗東封回，至兗州回鑾驛覃慶橋酺，賜輔臣、親王、百官宴於延壽寺。有金龜集游童衣袂，大如榆莢。丁謂以獻，上命中使齎示羣臣。余爲兒童時，侍先大夫爲建寧漕屬【六四】，官廨後多草莽，其間多有此物，有甲能飛，其色如金，絶類小龜，小兒多取以爲戲，初非難得之物也。鶴相善佞而欺君，乃遽指以爲祥瑞，載之史册，真可發後世一笑也。

許占寺院

南渡之初，中原士大夫之落南者衆，高宗愍之，昉有西北士夫許占寺宇之命。時趙忠簡居越之能仁【六五】，趙忠定居福之報國，曾文清居越之禹跡，汪玉山居衢之超化。他如范元長、吕居仁、魏邦達甚多。曾大父少師亦居湖之鐵觀音寺，後遷天聖寺焉。

【六四】先大夫　「先」原作「老」，據馮本、明鈔本改。

【六五】時趙忠簡居越之能仁　原「時」前有「今」字，據明鈔本删。

鬚屬腎

醫家之論人，鬚、眉、髮皆毛類，而所主五臟各異。故老而鬚白眉髮不白者，臟氣有所偏故也。大率髮屬於心氣，如火氣，故上生。鬚屬腎氣，如水氣，故下生。眉屬肝，故側生。男子腎氣外行，上爲鬚，下爲勢，故女子、宦人無勢亦無鬚，而眉髮無異男子，則知不屬腎也。此沈存中所記如此。余老來每掀髯，則鬚或易脱，每疑爲腎氣衰乏使然，今益知此説爲信。

短小精悍

短小精悍之稱凡數人，如《史記》之郭解，《前漢》之嚴延年，唐之李紳是也。

綱目用武后年號

余向聞林竹溪先生云：「歐公脩《唐書》，作《武后紀》，依《前漢》例也。天授以後唐雖改號爲周，而史不以周稱之【六六】，蓋黜之也。晦翁病其唐經亂周，史遂有嗣聖二十四年之號，年之首書曰：『帝在某』、『帝在某』，蓋以《春秋》之法正名也。每年之下又細書武氏所改年號，垂拱則曰武氏垂拱，天授則曰【六七】周武氏天授，此意甚嚴。但武氏既革

【六六】史不以周稱之　「稱」原作「新」，據馮本改。

【六七】天授則曰　「天授」原作「天受」，據馮本、明鈔本、稗海本、學津本改。

唐命，改國號爲周【六八】，既有帝而又有周，有周則無唐矣，無唐則無帝矣。同一疆域也，而帝與周同書，則民有二王，天有二日矣，豈無窒礙？若《春秋》公在乾侯，則魯國未嘗有他號。

游閲古泉

至元丁亥九月四日，余偕錢菊泉至天慶觀訪褚伯秀，遂同道士王磐隱游寶蓮山韓平原故園。山四環皆秀石，絶類香林、冷泉等處，石多穿透嶄絶，互相附麗。其石有如玉色者，聞匠者取以爲環珥之類。中有石硔，杳而深，泉涓涓自内流出，疑此即所謂閲古泉也。硔傍有開成元年六月南岳道士邢令開【六九】、錢塘縣令錢華題名，道士諸葛鑑元書，鐫之石上。又南石壁上鐫佛像及大字《心經》，甚奇古，不知何時爲火所燬，佛多殘缺【七〇】。又一洞甚奇，山頂一大石墜下，傍一石承之如餖飣然。又前一巨石不通路，中鑿一門，門上横石梁。又有一枯池，石壁間皆細波紋【七一】，不知何年水直至此處。然則今之城市，皆當深在水底數十丈矣。深谷爲陵，非寓言也。其餘磴道、石池、亭館遺跡，歷歷皆在，雖草木殘毁殆盡【七二】，而巖石秀潤可愛。大江横陳於前，時正見潮上如疋練然【七三】，其下俯視太廟及執政府在焉。山頂更覺奇峭，必有可喜可噩者，以足憊，不果往。且聞近多虎，往往白晝出没不常，遂不能盡討此山之勝，故書之以諗好事之尋游者。

【六八】改國號爲周　原無「改」字，據馮本補。

【六九】開成元年六月南岳道士邢令開　葉紹翁《四朝聞見録》卷五、田汝成《西湖遊覽志》卷十二記此事均作「開成五年」。「邢令開」，馮本作「邢令聞」。

【七〇】佛多殘缺　「多」原作「及」，據馮本、明鈔本及《西湖遊覽志餘》卷二十三改。

【七一】石壁間皆細波紋　明鈔本「細」下有「水」字。

【七二】雖草木殘毁殆盡　原「毁」字空缺，據馮本、明鈔本及《西湖遊覽志餘》卷二十三補。

【七三】正見潮上如疋練然　「潮」原作「湖」，據馮本、明鈔本改。

種竹法

嘗聞九曲寺明闍黎者言種竹法，云：「每歲當於笋後竹已成竿後即移，先一歲者爲最佳，蓋當年八月便可行鞭，來年春便可抽笋【七四】，縱有夏日，不過早晚以水澆之，無不活者。若至立秋後移，雖無日曬之患，但當行鞭之際，或在行鞭之後，則可僅活，直至來秋方可行鞭，後年春方始抽笋。比之初夏所移，正爭一年氣候。」此說極爲有理。

律文去避來

律云「去避來」之文，最爲難曉。太宗嘗問孔承恭曰【七五】：「令文中貴賤少長輕重各有相避【七六】，何必又云『去避來』，此義安在？」承恭曰：「此必戒於去來者，互相回避耳。」上不然曰：「借使去來相避，此義止是憧憧於通衢之大路【七七】，人密如交蟻，烏能一一相避？但恐制律者別有他意耳【七八】。」余嘗扣之棘寺老吏云：「所謂去避來者，蓋避自我後來者。以其人自後奔走而來，此必有急事故耳，故當避之也。」此語亦甚有理。

廖瑩中仰藥

賈師憲還越之後，居家待罪，日不遑安。翹館諸客悉已散去，獨廖瑩中館于賈府之別

【七四】來年春便可抽笋　原無「春」字，據明鈔本補。

【七五】孔承恭　原作「孔恭承」，據明鈔本改，下同。

【七六】令文中貴賤少長輕重各有相避　原「中」作「宗」，「長」字之上無「少」字，據馮本、明鈔本校補。馮本「相避」下有「并訖」二字。

【七七】此義止是憧憧於通衢之大路　馮本、明鈔本無「此義」二字。

【七八】但恐制律者別有他意耳　「律者」，《玉壺野史》卷八作「設律者」，此據馮本改。

業【七九】，仍朝夕相從不捨【八〇】。乙亥七月一夕，與賈公痛飲終夕，悲歌雨泣，到五鼓方罷。廖歸舍不復寢，命愛姬煎茶以進，自於笈中取冰腦一握服之。既而藥力不應，而業已求死【八一】，又命姬曰：「更欲得熱酒一杯飲之。」姬復以金杯進酒，仍於笈中再取片腦數握服之。姬覺其異，急前救之，則腦酒已入喉中矣，僅落數片於衣袂間【八二】。姬於是垂泣相持，廖語之曰：「汝勿用哭我，我從丞相，必有南行之命【八三】，我亦恐不免。年老如此，豈能復自若【八四】？今得善死矣。吾平生無負於主，天地亦能鑒之也。」於是分付身後大槩，言未既，九竅流血而斃。

先君出宰

先君子於紹定四年辛卯出宰富春，九月到任。未幾，值慈明太后上仙，應辦梓宮，百色之冗，先子優爲之，略無科擾，民稱之爲「周佛子」。撙節浮費，百廢俱舉，修建縣學，一新釋奠祭器，刻之於石。又重定釋奠儀，重建合江驛。驛後爲大閣，扁曰「清涵萬象」。闢縣圃，鑿池建堂。適有雙蓮之瑞，因名之曰「合香」，取古詩「風合雨花香」之語【八五】。壬辰歲，余實生於縣齋。其時李文清方閑居於邑中，其家强幹數十【八六】，把握縣道，難從之請蓋無虚月。先人惟理是循【八七】，不能一一盡奉其命也，以此積怨得罪焉。邑有官妓曰蔡閏，爲文清所盼【八八】，每欲與之脱籍而未能。一日，酒邊曰：「此妓某未塵忝

【七九】廖瑩中　原作「廖玉瑩中」，據馮本、明鈔本删。

【八〇】朝夕相從不捨　原無「相」字，據馮本、明鈔本補。

【八一】業已求死　「業已」，明鈔本作「亟」。

【八二】僅落數片於衣袂間　「落」，馮本作「令落」，明鈔本作「零落」。

【八三】我從丞相必有南行之命　馮本、明鈔本作「我從丞相數十年，賓主之情無間，然今事勢已去，丞相必有南行之命」，諸本或刊漏其中十七字。

【八四】我亦恐不免年老如此豈能復自若　原「我」之下有「命」字，據馮本、明鈔本删。「自若」，馮本作「自苦」。

【八五】取古詩風合雨花香之語　「語」原作「詩」，稗海本、學津本作「句」，此據馮本、明鈔本改。

時【八九】，已見其在籍中矣。」意欲言其係籍已久也。先子因顧蔡曰：「汝入籍幾何時？今幾歲矣？」蔡不悟，直述所以。攷之則李公登科之歲，此妓方生十年耳。李不覺面發赤，以爲先子有意於相窘，其實出於無心也，於是銜之。及入臺，先子已滿去，乃首章見劾焉。

向氏書畫

吴興向氏【九〇】，后族也。其家三世好古，多收法書、名畫、古物，蓋當時諸公貴人好尚者絶少，而向氏力事有餘，故尤物多歸之。其一名士彪者，所蓄石刻數千種，後多歸之吾家。其一名公明者，騃而誕，其母積鏹數百萬，他物稱是，母死專資飲博之費。名畫千種，各有籍記，所收源流甚詳。長城人劉瑄，字囦道，多能而狡獪。初游吴毅夫兄弟間，後遂登賈師憲之門。聞其家多珍玩，因結交，首有重遺。向喜過望，大設席以宴之，所陳莫非奇品。酒酣，劉索觀書畫，則出畫目二大籍示之。劉喜甚，因假之歸，盡録其副，言之賈公。賈大喜，因遣劉誘以利禄，遂按圖索駿，凡百餘品，皆六朝神品【九一】。遂酧以異姓將仕郎一澤，公明乃稛載之【九二】，以爲謝焉。後爲嘉興推官，以贓敗而死，其家遂蕩然無孑遺矣。然余至其家，傑閣五間，悉貯書畫奇玩，雖裝潢錦綺，亦目所未覩。未論書畫也【九三】。佳研凡數百隻，古玉印每紐必綴小事件數枚，凡貯十大合。有雪白靈璧

【八六】其家强幹數十　馮本無「數十」二字，明鈔本作「四十」。

【八七】先人惟理是循　原作「爲理自循」，據馮本、明鈔本改。

【八八】邑有官妓曰蔡閏爲文清所盼　「閏」，明鈔本、稗海本作「潤」。「盼」原作「肦」，據稗海本、學津本改。

【八九】某未塵忝時　「某」原作「集」，據馮本、稗海本、學津本改。

【九〇】吴興向氏　「興」原作「氏」，據稗海本、學津本改。

【九一】凡百餘品皆六朝神品　「品」，馮本作「種」；「皆」，馮本、明鈔本作「多」。

【九二】公明乃稛載之　原無「乃」字，據馮本、明鈔本補。

【九三】未論書畫也　原無「書」字，據馮本補。

石【九四】，高數尺，卧沙水道悉具，而聲尤清越，希世之寶也。其他異物不能盡數，然公明視之亦不甚惜，凡博徒酒侣至，往往赤手攫之而去耳。景定中，其祖若冰墓爲賊所劫【九五】，其棺上爲一槅，盡貯平日所愛法書、名畫甚多。時董正翁楷爲公田，分得其《蘭亭》一卷，真定武刻也。後有名士跋語甚多，其精神燁燁，透出紙外，與尋常本絶異，正翁極珍之。然爲尸氣所侵【九六】，其臭殆不可近，雖用沈腦薰焙，亦不能盡去。或教之以檀香能去尸氣，遂作檀香函貯之。然付之庸工裝潢，頗爲裁損，所謂金龜八字云。

誤書廟諱

胡石壁顯爲憲日，嘗出巡所部【九七】。適一尉格目忘書名，胡大怒，遂批銀牌云：「縣尉不究心職事，至於格目亦忘署名，可見無狀。」追問。尉亦狡者也，遂作一狀，録憲狀判於前而空「署」字，以黄覆之。及就逮投狀，胡見益怒云：「汝尚敢侮我如此！」遂索元批銀牌觀之，則有「署」字，蓋一時盛怒中所書，忘其廟諱也。於是徑不敢問而遣之【九八】。

脩史法

余嘗聞李雙溪獻可云【九九】：「昔李仁甫爲《長編》，作木厨十枚，每厨作抽替匣二十枚，每替以甲子誌之，凡本年之事有所聞，必歸此匣，分月日先後次第之，井然有條，真可

【九四】有雪白靈璧石　「璧」原本作「壁」，按「靈璧石」，因「有石如璧」得名，據稗海本改，下同。

【九五】其祖若冰墓　「若冰」原作「若水」，據明鈔本改。

【九六】然爲尸氣所侵　原無「爲」字，據馮本、明鈔本補。

【九七】嘗出巡所部　原無「所」字，據明鈔本補。

【九八】於是徑不敢問而遣之　明鈔本作「竟不敢問之而遣去」。

【九九】余嘗聞　「聞」原作「問」，據馮本、稗海本改。

爲法也。」

過癩

閩中有所謂過癩者。蓋女子多有此疾，凡覺面色如桃花，即此證之發見也。或男子不知，而誤與合，即男染其疾而女瘥。土人既皆知其説，則多方詭詐【一〇〇】，以誤往來之客。杭人有嵇供申者，因往莆田，道中遇女子獨行，頗有姿色，問所自來，乃言爲父母所逐，無所歸，因同至邸中。至夜，甫與交際，而其家聲言捕姦，遂急竄而免。及歸，遂苦此疾，至於墜耳、塌鼻【一〇一】、斷手足而殂。癩即大風疾也。

十二分野

世以二十八宿配十二州分野，最爲疎誕。中間僅以畢、昴二星管異域諸國，殊不知十二州之内，東西南北不過綿亘一二萬里，外國動是數萬里之遠【一〇二】，不知幾中國之大。若以理言之，中國僅可配斗、牛二星而已。後夾漈鄭漁仲亦云：「天之所覆者廣，而華夏之所占者牛、女下十二國耳【一〇三】。牛、女在東南，故釋氏以華夏爲南贍部州。其二十八宿所管者，多十二國之分野，隨其所隸耳。」趙韓王嘗有疏云：「五星二十八宿【一〇四】，在中國而不在四夷。」斯言至矣。

【一〇〇】則多方詭詐　「詐」原作「作」，據馮本、明鈔本改。

【一〇一】塌鼻　「塌」原作「塔」，據馮本改。

【一〇二】數萬里之遠　「遠」原作「外」，據馮本、明鈔本改。

【一〇三】牛女下十二國耳　原「國」下有「中」字，據馮本、明鈔本及《通志》卷三八刪。

【一〇四】五星二十八宿　明鈔本「二十八宿」後有「五嶽四瀆皆」五字。

吹霎

吹霎二字，每見劉長卿用之，作傷寒感令意。問之，則謾云出《漢書》，然莫可攷也。繼閲方書，於《香芎散證治》云：「吹霎，傷風頭疼發熱。」此必有所據也。

故都戲事

余垂髫時，隨先君子客故都【一〇五】，嘗見戲事數端，有可喜者，自後則不復有之，姑書於此，以資談柄云。呈水嬉者，以髹漆大斛滿貯水，以小銅鑼爲節，凡龜、鼈、鰍、魚皆以名呼之，即浮水面，戴戲具而舞。舞罷即沈，復別呼其他【一〇六】，次第呈伎焉。此非禽獸可以教習，可謂異也。又王尹生者，善端視。每設大輪盤，徑四五尺，畫器物、花鳥、人物凡千餘事，必預定第一箭中某物，次中某物。既而運輪如飛【一〇七】，俾客隨意施箭，與預定無少差。或以數箭俾其自射，命之以欲中某物，如花鬚、柳眼、魚鬣、燕翅之類，雖極微眇，無不中之，其精妙入神如此，然未見能傳其技者。又太廟前有戴生者，善捕蛇。凡有異蛇必使捕之，至必赤手拾取如鰍【一〇八】、鱔然。或爲毒蝮所嚙，一指腫脹如椽，旋於笈中取少藥糝之，即化黃水流出，平復如初，然十指所存亦僅四耳。或欲捕之蛇藏匿不可尋，則以小葦管吹之，其蛇則隨呼而至，此爲尤異。其家所蓄異蛇凡數十種，鋸齒毛身，白

【一〇五】隨先君子客故都　原無「客」字，據馮本補。

【一〇六】復別呼其他　「復別」原作「別復」，據明鈔本乙。

【一〇七】次中某物既而運輪如飛　原重復「次中某物」四字，據馮本、明鈔本刪。「運輪」，馮本、明鈔本作「運轉大輪」。

【一〇八】至必赤手拾取　「至必」原作「至於」，據馮本、明鈔本改。

質赤章，或連錢，或紺碧，或四足，或兩首，或僅如秤衡而首大數倍，謂之「飯揪頭」【一〇九】，云此種最毒。其一最大者如殿楹，長數尺【一一〇】，呼之爲蛇王。各隨小大以筠籃貯之，日啖以肉，每呼之，使之旋轉升降，皆能如意。其家衣食頗贍，無他生產，凡所資命【一一一】，惟視吾蛇尚存耳，亦可彷彿豢龍之技矣。又嘗侍先子觀潮，有道人負一簏自隨，啟而視之，皆枯蟹也。多至百餘種，如惠文冠，如皮弁，如箕，如瓢，如虎，如龜，如蝗，如蝟。或赤，或黑，或紺，或斑如玳瑁，或粲如茜錦，其一上有金銀絲，皆平日目所未覩。信海涵萬類，無所不有。昔聞有好事者居海瀕爲蟹圖，未知視此爲何如也。杜門追想往事，戲書。

馬裕齋尹京

馬裕齋光祖之再尹京也【一一二】，風采益振，威望凜然。大書一榜，揭之客次，大意謂僚屬自當以職業見知，並從公舉，若挾貴挾勢，及無益儷語以屬者【一一三】，不許收受，違者則先斷客將【一一四】。於是客之至者，掌客必各點檢銜袖，惟恐犯令得罪。余時爲帥幕，一日以公事至，見有薛監酒方叔在焉。薛雖進納，出入福邸貴家甚稔。余因扣其何爲？薛笑而不見答，覘袖間則有物焉。余指壁間文曰：「奈何犯初條乎！」薛笑曰：「非惟犯初條，將併犯所戒矣。」既而速客僚屬白事畢，薛出袖中函書，馬公顰蹙不語。既

【一〇九】僅如秤衡而首大數倍謂之飯揪頭　「秤」原作「稱」，據明鈔本改。「數倍」，馮本作「倍之」。「飯揪」，馮本作「鐵揪」。

【一一〇】長數尺　「尺」，明鈔本作「丈」，疑是。

【一一一】凡所資命　「資命」，馮本、明鈔本作「資給」。

【一一二】馬裕齋光祖之再尹京也　「尹京」原作「京尹」，據稗海本乙。

【一一三】及無益儷語以屬者　馮本、明鈔本「屬者」上有「見」字。

【一一四】違者則先斷客將　「違者」原作「達者」，據明鈔本改。

而又出儷卷，傍觀皆悚懼，而典客面無人色，謂受杖必矣。及退，乃寂然無所聞。又旬日，余復以事至，則薛又在焉。余因扣其所投何如，薛笑曰：「已荷收録矣，余袖中乃謝啟也【一一五】。」扣其所主，則南陽貴人也。以是知人不可無勢，以馬公峻峭壁立，亦不能不爲流俗所移，況他人哉！

賈廖刊書

賈師憲嘗刊《奇奇集》【一一六】，萃古人用兵以寡勝衆如赤壁、淝水之類，蓋自詫其援鄂之功也。又刊《全唐詩話》【一一七】，乃節唐《本事詩》中事耳。又自選《十三朝國史會要》、諸雜説之會者【一一八】，如曾慥《類説》例，爲百卷，名《悦生堂隨抄》，板成未及印，其書遂不傳。其所援引多奇書。廖羣玉諸書，則始《開景福華編》，備載江上之功，事雖誇而文可采，江子遠、李祥父諸公皆有跋。《九經》本最佳，凡以數十種比校，百餘人校正而後成，以撫州萆抄紙、油烟墨印造，其裝褫至以泥金爲籤，然或者惜其删落諸經注爲可惜耳，反不若韓、柳文爲精妙。又有《三禮節》、《左傳節》、《諸史要略》及建寧所開《文選》諸書，其後又欲開手節《十三經注疏》、姚氏注《戰國策》、注《坡詩》，皆未及入梓，而國事異矣。

【一一五】余袖中乃謝啟也　「余」，馮本、明鈔本作「今」，意優。

【一一六】賈師憲嘗刊奇奇集　「刊」原作「移」，據馮本、明鈔本改。

【一一七】又刊全唐詩話　原無「刊」字，據明鈔本補。

【一一八】又自選十三朝國史會要諸雜説之會者　「又」原作「中」，據馮本、明鈔本改。「會者」，馮本作「類」。

賈廖碑帖

賈師憲以所藏定武五字不損肥本禊帖，命婺州王用和翻開，凡三歲而後成，絲髮無遺。以北紙古墨摹榻，與世之定武本相亂。賈大喜，賞用和以勇爵，金帛稱是。又縮爲小字，刻之靈壁石，號「玉板蘭亭」。其後傳刻者至十餘，然皆不逮此也。於是其客廖羣玉以《淳化閣帖》、《絳州潘氏帖》二十卷，並以真本書丹入石，皆逼真。又刻《小字帖》十卷，則皆近世如盧方春所作《秋壑記》，王茂悅所作《家廟記》、《九歌》之類。又以所藏陳簡齋、姜白石、任斯庵、盧柳南四家書爲小帖，所謂《世綵堂小帖》者。世綵，廖氏堂名也。其石今不知存亡矣。

濟王致禍

濟王夫人吴氏，恭聖太后之姪孫也，性極妬忌。王有寵姬數人，殊不能容，每入禁中，必訴之楊后【一一九】，具言王之短，無所不至。一日内宴，后以水精雙蓮花一枝，命王親爲夫人簪之，且戒其夫婦和睦。未幾，王與吴復有小競，王乘怒誤碎其花。及吴再入禁中，遂譖言碎花之事，於是后意甚怒，已有廢儲之意。會王在邸新飾素屏，書「南恩新」三大字，或扣其説，則曰：「花兒王王擴之父，號花兒王。與史丞相通同爲奸，待異日，當竄之上二

【一一九】必訴之楊后　「訴」原作「察」，據馮本改。

州也。」既而語達，王與史密謀之楊后，遂成廢立之禍焉。蓋當時盛傳花兒王者穢亂宮闈，市井俚歌所唱「花兒王開者」，蓋指此也。

十三故事

余試吏部，銓第十三人。外舅楊泳齋遺書賀先君【一二〇】，其間一聯云：「第十三傳衣鉢，已兆前聞；若九萬搏扶搖，更期遠到。」蓋用和凝登第名在十三，及爲知舉，取范質即以第十三處之，塲屋間謂之「傳衣鉢」。蓋外舅向亦以十三名中選故耳。以此用之【一二一】，最爲切當。蓋張時先輩筆也，時乃張武子良臣之子，昔爲張功父之客云。

舞譜

予嘗得故都德壽宮舞譜二大帙【一二二】，其中皆新製曲，多妃嬪諸閤分所進者。所謂譜者，其間有所謂：

左右垂手、雙拂、抱肘、合蟬、小轉、虛影、横影、稱裹。

大小轉櫳、盤轉、叉腰、捧心、叉手、打塲、攙手、鼓兒。

打鴛鴦塲、分頸、回頭、海眼、收尾、豁頭、舒手、布過。

鮑老掇、對窠、方勝、齊收、舞頭、舞尾、呈手、關賣。

【一二〇】外舅楊泳齋「泳」原作「冰」，據明鈔本改。

【一二一】以此用之「用」原作「聞」，據稗海本改。

【一二二】舞譜二大帙「大」，馮本作「十」。

掉袖兒、拂、躦、綽、覷、掇、蹬、焌。

五花兒、踢、搕、刺、攧、繫、搠、捽。

雁翅兒、靠、挨、拽、捺、閃、纏、提。

龜背兒、踏、攢、木【一二三】、搯、促、當、前。

勤步蹄【一二四】、擺、磨、捧、抛、奔、擡、擫。

是亦前所未聞者，亦可想見承平和樂之盛也。

知州借紫

故事，知州軍例皆借紫魚袋【一二五】。先子爲衢倅時，外舅楊彥瞻知郡【一二六】。既而除工部郎官，交郡事甫畢，則自便門至倅廳相謝，則已衣緋矣。余時在侍旁，不曉所謂，先子語之曰：「蓋知州則許借紫，今既滿任交事，法當仍還元服故也。」因言今浙西憲亦許借紫，若聖節隨班上壽，則仍元服也。獨帥漕居輦下者，則雖聖節朝謁亦許服所借耳。若元爲知州軍而就除本路監司者【一二七】，仍舊帶借。或除別路，則不可就矣。然亦莫曉立法之意也。

【一二三】木　馮本作「水」。

【一二四】勤步蹄　「勤」，馮本作「勒」。

【一二五】知州軍例皆借紫魚袋　「例皆」原作「皆例」，據馮本乙。

【一二六】外舅楊彥瞻知郡　「瞻」原作「贍」，據《齊東野語》卷一六改。

【一二七】就除本路監司者　「就」原作「既」，據馮本、明鈔本改。

記方通律

石林《避暑録》載蔡州道士楊大均善醫，能默誦《素問》、《本草》、《千金方》，其間藥名、分兩皆不遺一字。因問其此有何義理而可記乎？大均曰：「苟通其義，其文理有甚於章句偶儷，一見何可忘也。」余向登紫霞翁門，翁妙於琴律。時有畫魚周大夫者善歌，每令寫譜參訂，雖一字之誤，翁必隨證其非。余嘗扣之云：「五凡工尺，有何義理？而能暗通默記如此【一二八】，既未按管色，又安知其誤耶？」翁歎曰：「君特未深究此事耳，其間義理之妙，又有甚於文章，不然安能强記之乎？」其説正與前合。蓋天下之事，雖承蜩、履稀之微【一二九】，亦各有道也。

大父廉儉【一三〇】

大父少傅素廉儉，僑居吴興城西之鐵佛寺，既又移寓天聖佛刹者幾二十年，杜門蕭然，未嘗有毫髮至官府【一三一】。時楊伯子長孺守湖，嘗投謁造門，至，不容五馬車。伯子下車顧問曰：「此豈侍郎後門乎？」爲之歆歎而去。時寓公皆得自釀，以供賓祭，大父雖食醋亦取之官庫。一日與客持螯，醯味頗異常時，因扣從來，蓋先姑婆乳母所爲斗許，以備不時之需者。遂令亟去之，曰：「畢竟是官司禁物，私家豈可有耶！」其清慎若

【一二八】而能暗通默記如此　「通」，明鈔本作「誦」。「默」原作「然」，據馮本、稗海本、學津本、四庫本改。

【一二九】雖承蜩履稀之微　「稀」，據《莊子·知北遊》及黄庭堅《寄上叔父夷仲三首》，似當作「狶」。「微」原作「徵」，據馮本、稗海本、學津本改。

【一三〇】大父廉儉　原無「父」字，據馮本、明鈔本補。

【一三一】未嘗有毫髮至官府　「毫」原作「毛」，據明鈔本改。

此【一三二】。待子弟僕甚嚴，雖盛暑【一三三】，未始去背子鞋韈。

斷橋

完顏亮窺江之時，步帥李捧建謀，欲斷吴江長橋以扼奔突。時洪景伯知平江，以爲無益，奏止之。既而又有建策於常熟福山一帶多鑿坑穽，以陷虜馬者。德祐之際，朝臣亦建議斷橋於吴江者，又斷北關之板橋者。嗚呼！疾已入於膏肓，且投膚革之劑，亦祇取識者之笑耳，尚忍言哉！

饋送壽物

《朝野雜記》所載韓平原送壽禮物，各列之天慶觀廊間，觀者爲之駭然。以近世觀之，每有饋遺，惟恐外人之窺，何肯張皇以眩衆目哉？嘗聞有閫帥饋師憲三十皮籠，扃鐍極嚴，誤留寄他家【一三四】。其承受人不過齎書函及魚鑰小匣投納而已，籠中之物雖承受人亦所不知也。其視平原之事，何翅萬萬。又記吴曦出蜀入朝，多買珍異，孔雀四、華亭鶴數十，金魚及比目魚等，及作粟金臺盞遺陳自强者。在今觀之，皆不足道，豈當時人有廉儉之風，視此已爲畢事，不若今人視以爲常耶！抑秀巘蜀産，耳目之隘故耶！

【一三二】其清慎若此　「清」原作「白」，稗海本、學津本作「自」，此據馮本、明鈔本改。

【一三三】雖盛暑　「盛」原作「甚」，據明鈔本改。

【一三四】誤留寄他家　「家」，馮本、明鈔本作「處」。

桐蕈鰒魚

天台所出桐蕈味極珍，然致遠必漬之以麻油，色味未免頓減。諸謝皆台人，尤嗜此品，乃併舁桐木以致之，旋摘以供饌，甚鮮美，非油漬者可比。賈師憲當柄日，尤喜苕溪之鯿魚，趙與可因造大盤，養魚至千頭，復作機使灌輸不停，魚游泳撥剌自得，如在江湖中，數舟上下遞運不絶焉。余嘗於張稱深座間，有以活鰒魚爲獻，其美蓋百倍於槁乾者【一三五】。蓋口腹之嗜，無不極其至，人乳蒸肫、牛心作炙，古今皆然也。

縱囚

梁席闡爲東陽太守，在郡有能名，冬至悉放獄中囚【一三六】，依期而至。《後漢》虞延爲細陽令，每至歲時伏臘，輒放遣囚徒【一三七】，各使歸家，並感其恩德，應期而還【一三八】。《南史》何胤在齊爲建安太守，爲政有恩，人不忍欺，每伏臘放囚還家，依期而返。嗚呼！中孚之信及豚魚，蓋非一日之積也。

趙孟桂

乙亥歲，國事將危，忽傳當塗孟之縉妻趙氏孟桂見爲伯顔丞相次妻者，朝廷遂以太后

【一三五】其美蓋百倍於槁乾者　「美」，馮本、明鈔本作「奇美」。

【一三六】在郡有能名冬至悉放獄中囚　原無「名冬至」三字，據明鈔本補。

【一三七】輒放遣囚徒　「放」原作「休」，據明鈔本改。

【一三八】應期而還　「應」原作「因」，據馮本改。

命，遣人齎金帛與之，俾贊和議。繼得孟桂回奏云：「和議將成。」遂復賜手詔云：「勑孟桂，吾老矣，不幸遭家多難，嗣君在疚，不謂似道失信北朝，致開邊釁，生靈荼毒，宗社阽危，日夜思此，惟有流涕。忽覽來奏，知爾身在邊方，心存宗國，且拳拳以講信爲請，自非孝順一念，發於天性，疇克有此。得書喜幸，莫有云喻。已詔丞相遣使通問，以全兩國生靈之命。尚賴爾委曲贊助，速成議和，以慰老懷。」復遣人以金帛慰之，繼而寂然無報。及事定，孟桂南歸霅川，蓋未嘗爲伯顔次妻，亦未嘗得詔及賜物也。蓋奸人乘危造爲此説，以騙脱朝廷金帛耳【一三九】。問探不明，有類兒戲，國安得不亡哉！　孟桂乃趙忠惠與𥲅之妹【一四〇】，今爲尼，改名子桂，住湖州廣福寺云。

紫紗公服

近見近客章服有花紗綾絹或素紗者，或者譏笑之。余嘗見《演繁露》載白樂天《聞白行簡服緋詩》云【一四一】「綵動綾袍鴈趁行」之句【一四二】，注云：「緋多以鴈銜瑞莎爲之【一四三】。」則知唐章服以綾織花。又《舊聞證誤》云：「今宗室外戚之親貴者【一四四】，或賜花羅公服，宣和間又有紗公服。」然則此亦不以爲異也【一四五】。

【一三九】以騙脱朝廷金帛耳　馮本無「脱」字。

【一四〇】孟桂乃趙忠惠與𥲅之妹　「𥲅」原作「篤」，據稗海本、四庫本改。

【一四一】載白樂天聞白行簡服緋詩云　「白樂天」，原僅一「樂」字，據明鈔本及《演繁露》卷十五補。

【一四二】綵動綾袍鴈趁行之句　「鴈」原作「爲」，據白居易《聞行簡恩賜章服喜成長句寄之》詩改。

【一四三】鴈銜瑞莎爲之　「莎」原作「紗」，據白居易《聞行簡恩賜章服喜成長句寄之》詩自注改。

【一四四】今宗室外戚之親貴者　「親」原作「新」，據明鈔本及《舊聞證誤》卷四改。

【一四五】不以爲異也　原無「爲」字，據明鈔本補。

譯者

譯者之稱，見《禮記》，云：「東方曰寄」，言傳寄内外言語；「南方曰象」，言放象内外之言；「西方曰狄鞮」，鞮，知，通傳夷狄之語，與中國相知；「北方曰譯」，譯，陳也，陳説内外之言。皆立此傳語之人，以通其志。今北方謂之「通事」，南蕃海舶謂之「唐帕」，西方蠻徭謂之「蒲叉」，去聲。皆譯之名也。

祕固

精力、精神、精氣、精血、精明、精爽、精到、精詳、精妙，皆以精爲主，衞生者當謹之。苦海、愛河，狂瀾弗返，其涸也可立而待。《素問》曰：「法於陰陽，和於術數。」又曰：「凡陰陽之道，陽密乃固。」注曰：「交會之要者，正在於陽氣不妄泄耳。」此語余聞之謝奕修待制，云：「此先公密菴平日之所受持也。」密菴名采伯，亦謝后之諸父也，天台人。

雅流自居

劉克莊云：「自義理之學興，士大夫研深尋微之功，不愧先儒，然施之政事，其合者寡矣。夫理精事粗，能其精者，顧不能其粗者【一四六】，何歟？是殆以雅流自居，而不屑

【一四六】顧不能其粗者　原無「其」字，據馮本、明鈔本補。

俗事耳。」此語大中今世士大夫之病。

張氏至孝

寶慶丙戌，莆陽境内小民張氏至孝，家貧養母。嘗有所適，歸而母亡，張追慕不已，既祥而不除服【一四七】，欲喪之終其身。太守楊叔昉聞而哀之，賜以錢酒，且書其門曰：「何必讀書，只此便是讀書；何必爲學，只此便是爲學。」

五行間色

五行所主：金白，木青，水黑，火赤，土黄。然間色亦相克而成【一四八】：木克土，則青黄合爲緑；金克木，則青白合爲碧；火克金，則赤白合爲紅；水克火，則黑赤合爲紫；土克水，則黄黑合爲騮。

杓字義

杓音進，凡織，先受以杓【一四九】，梳系使不亂也。出《埤倉》，見《唐韻》。近世張定叟所云則杓字，一點，三音標的，若非此杓字也。

【一四七】既祥而不除服　原無「服」字，據明鈔本補。

【一四八】相克而成　原無「而」字，據馮本、明鈔本補。

【一四九】先受以杓　「先受」原作「前綬」，據明鈔本改。

連枷

今農家打稻之連枷，古之所謂拂也。《王莽傳》「東巡載耒，南載耨」，注：鉏也，薅去草。「西載銍，北載拂」，注：音佛，以擊治禾，今謂之連枷【一五〇】。慶曆初，知并州楊偕伏所製鐵連枷、鐵簡，藏祕府【一五一】。狄武襄以鐵連枷破儂智高，非特治禾也。按：《天官書》棓亦作桲及棒，又連枷也，見《玉篇》。此棓杖之棓，其字從木音【一五二】，非止於擊禾。又以鐵爲之，短兵之利便也。

正閏

正閏之説尚矣。歐公作《正統論》，則章望之著《明統論》以非之；温公作《通鑑》，則朱晦菴作《綱目》以糾之。張敬夫亦著《經世紀年》，直以蜀先主上繼漢獻帝。其後廬陵蕭常著《後漢書》，起昭烈章武元年辛丑，盡後主炎興元年癸未，又爲吴、魏載記。近世如鄭雄飛亦著爲《續後漢書》，不過踵常之故步。最後，翁再又作《蜀漢書》，此又不過拾蕭、鄭棄之竹馬耳。蓋欲沽特見之名，而自附於朱、張也。余嘗聞徐誼子宜之言，云：「立言之人，與作史記之體不同，不可以他文比也。故聖人以《秦誓》次於帝王之後，亦世衰推移，雖聖人不能强黜之。漢儒雖以秦爲閏位，亦何嘗以漢繼周耶！若如諸公之説，

【一五〇】今謂之連枷　「連枷」原作「柳」，據《漢書·王莽傳》顔注及馮本改。

【一五一】楊偕伏所製鐵連枷鐵簡藏祕府　「伏」，馮本作「上」。「鐵」原作「銻」，據明鈔本改，下同。

【一五二】其字從木音　「音」原作「本」，據馮本改。

則李昪自稱爲吴王恪之後，亦可以續唐矣。」余嘗見陳過聖觀之説甚當，今備録於此，云：「《綱目》序例有云：『表歲以首年，而因年以著統。』自注其下云：『正統之年歲下，大書非正統者，兩行分註。』或問《綱目》主意於朱子，曰：『主在正統。』又曰：『只是天下爲一，諸侯朝覲獄訟皆歸，便是正統。』夫正閏之説，其來久矣，甲可乙否，迄無定論。蓋其論無論正統之有無，雖分裂之不一，或興創而未成，必擇其間强大者一國當之，其餘不得與焉。此其論所以不定也。自《綱目》之作，用《春秋》法，而正統所在，有絶有續，皆因其所建之真僞、所有之偏全斟酌焉，以爲之予奪，此昔人所未及。今歷攷之：自周之亡，秦與列國分註而爲首，此正統之一絶也。昭襄王五十二年【一五三】，至始皇二十六年初併天下，遂得正統，此正統之一續也。二世已亡，義帝雖爲衆所推，不得正統，特先諸國而已，此正統之再絶也。義帝亡而西楚爲首，至漢高帝之五年始得正統，此正統之再續也。王莽始建國之年，盡有漢天下矣，雖無他國亦從分註，此正統之三絶也。更始之主，雖漢子孫，而爲諸將所立，猶不得紹統。光武即位，乃得正統，此正統之三續也。漢獻帝之廢，昭烈承之，雖在一隅，正統賴以不絶。後主亡而魏、吴分註，此正統之四絶也。晉武平吴，亦得正統，此正統之四續也。愍帝亡而元帝中興，雖在江南，而正統未絶。安帝爲桓玄所簒，未幾返正，以至恭帝禪宋而與魏分註，此正統之五絶也。自是歷齊、梁、陳、魏、齊、周，南北分註，比之隋文平陳【一五四】，而復得正統，此正統之五續也。隋恭帝侑廢，而

【一五三】昭襄王五十二年　「昭」原作「始」，據明鈔本改。

【一五四】比之隋文平陳　「比之」，馮本、明鈔本作「至」。

越王侗與唐高祖分註，此正統之六絶也。高祖武德五年乃得正統，此正統之六續也。昭宣帝爲朱全忠所篡，而晉與淮南以其用唐年號，特先梁而分註，此正統之七絶也。自是歷後唐、晉、漢、周，皆不得正統，可謂密矣。然正統之兼備，自三代以後，五季以前，往往不能三四。秦亡而漢高以興，隋亡而唐高以王【一五五】，正統之歸吾無間然。他如秦以無君無親嗜殺人，隋以外戚有反相，而皆得天下，是皆始不得其正者。其次如晉武帝襲祖父不義之業【一五六】，卒以平吴一統，而與秦、隋俱得正統，此其所未安也。有正者，其後未必有統，以正之所在而統從之，可也；有統者，其初未必有正，以統之所成而正從之，可乎？以秦、晉及隋槩之，羿、莽特其成敗有不同耳，顧以其終於僞定而以正歸之，殆於不可。故嘗爲之説曰：有正者不必有統，非漢、唐不與焉；有統者不必有正，雖秦、隋可濫數。夫有正者不責其統，以正之不可廢也；有統者終與之正，是不特統與正等，爲重於正矣。無統而存其正，統猶以正而存也；無正而與之統，正無乃以統而泯乎！若曰紀事之法，姑以是提其要耳。正與不正，萬世自有公論，則昔人正閏之論，猶不能一，而以是斷漢、魏之真僞，吾恐猶以彼三者藉口也。何以言之？以正言之，則正者爲正，不正者爲僭【一五七】。以統言之，則正固正也，統亦正也。今而曰朝覲、獄訟皆歸，便是正統，却使不得正統，如南北十六國、五代十國。有能以智力取天下而不以道【一五八】，如秦、晉與隋者，其必以正統歸之矣。莊周有言『竊鈎者誅，竊國者侯【一五九】』，此言雖小，可以喻大。

【一五五】唐高以王　「王」，馮本作「立」。

【一五六】其次如晉武帝　原「其次」前有「得」字，據馮本删。

【一五七】不正者爲僭　「僭」原作「國」，據馮本改。

【一五八】取天下而不以道　原無「以」字，據馮本、明鈔本補。

【一五九】竊國者侯　「侯」原作「王」，據《莊子》原文及馮本改。

蓋南北十六國、五代十國，竊鈎者也； 秦、晉及隋，竊國者也。 彼惛惛不知有如曹丕，憑藉世惡，幸及其身，而舜、禹之事吾知之矣，然世有公論在也。今以朱子正統之法，而使秦、晉及隋乃倖得之，使其尚存，其以計得者，將不以曹丕自説，而幸己之不與同傳；其以力得者，將又不曰湯、武之事。吾知乎，是後世無復有公論也，而可乎！ 夫徒以其統之幸得而遂畀以正，則自今以往氣數運會之參差，凡天下之暴者【一六〇】、巧者、僥倖者，皆可以竊取而安受之，而梟獍、蛇豕、豺狼，且將接跡於後世。爲人類者，亦皆俛首稽首厥角以爲事理之當然【一六一】，而人道或幾乎滅矣，天地將何賴以爲天地乎！ 竊謂三代而下，獨漢、唐、本朝可當正統，秦、晉與隋有統無正者當分註，薰蕕珷玉【一六二】，居然自明，漢、魏之際，亦有不待辨者矣。」

奉倩象山

荀奉倩以六籍爲聖人糟粕，據子貢言性與天道也。此與象山與學者言「六經幾箇不分不曉底」，子曰「賢，信得及否」數語相似，玄言與頓悟本相近也。

大行

大行乃不返之辭，見《昌邑王傳》韋註，平聲。理宗之喪，湖州教官劉億讀祝，依《文

【一六〇】凡天下之暴者　「暴」，馮本作「簒」。

【一六一】以爲事理之當然　原「事」後有「之」字，據馮本、明鈔本刪。

【一六二】薰蕕珷玉　「蕕」原作「猶」，據稗海本、學津本改。

選》註作去聲。所謂大行受大名，細行受細名，此雖謚法而實不然也。《前漢書音義》云：「禮有大行人、小行人，主謚號官也。」韋昭云：「大行，不返之辭，崩未有謚，故稱大行。」《穀梁傳》曰：「大行受大名。」《風俗通》云：「天子新崩，未有謚，故且稱大行皇帝。」義兩通，又見《安帝紀》註。

龍有三名

龍之名有三。龍見而雩，此謂東方七宿爲蒼龍。蛇乘龍，此謂歲星木精，木爲蒼龍，故歲星亦以龍名。並見《左傳》。又《淮南子》以青龍爲天之貴神【一六三】，即太歲異名。王莽《銅權銘》「歲在大梁，龍集戊辰」者，以歲爲歲星，龍爲太歲也。魏文昌殿《鍾簴銘》「歲在丙申，龍次大火」，是則以歲爲太歲，龍爲歲星，義得兩通【一六四】。若《張純傳》所謂攝提之歲，蒼龍甲寅，按是歲太歲在寅，故言攝提之歲。又云蒼龍甲寅，則是龍與歲疊指太歲而言駁【一六五】。右見吳斗南《兩漢刊誤補遺》。今按龍集者，歲星所集也。魏《銘》所指星也，莽《銘》乃易置爲太歲。今世皆以太歲爲龍集，蓋名用莽《銘》而實用魏《銘》也。若《張純傳》語則疊指太歲，其誤甚矣。又蒼龍甲寅，德在東宮，此以歲在寅，與甲相值【一六六】，甲位在東方故也。《王莽傳》亦云：「蒼龍癸酉，德在中宮【一六七】。」註云：「癸德在中宮。」按：杜欽云：「戊土，中宮之部，今癸北宮而云中宮者，以癸爲戊己

【一六三】又淮南子以青龍爲天之貴神　原無「以」字，據馮本、明鈔本補。

【一六四】義得兩通　「兩」原作「而」，據學津本及《兩漢刊誤補遺》卷九改。

【一六五】按是歲太歲在寅故言攝提之歲又云蒼龍甲寅則是龍與歲疊指太歲而言駁　原作「按是歲太歲而言駁」，據馮本、明鈔本及《兩漢刊誤補遺》卷九補其中二十三字。

【一六六】德在東宮此以歲在寅與甲相值　「德」字原在「與」前，據馮本及《兩漢刊誤補遺》卷九乙。

【一六七】蒼龍癸酉德在中宮　原無「宮」字，據馮本、明鈔本補。

也【一六八】。」此與《純傳》小異。《莽傳》又云：「今年刑在東方，是歲壬申，申刑寅，故也。」歐陽公《集古録》載隋《李康碑》云：「歲在亥，大將軍在酉。」公謂出於陰陽家，前史所未見。按：此即張晏所謂歲後二辰爲太陰者也。《抱朴子》有「諸臯太陰將軍」之稱，碑用其説。

押字不書名

余近見先朝太祖、太宗時朝廷進呈文字，往往只押字而不書名。初疑爲檢底而末乃有御書批【一六九】，殊不能曉。後見前輩所載乾淳間禮部有申祕省狀，押字而不書名者。或者以爲相輕致憾，范石湖聞之，笑其陋，云：「古人押字，謂之花押印，是用名字稍花之，如韋陟五朵雲是也【一七〇】。」豈惟是前輩簡帖，亦止是前面書名，其後押字。雖刺字亦是前書姓某起居【一七一】，其後亦是押字。士大夫不用押字代名，方是百餘年事爾。

蕞蕝【一七二】

蕞蕝二字，上音祖外反，小貌；下音租悦反，束茅表位，出《國語》【一七三】。叔孫通爲綿蕝野外，註：「立竹及茅索營之【一七四】，習禮儀其中。」師古曰：「蕞與蕝同，皆子説反。」然十七薛韻内只有此説蕝字，蕞字乃在十四泰【一七五】，音最。木待問輪對，誤讀蕞

【一六八】以癸爲戊己也　「戊己」原作「戊妃」，據明鈔本改。

【一六九】有御書批　馮本、明鈔本「批」下有「旨」字。

【一七〇】五朵雲是也　「朵」原作「孕」，據稗海本、學津本改。

【一七一】前書姓某起居　「書」原作「是」，據馮本、明鈔本改。

【一七二】蕞蕝　「蕝」原作「絶」，據稗海本、學津本及正文改。

【一七三】出國語　原「國」下空格，無「語」字，據明鈔本、稗海本、學津本、四庫本補。

【一七四】立竹及茅索營之　「營之」原作「不」，明鈔本作「營」，此據《漢書·叔孫通傳》應劭注改。

【一七五】蕞字乃在十四泰　原無「蕞字」二字，據馮本、明鈔本補。

爾之國作撮音，壽皇厲聲曰：「合作在最反讀爲是。」按：毛晃韻十七薛出蕝蕞二字，於十三蔡内亦有二字【一七六】，内蕝字下註「子芮反，束茅表位」，正叔孫通綿蕝之儀。《春秋傳》云：「置茅蕝也。」蕞字下註：「《史記·禮書》作綿蕞。」徐廣曰：「表位標準。」如淳曰：「置綿索，爲習肄處，謂以茅翦植地爲纂位【一七七】。」又於十四泰亦出二字，皆音祖外反【一七八】。別出一蕞字，祖外反【一七九】，小貌也。則二音皆可通用無疑。

五月五日生

五月五日生子，俗忌之，然不可一槩論也。姑書數事于此：田文以五月五日生，父命勿舉，母私舉之。文長，母以實告之【一八〇】，啟父曰：「不舉五月子，何也？」父曰：「生及户損父。」文曰：「受命於天，豈受命於户【一八一】？若受命於户，何不高其户？誰能至其户耶！」父知其賢，後封孟嘗君。俗以五月爲惡月【一八二】，故忌。《苑史記傳》。王鎮惡以五月五日生，家人欲棄之，其祖猛曰：「昔孟嘗君以此日生，卒相齊。此兒必興吾家。」以鎮惡名之。《南史》【一八三】。王鳳亦以五月五日生，其父欲不舉【一八四】，曰：「俗語舉此子，長及户則自害，否則害其父母。」其叔父曰：「昔田文以此日生，非不祥也。」遂舉之。《西京雜記》。胡廣以五月五日生，本姓黄，父母惡之，藏之葫蘆，棄之河流。岸側居人收養，及長，有盛名。父母欲取之，廣以爲背其所生則害義【一八五】，背其所養則忘恩，而無所

【一七六】亦有二字　「二」原作「一」，據馮本、明鈔本及下文意改。

【一七七】置綿索爲習肄處謂以茅翦植地爲纂位　《史記·叔孫通傳》裴注引如淳原文爲：「置設綿索爲習肄處，蕞謂以茅翦樹地爲纂位。」

【一七八】皆音祖外反　「音」原作「有」，據馮本、明鈔本改。

【一七九】祖外反　「祖」，明鈔本作「狙」。

【一八〇】母以實告之　原無「母」字，據明鈔本補。

【一八一】豈受命於户　原無「受」字，據馮本補。

【一八二】俗以五月爲惡月　原無「爲」字，據馮本、明鈔本補。

【一八三】南史　原爲正文大字，據文意改。據《太平御覽》卷三十一，王鎮惡事出《宋略》。

歸，托葫蘆而生也，乃姓胡名廣。後登三司，有中庸之號。《世説》。唐崔信明亦以五月五日正中時生，太史令占曰：「五月爲火，火爲離，爲文采，日正中，文之盛也。」及長，博文强記，下筆成章，終秦川令。徽宗亦以五月五日生，以俗忌改作十月十日爲天寧節。近世省吏翁應龍亦以五月五日生【一八六】，後受極刑。屈原則以五月五日投汨羅江而死【一八七】，楚人哀之，每至其時，以竹筒貯米投水祭之。《續齊諧記》。孝女曹娥，其父以漢安二年五月五日泝濤迎神溺死，娥年十四，乃號泣十七日，投江而死，三日後與父屍俱出。《東漢·列女傳》。

度宗祔廟無室

太廟自宣、僖、翼、順四祖爲祧，别於太廟西上爲祧殿以奉之，與太廟諸室並同列【一八八】，而各門以隔之。自太祖以下至理宗爲十四室，度宗之祔，在理宗東，已無所容，乃外闢東廡以處之，亦不祥矣。

徐留登第

留忠齋夢炎、徐徑畈霖在衢校【一八九】，俱受知於俞教任禮。俞善濮斗南，俞以二人屬之，徐魁南宮，留亦中選。每同詣濮，又同寓邸，而徐日湎于酒，無所聞知。時穆陵書

【一八四】其父欲不舉　「其」原作「者」，據馮本及《西京雜記》卷二改。

【一八五】廣以爲背其所生則害義　原無「背其所生則害義」七字，據馮本、明鈔本、稗海本補。

【一八六】近世省吏翁應龍　「吏」原作「史」，據馮本、明鈔本改。

【一八七】屈原則以五月五日投汨羅江而死　原「日」下有「生」字，據馮本、明鈔本删。

【一八八】與太廟諸室並同列　「列」原作「烈」，據明鈔本、稗海本、學津本、四庫本改。

【一八九】徐徑畈霖　「徑畈」原作「畈」，徐霖號「徑畈」，書中多次出現，今改之。

「后乂」、「克艱」二語以錫丞相史嵩之，謝表及記皆濮所爲。留刺知之，不以語徐，遂以自擬對策，遂冠多士云。

私取林竹溪

林竹溪希逸字肅翁，又號鬳齋，福清人。乙未，吴榜由上庠登第，凡三試，皆第四。是歲真西山知舉，莆田王邁實之亦預考校。西山欲出《堯仁如天賦》立説，堯爲五帝之盛，仁爲四德之元，天出庶物之首，西山以此題爲極大。實之云：「題目自好，但矮些箇。」西山默然。林居與王隔一嶺【一九〇】，素相厚善，省試前，林衣弊衣邀王車，密扣題意。王告以必用聖人以天下爲一家，要以《西銘》主意，自第一韻以後皆與議定，首韻用三極一家，次韻云：「大聖人之立極，合天下爲一家」，四韻堯宅禹宫，大鋪敘《西銘》。至是西山局於無題可擬，乃謂實之曰：「日逼，無題奈何？」王以位下辭避，西山再四扣之不已。王久之若不得已，乃以前題進，并題韻之意大略，西山擊節。至引試日，題將揭曉，循例班列拈香，衆方對越【一九一】，聞王微祝云：「某誓舉所知，神其鑒之。」是時鄉人林彬之元質亦在試中，上請以鄉音酬答，亦授以意，亦預選云。

【一九〇】林居與王隔一嶺　「嶺」原作「領」，據馮本改。

【一九一】衆方對越　「衆」原作「象」，據馮本、明鈔本、稗海本、四庫本改。

吴益登對

吴益爲院轄官日，因輪對上殿。理宗忽問曰：「白鹿之功，何如淮、淝？」奏曰：「不同。」又問所以不同，奏曰：「淮、淝之功，成於未濟；白鹿之功，成於已濟【一九二】。」上首肯之。賈師憲以此喜之。

朱王二事相同

朱元晦平生議論，前無古人，獨廟議以僖祖東向及社倉祖述青苗二事，與王介甫正同，殊不可曉。廟議見《中庸或問》及宋祁《祖宗配侑議》，《文鑑》卷百五。元晦以東向之説出於韓退之《禘祫議》，殊非公論。《南史》臧燾駁鄭玄以二祧爲文、武之謬，其語甚切，當併攷之。

方珠

横塘人褚生以右科入官【一九三】，與賈巨川涉有舊。初爲揚州一令，有妻，又贅於一宗姓之家。既而挾其資以逃，因遭褫剥。夤緣復官，既得連州【一九四】，蓄徒二百，專事采珠。有舶商得方珠，褚知之，因矯朝命，籍而取之。經司風聞，復遭廢停。已過滿半年，後

【一九二】淮淝之功成於未濟白鹿之功成於已濟　原作「淮淝之功成於已濟」，據馮本、明鈔本補。

【一九三】以右科入官　原無「入」字，據馮本、明鈔本補。

【一九四】既得連州　「連州」，稗海本作「廉州」。

至者擠之，遂飲酖而殂。方珠者竟莫知所在。且珠者貴圓、貴色、貴大，如珠不圓，更無色，何足貴？

張約齋傭者

張約齋功甫初建園宅【一九五】，傭工甚衆。内有一人，貌雖瘠而神采不凡者，張頗異之，因訊其所以。則云本象人，以事至京，留滯無以歸，且無以得食，故不免爲此。張問其果欲歸否？答曰：「雖欲歸，柰無路途之費。」張曰：「然則所用歲何？」遂如數賙之。且去，不復可知其如何也。未幾，張以罪謫象州，牢落殊甚。一日，忽有來訪者，審則其人也。於是爲張營居止，且貸以資，使爲生計，張遂賴以濟。後張殁於家，其人周其葬事畢，亦莫知所在。

禁男娼

書傳所載龍陽君、彌子瑕之事甚醜，至漢則有籍孺、閎孺、鄧通、韓嫣、董賢之徒，至於傅脂粉以爲媚。史臣贊之曰：「柔曼之傾意【一九六】，非獨女德，蓋亦有男色焉。」聞東都盛時，無賴男子亦用此以圖衣食。政和中，始立法告捕，男子爲娼者杖一百，賞錢五十貫。吴俗此風尤盛，新門外乃其巢穴。皆傅脂粉，盛裝飾，善針指，呼謂亦如婦人，以之求食。其爲首者號師巫行頭，凡官府有不男之訟，則呼使驗之。敗壞風俗，莫甚於此。然未見有

【一九五】張約齋功甫初建園宅　原無「功」字，據明鈔本補。

【一九六】柔曼之傾意　「意」原作「國」，據馮本、明鈔本及《漢書》卷九十三班固贊改。

舉舊條以禁止之者，豈以其言之醜故耶？

趙春谷斬蛇

趙暨守衢日，所任都吏徐信，興建佑聖觀，斂民財甚夥。未幾，犇寇作，信以致寇抵罪而死，然民之詣祠如故，特太守不復往。趙孟奎春谷始至，以典祀亦往致敬。已而得堂帖，從前守陳蒙所申，命加毀拆。民投牒求免，而主祀祠黄冠遇大蛇於道，謂神所憑，率民以禱，曰："果神也，盍詣郡。"遂以蛇至倅廳，以白郡。趙曰："此妖也。"以黄冠爲惑衆，械繫於獄，繼取蛇貯以大缶，加封閉焉。三日獄成，黄冠坐編置，而戮蛇於市，人咸壯之。

三山詔歲舉送

三山舊例，詔歲試，每場兩日，帥於譙樓揖士，蓋貢院在樓之内也。樓頭贊揖，士子同應，聲如奔雷，試者無慮數萬【一九七】。雜以市人群不逞旗號，紛然搶案占廊，奔突可畏【一九八】。乙卯詔下，王敬岩偘以憲帥自出新意，設幔於貢院前以揖士，且使憲司團結軍士持械羅列，以遏其沖。有好事者書紙爲旗，云："聖天子下詔求賢，王提刑統兵揖士。"偘見之，斂避而退。

【一九七】試者無慮數萬　原無「試」字，據馮本、明鈔本補。

【一九八】奔突可畏　按：本句「可」字以下至下文末「斂避而退」七十一字，原闕，據馮本、明鈔本補。

余閲陸、王諸家《小名録》，歎其書闕不具【一九九】，如兹集烏孫、關孫之類，一一續補，可以傲董彦遠家子弟矣。宋末文體之變，三學之横，被此老痛言之，真堪醫俗。但恨男娼、過癩穢褻之語，亦並存耳。其游閲古泉一段，不遜陸放翁《閲古泉記》，放翁獨見誚于世，惜哉！　虞山毛晉識。

【一九九】歎其書闕不具　「闕」原作「關」，據學津本改。

續集上

羅椅

羅椅字子遠，號磵谷，廬陵産也。少年以詩名，高自標致，常以詩投後村，有「華裾客子袖文過」之句，知其爲巨富家子也。壯年留意功名，借徑勇爵，捐金結客，馳名江湖。時方向程、朱之學，於是盡棄舊習而學焉。然性理之學必須有所授，然後名家，於是尊饒雙峰爲師。時四方從之者數百，類多不能文之人。子遠天資素高，又濟之以性理之學，竟爲饒氏高弟，其實欲蓋陶、猗之名也。未幾，以李之格薦，登賈師憲之門。久之，賈惡其不情，心薄之。時在江陵，值庚申透渡之事，遂去賈往維揚，依趙月山。日起。遂青鞋破褙，蓬頭垢面，儼然一貧儒也。月山得其銜袖之文甚喜，遂延之教子，賓主極相得。未幾，師憲移維揚，月山仍參閫幕。一日話間云：「兒輩近得一師，善教導，蓋廬陵羅兄也，才美可喜，但一貧可念也。」師憲先廉知爲子遠，詒月山云：「好秀才能教子弟，極難得，願見其人。」月山遂拉子遠出見之，師憲爲之絶倒。月山茫然問所以，師憲曰：「此江西羅半州也，其家富豪十倍於我輩，執事高明，乃爲所欺耶！」月山甚慚。子遠知踪跡已露，遂告别而去。既而登丙辰第，以秉義郎换文林，爲江陵教，又改潭教。潭之士聞其來，先懷輕侮之意，及至首講《中庸》，亹亹可聽，諸生乃無語。及辛贛之信豐，登纔爲提轄權貨務，賈師憲既知其平生素詭詐，不然之，久而不遷。至度宗升遐，失於入臨，於是臺評論罷而去。饒雙峰者，鄱陽人，自詭爲黄勉齋門人，於晦菴爲嫡孫行。同時又有新淦董敬菴、韓秋巖，皆爲雙峰門人，子遠與之極相得，互相稱道。及世變後，道學既掃地，董、韓再及門，則子遠不復納之矣。董、韓亦行怪者，俱不娶。雙峰死，二君匍匐往哭，縞素背負木主。每夕旅邸輒設位奉木主哭臨之，旅主人皆患苦之。及道由撫州，黄東發震時爲守，津吏報云：「有二秀才素衣背位牌入界，大哭而去，行止怪異，不知何人？」東發聞之，即往迎之，亦製服於郡廳設位，三人會哭，俱稱先師之喪。及自石洞回，東發聘董爲臨汝堂長，書幣極厚，留韓郡齋。蓋一時道學之怪，往往至此，時人有言云：「道學先牌人慫行。」董敬菴，淦之浮薄者，鄉人呼爲董苟菴。韓自詭爲魏公之裔，僻居蔀屋，而榜帖則必稱本府。常語朋友云：「先忠獻王勳德在國史，先師文公精神在《四書》，諸賢不必對老夫説功名、説學問。」以此往往爲後生輩所譏云。

大打圍

北客云：「北方大打圍，凡用數萬騎，各分東西而往，凡行月餘而圍始合，蓋不啻千餘里矣。既合，則漸束而小之，圍中之獸皆悲鳴相弔。獲獸凡數十萬，虎狼、熊羆、麋鹿、野馬、豪猪、狐狸之類皆有之，特無兔耳。獵將竟，則開一門，廣半里許，俾餘獸得以逸去。不然則一網打盡，來歲無遺種矣。」又曰：「未獵之前，隊長去其頭帽，於東南方開放生之門。如隊長復帽，則其圍復合，衆始獵耳。」此亦湯王祝網之意也。

水竹居

薛野鶴曰：「人家住屋，須是三分水，二分竹，一分屋，方好。」此説甚奇。

宋彦舉鍼法

趙子昂云：「北方有宋彦舉者，鍼法通神，又能運氣。謂初用鍼即時覺熱，自此流入經絡，頃刻至患處。用補瀉之法治之，則病愈而氣血流行矣。」

劉漢卿郎中患牙槽風，久之頷穿，膿血淋漓，醫皆不効。在維揚有丘經歷，益都人，妙鍼法，與鍼委中及女膝穴，是夕膿血即止，旬日後頷骨蜕去，别生新者。其後張師道亦患此證，亦用此法鍼之而愈，殊不可曉也。丘嘗治消渴者，遂以酒酵作湯，飲之而愈，皆出於意料之外。

委中穴在腿䐑中，女膝穴在足後跟，俗言丈母腹痛灸女婿脚後跟，乃舛而至此，亦女膝是也。然《灸經》無此穴。又云女須穴。

華夷圖石

汴京天津橋上有奇石大片，有自然《華夷圖》，山青水緑，河黄路白，粲然如畫，真異物也。今聞移置汴京文廟中，作拜石。伯幾、月觀皆云。

縉雲葉醫

括之縉雲有葉醫，挾術頗精。一夕，忽夢追至城隍，主者戒云：「凡今北之人虐南人，蓋有數。若南人恃北執以虐南人者，此神明之所甚怒，罪無赦。趙某者，昔在福州日殺人至多，獲罪於天，今使之得瘖疾而死【一】。或以穀二石、酒二斗、雞四隻相邀，汝慎毋往。不然，逆天之罪，不可違也。然於次日必有葉氏亦以此數相償，且有重獲也。」既覺，惴惴然，遂往廟中炷香。甫歸家，而趙氏之家令人果以物至相邀，遂辭以疾，不往。次日，葉府召醫，疾愈，以物酧謝，乃雞、酒、穀如夢中之數。收功獲謝，而趙則殂矣。蔡蓮潛云。

洪渠

高踈寮守括日，有籍妓洪渠者，慧黠過人。一日，歌《真珠簾》詞，至「病酒情懷猶困

【一】今使之得瘖疾而死　「瘖」原作「音」，據學津本改。

懶」，使之演其聲若病酒而困懶者，疎寮極稱賞之。適有客云：「卿自用卿法。」高因視洪云：「吾亦愛吾渠。」遂與脱籍而去，以此得嘖言者。

插花種菊

春花已半開者，用刀翦下，即插之蘿蔔上。却以花盆用土種之，時時澆溉，異時花過則根已生矣。既不傷生意，又可得種，亦奇法。沈草庭云。梅雨中，旋摘菊叢嫩枝，插地下作一處，以蘆蓆作一棚，高尺四五，覆之。遇雨則除去以受露，無不活者。且叢矮作花可觀，上盆尤佳。

大野猪

北方野猪大者數百斤，最獷悍難獵。每以身揩松樹，取脂自潤，然後卧沙中，傅沙於膏。久之，其膚革堅厚如重甲，名「帶甲野猪」，雖勁弩不能入也。其牙尤堅利如戟，馬至，則以牙梢之，馬足立傷，雖虎豹所不及也。又云：獵犬之良者最畏狐，蓋狐善以穢氣薰犬，目即瞽。故獵者凡見狐必收犬【二】，蓋恐爲所損也。胡德齋。

【二】故獵者凡見狐必收犬　「故」原作「收」，據稗海本、學津本改。

天花異

戊子五月初二日以來，日光中有若柳絮，如雪片者【三】，飛舞亂下，人皆鬨傳以爲天花者。至初四日大雷雨，飛雹大者如當三錢，始知連日所謂天花者，即雪也，及飛下則以爲雹耳【四】。蓋小片半空已化於烈日，中大者乃乘風而墜耳。繼聞沈氏失冰一窨。次日，王子才自越來，則知越中端午日大雹，西廊門冰亦失其半【五】。按：寧宗嘉定甲戌九月朔，日食之既，日傍有星見，及有飛片如雪母之狀自天飄下，今之天花殊類此也。

西域玉山

劉漢卿嘗隨官軍至小回回國，去燕數萬里。每雨過，山泥淨盡，數百里間皆玉山相照映，碧澱子皆高數尺，豈所謂瑯玕者耶？

靈壽杖

又云：靈壽杖出西域，自黄河隨流而出，不知爲何木？其輕如竹，而性極堅韌。又有赬柳，色如紅玉，亦可爲杖，能辟雷，每雷作時，杖頭皆有火光，殊不可曉。又有大桃核如升，可以破而爲碗，皆自黄河流下，不知何國物也。

【三】如雪片者　「片」原作「片片」，據學津本删。

【四】及飛下則以爲雹耳　原作「及飛下人則以雹耳」，據學津本改。

【五】端午日大雹西廊門冰亦失其半　「雹」原作「電」，「冰」作「雪」，據學津本改。

改安吉州

或言湖州以潘丙之事，改名安吉州，乃寓「潘丙」二字，史相之狡獪也。

二王入閩大略

德祐丙子正月十二日之事，陳丞相宜中與張世傑皆先一日逃往永嘉。次日，蘇劉義、楊亮節【六】、張全挾二王及楊、俞二妃行，自漁浦渡江，繼而楊駙馬亦追及之。至婺，駙馬先還，二王遂入括。既而陳丞相遣人迎二王，竟入福州。丁丑五月朔，於福州治立益王，即吉王，方八歲。改元景炎。立之日，衆方立班，忽有聲若兵馬至者，衆驚甚，久乃止。益王鋭下，一目幾眇。是歲大軍至，遂入廣州，至香山縣海中，大戰而勝，奪船數十艘。繼而北軍再至，遂致敗績，益王墜水死。陳宜中自此逃去，竟莫知所之。繼又至雷州，駐碙洲，屬雷州界。立廣王，後封衞王，俞妃所生。貌類理宗。即位之日，有黑龍見，兩足一尾，改號祥興。至己卯歲二月，北軍大至，戰于厓山。初以乏糧，遣心腹賫銀上岸糴米，至是衆船出海口迎戰，而所遣者未還。張世傑云：「若棄之而去，後來何以用人？」遂決計不動。遂決戰，自曉至午，南北皆倦，欲罷。平日潮信凡兩時即退，適此日潮終夕不退，北軍雖欲少退，而潮勢不可，遂死戰。南軍大潰，王及樞密使陸秀夫、字君實。楊亮節皆溺海而死焉，

【六】楊亮節　「楊」原作「張」，據後文及《宋史》卷四十七改。

時二月六日也。此役也，皆謂蘇劉義實著忠勞云。姜大成云。

海船頭髮

澉浦楊師亮航海至大洋，忽天氣陡黑，一青面鬼躍入舟中，繼有一美婦人至，顧左右取頭髮。舟人皆辭以無，婦人顧鬼自取之，即於船板下取一籠，啓之，皆頭髮也。婦人揀數束而去。

海神擎日

揚州有趙都統，號趙馬兒，嘗提兵船往援李璮於山東。舟至登、萊，殊不可進，滯留凡數月。嘗於舟中見日初出海門時，有一人通身皆赤，眼色純碧，頭頂大日輪而上，日漸高，人漸小，凡數月所見皆然。

戊子地震

至元二十五年戊子歲冬十月二十四日丙子，夜正中，地大震。始如暴風駕海潮之聲自西南來，雞犬皆鳴，窻户磔磔有聲。繼而屋瓦皆摇，勢若掀箕。余初聞是聲大驚，以爲大寇至，懼甚，噤不敢出息。繼而覺卧榻撼如乘舟迎海潮，始悟爲地震也。遠近皆喧呼，或以爲火，凡兩茶頃，甫定。次日，親朋皆相勞問，互言所聞。至十一月初九日庚辰辰時又震。余向於庚子歲侍先子留富沙【七】，曾經此變，乃晡時，杭、霅則在二鼓後，此理不可曉。

江西術者奇驗

咸淳甲戌之春，余爲豐儲倉，久以病痁不出。忽聞賈師憲丁母憂而出，凡朝紳以至景局皆往唁奠【八】，送之江干。同官曾朝陽來問疾【九】，因及此事，云：「師憲旦夕必再來。」余曰：「此公請歸之章凡十餘，今適有此，必不復來矣。」曾曰：「江西一術者，其言極神，前日來，嘗扣之，云：『此人不出今歲必再來，尚可洗日一番。然自此以往，凶不可言矣。』」余深不以爲然。至秋，度宗升遐，繼而有潰師亡國之禍，果如其言。惜當時不曾扣問術者姓名也。

天裂

咸淳癸酉十月，李祥甫庭芝自江陵被召至京口。一日午後，忽見天裂，見其中軍馬旗幟甚衆，始紅旗，繼而皆黑旗，凡一茶頃乃合，見者甚衆。趙德潤。

【七】余向於庚子歲侍先子留富沙　「侍」原作「時」，據學津本改。

【八】凡朝紳以至景局皆往唁奠　「景」，四庫本作「各」。

【九】同官曾朝陽來問疾　「朝陽」原作「昭陽」，據《志雅堂雜鈔》卷下、《齊東野語》卷一四改。

李醉降仙

應山在淮闓日，吕少保薦一術士，能降仙，豪於飲，號曰李醉，施州人。凡有所禱祈，令人自書一紙，實卷之，以香一片，令自祈禱，且自緘封、書押，并金紙一百焚於香爐中。然後索酒痛飲，多至四五斗。乃濃墨大書，或草，或畫卦影，或賦詞詩之類，多至數十紙，皆粲然可讀。其答所問，往往多驗。一日，應山密書以扣襄、樊之事，醉後大書十字云：「山下有朋來，土鼠辭天道。」每字徑尺餘。至甲戌歲，度宗升遐，解者謂度宗庚子生，納音屬土，所謂土鼠者耶。德潤。

海井

華亭縣市中有小常賣鋪，適有一物，如小桶而無底，非竹非木，非金非石，既不知其名，亦不知何用。如此者凡數年，未有過而睨之者。一日，有海舶老商見之，駭愕，且有喜色，撫弄不已。叩其所直。其人亦駔黠，意必有所用，漫索五百緡。商嘻笑償以三百，即取錢付駔。因叩曰：「此物我實不識，今已成交得錢，決無悔理，幸以告我。」商曰：「此至寶也，其名曰海井。尋常航海必須載淡水自隨，今但以大器滿貯海水，置此井於水中，汲之皆甘泉也。平生聞其名於番賈，而未嘗遇，今幸得之，吾事濟矣。」

狗畏鼻冷

狗最畏寒，凡卧必以尾掩其鼻，方能熟睡。或欲其夜警，則翦其尾，鼻寒無所蔽，則終夕警吠。

鑿井法

北方鑿井，動輒十餘丈深尚未及泉，爲之者至難。或泉不佳，則費已重矣。後見一術者云：「凡開井，必用數大盆貯水，置數處，俟夜氣明朗，於盆内觀所照者星光何處最大而明，則地中必有甘泉也。」試之屢驗。伯機。

重窖

自兵火以來，人家凡有窖藏，多爲奴僕及盜賊、軍兵所發，無一得免者。獨聞一貴璫家獨有窖藏之妙法：須穿土及其下，置多物訖，然後掩其土石，石上又覆以土，復以中物藏之，如此三四層，始加甃砌。異日或被人發掘，止及上層，見物即止，却不知其下復有物也，多者儘藏於下。此説甚奇。

日形如瓠

范元章聞之本心翁，謂曾見錢浩達可云：「戊子十月内，早出郭，日初出，略無精光，其形如瓠，既而變方，乃就圓，殊不可曉也。」

葉李遭鯨

葉亦愚上書後，朝廷捕之甚急，遂禱之霍山張王廟。是夕，夢一白衣裹帽人，指庭下一雞爲蛇所纏，牢不可解。其後有鯨而王之驗。二物，巳酉合也。

地連震

紹定戊子八月初三日二鼓，雷雨之聲自東北來，地遂震，四鼓再震。九月十三日夜又震。謝密菴云：「春秋二百四十二年，地震者五，今連及三震焉。」其後嘉熙庚子地震，戊子歲十月地震，十一月又震，却一甲子矣。

蜀人不浴

蜀人未嘗浴，雖盛暑不過以布拭之耳。諺曰：「蜀人生時一浴，死時一浴。」

梅無仰開花

杜南谷云：「梅花却無仰開者，蓋亦自能巧避風雪耳。」驗之信然。

柵沙武口

北軍未渡之時，守把統制官王順欲柵沙武口及沌口。以此二處江水極深，難於用工，遂用披搭敝舟百餘隻，載沙石沉之。繼以石笳土囊壓下，就用檣竿打爲樁柵，不兩日即辦。蓋長江之險，此二處最爲要害故也。夏貴乃以爲不然，遣人盡去樁柵，欲縱北船入口，然後與戰。順極以爲憂，請披搭船三百隻，左右前後皆置棹。先棹以迎之，俟彼船出口子，即以鐵猫兒罥定，復回棹拽其船以歸。蓋口子既小，自不容竝進，不過盡入吾穽中乃已。夏老復忌其功，不以爲然。及北船盡出之後，散漫大江之中，守兵僅能與未去口子者相拒，而餘舟皆已飛渡滸、廣矣。

李仲賓談鬼

李仲賓衎父少孤貧，居燕城中。荒地多枸杞，一日，踰隣寺頹垣往采杞子。日正午，方行百餘步，忽迷失故道。但見廣沙莽莽，非平日經行境界，心甚異之。舉頭見日色昏，猶能認大悲閣爲所居之地，遂向日南行，循閣以尋歸路。忽見一壯夫，白帶方巾，步武甚健，厲聲問往何方。方錯愕間，遽以手捽其胸。李素多力善搏，急用拳捶之，其人仆，已失其首。心知爲鬼物，然猶踉蹌相向，李復以拳仆之，隨仆隨起者十餘次，其人遂似怒而去。既稍前，則無首者踞坐大石上以俟，意將甘心焉。然路所必經，執不容避，忽記腰間有采杞之斧，遂持以前。其人果起而迎之，遂斧其頸，鏗然有聲，乃在青石上。其人寂然不見，而異境亦還元觀，乃私識其處而歸。家人見其神采委頓，問之，則不能語。越宿，方能道所以。遂偕數人往訪其處，果有斧痕在石上。遂啓其石，下乃眢井，井中皆枯骸也。詢之，蓋亡金兵亂中死者，遂函其骨遷窆他所，後亦無他。

大興獄鬼

仲賓又云：「向在燕爲太常令史，太常官廨向爲大興獄，聞有物怪，往往能殺人。時年少氣壯勇，方秋初，一夕守宿官舍，一僕自隨，亦以暑甚出外舍，遂獨據炕酣寢。至夜半，忽房門軋然有聲而開，驚覺，則胸間憒悶，若壓氣不甦醒。極力微開目，見一人，黑色，乘微月率率有聲而前，既進復退。於是恐甚，極力瞠目起坐，則房門未嘗啓也。頃之，其人復來，思有以禦之，適無他物，僅有皮靴一雙於其前，俟其稍近，以靴擲之，劃然有聲如雉鳴，用手斜拉窗眼而去。至曉觀之，其手拉窗處，每窗眼皆圓竅數十，破處皆如一，紙雖破而不脱，竟不知爲何怪也。」

梨酒

仲賓又云：「向其家有梨園，其樹之大者，每株收梨二車。忽一歲盛生，觸處皆然，數倍常年。以此不可售，甚至用以飼猪，其賤可知。有所謂山梨者，味極佳，意頗惜之，漫用大甕儲數百枚，以缶蓋而泥其口，意欲久藏，旋取食之。久則忘之，及半歲後，因至園中，忽聞酒氣熏人，疑守舍者釀熟，因索之，則無有也。因啓觀所藏梨，則化之爲水，清泠可愛，湛然甘美，真佳醖也，飲之輒醉。回回國葡萄酒止用葡萄釀之，初不雜以他物。始知梨可釀，前所未聞也。」

四明延壽寺火

四明延壽寺，在城大刹也。三十年前，僧良月溪者爲知客，一夕，夢本寺所奉四明尊者告之曰：「三十年後，當使瓦礫化爲黄金。」適符吉夢。至明年己丑正月初四日，乃四明尊者忌辰，作會。次日，戴覺民家火作，延燎寺中，一椽不留，其應乃如此。先是一月前，有汪氏子名信道者，夢其祖宗云：「火災當起於汝家，吾力告免於神，今已得一同姓名者代矣。」及火作，乃起於戴氏閽人汪信之家，與信道僅有一字之異。所毁幾萬家，凡壬午年火所不及者，皆不得免。其新舊界址截然，若有神所司者，此尤可怪云。

合樂諧和

嘗聞梨園舊樂工云：「凡大燕集樂初作，必先奏引子。謂如大石調引子，則自始至終，凡絲竹歌舞，皆爲大石調。直至別奏引子，方隨以改爲耳。」又云：「凡燕集初作，或用上字煞，或用工字煞【一〇】，必須衆樂皆然，是謂諧和。或有一時煞尾參差不齊，則謂之不和，必有口舌不樂等事。前後驗之，無不然者。」以此推之，則樂之關乎治亂，爲不誣矣。

盜馬踏淺

甲戌透渡之事，其先乃因淮閫遣無鼻孔回回潛渡江北盜馬，或多至二三百匹。其後遂爲所獲，遂扣其渡江踏淺之處，乃自陽羅堡而來。於是大江可涉地，北盡知之，遂由其處而渡焉。

于闐玉佛

伯顔丞相嘗至于闐國開省。於其國中開井，得白玉佛一身，高三四尺，色如截肪，照

【一〇】或用上字煞或用工字煞　「煞」原作「然」，據四庫本改。

之皆見筋骨脈絡，已即貢之上方。又有白玉一段，高六尺，闊五尺，長一十七步，即長八丈五寸也。以重不可致。

狗站

伯機云：「高麗以北地名別十八，華言乃五國城也。其地極寒，海水皆冰，自八月即合，直至來年四五月方解。人物行其上，如履平地。站車往來，悉用四狗挽之，其去如飛。其狗悉諳人性，至站亦有狗分例【一二】，稍不如儀，必至嚙死其人。

姨夫眼眶

帍音望。令史河間人，其妻常爲白衣男子所據，來則痛飲，然後共寢。帍不勝其忿，於是仗利刃伺於牀下。既而果來，擁婦劇飲，大醉，方欲就睡。掩其不備，以刃刺之，白衣沿壁而上，蹻捷如飛，因逆刃搶殺之。墮地化爲霜毛白鼠，身長五尺許，雙目爛然，遂抉其目珠，色深碧而徑寸，宛似瑟瑟。夜至暗室，有光芒尺餘，北人戲名曰「姨夫眼眶」。蓋北人以兩男子共狎一妓，則呼爲姨夫，故以爲戲云。伯機。

【一二】至站亦有狗分例　「有」原作「破」，據《輟耕録》卷八改。

偏僻無子

施仲山云：「士大夫至晚年多事偏僻之術，非惟致疾，然不能有子。蓋交感之道，必精與氣接，然後可以生育。而偏僻之術必加繫縛之法，氣不能過，是以不能有子也。愛身者當慎之！」

琴應絃

琴間指以一與四、二與五、三與六【一二】、四與七爲應，今凡動第一絃，則第四絃自然而動。試以羽毛輕纖之物，果然。此氣之自然相感動之妙。紫霞翁。

治物各有法

金花定碗用大蒜汁調金描畫，然後再入窰燒之，永不復脱。凡玉工描玉，用石榴皮汁描之，則見水不去。壘珠相思子磨汁綴之，白芨亦可。則見火不脱。凡事皆有法。

金鳳染甲

鳳仙花紅者用葉擣碎，入明礬少許在内，先洗淨指甲，然後以此傅甲上，用片帛纏定

【一二】二與五三與六　原作「二與五六」，據《志雅堂雜鈔》卷五補。

過夜。初染色淡，連染三五次，其色若胭脂，洗滌不去，可經旬，直至退甲，方漸去之。或云此亦守宮之法，非也。今老婦七八旬者亦染甲。今回回婦人多喜此，或以染手并猫狗爲戲。

杭城食米

余向在京幕，聞吏魁云：「杭城除有米之家，仰糴而食凡十六七萬人。人以二升計之，非三四千石不可以支一日之用。而南北外二廂不與焉，客旅之往來又不與焉。」

開慶六士

陳宜中、曾唯、黄鏞、劉黻、陳宗、林則祖，皆以甲辰歲史嵩之起復上書，倡爲期之論。一時朝紳如盧鉞【一三】、徐霖、元杰、趙無隨皆和之，時人號爲「六君子」。既貶旋還，時相好名，牢籠宜中爲倫魁，餘悉擢巍科，三數年間皆致通顯。然夷攷其人平日踐履，殊有可議者，然同聲合黨，孰敢攖其鋒。郭方泉聞在臺日，嘗疏黄鏞之罪，因論虚名之弊。時宜中在政府，黻在從班，競起攻之，閶爲之出臺。及鏞知盧陵，文宋瑞起義兵勤王，百端沮之，遂成大隙。既而北兵大入，則如黄、如曾數公，皆相繼賣降。或言其前日所爲皆僞也。於是有爲之語云：「開慶六君子，至元三搭頭。」宋之云亡，皆此輩有以致之，其禍不止於典午之清談也。

【一三】盧鉞　原作「盧越」，據《宋史》卷四一四、《宋季三朝政要》卷二改。

【一四】范元章向在魏明己館中　「在」原作「者」，據學津本改。

范元章夢

范元章向在魏明己館中【一四】，嘗赴省試，夢至大宫殿，手執文書，歷階而上。自顧其身則挂緑衣，既而有衣皂褙者亦欲進，爲左右所却，以爲無緑衣而不可進。范遂脱所衣緑袍與之，其袍内乃著粉青戰袍。旁有嘲之者，答云：「無笑，此乃銀青袍也。」及寤，雖喜衣緑之吉，又有脱袍之疑。既而中第，辭魏氏館，繼之者乃蜀人税某也，次舉亦第，於是脱袍之徵已驗。獨不曉銀青之説，然自喜，以爲此必異時所至之官也。臨安鹽倉批滿，則謝堂實尹京，其銜乃銀青光禄大夫，時事已異，僅止於此。是以知人生皆有分定，不容少有僥倖也。

福王婚啓

福王之子娶全竹齋少保之女，婚書一聯云：「依光薊北，苟安公位之居；回首江南，惟重母家之念。」亦有味也。時福王爲平原郡公。

雷雪

至元庚寅正月二十九日癸酉，是年二月三日春分，余送女子嫁吴氏至博陸。早雪作，至未時電光，繼以大雷，雪下如傾，而雷不止，天地爲之陡黑。余生平所未見，爲驚懼者終日。客云：「記得春秋魯隱公九年三月、三國吴主孫亮太平二年二月、晉安帝元興三年正月、義熙六年正月，皆有雷雪之變。」未及考也。

醫術

吾鄉醫者龐良臣、良材兄弟二人，指上頗明，最是暗記諸藥方不差分毫，爲難能也。永嘉術者陳獨步瞽而善記，每有客自外來，聞其聲即知其爲何人也，誦言一别今幾何歲矣，台庚乃某年某月日時者乎，略無一差。吾鄉張神鑑亦瞽而善記，胸中所儲無慮數萬。每談一命，則旁引同庚者數十，皆歷歷可聽。又有張五星亦瞽而慧，善辨寶玉，此猶是暗中摸索。至於能别婦人妍醜，聞其聲欬，扣問數語，即知其人美惡情性。趙信國丞相專俾置姬妾并玉器云。

湖翻

庚寅五月，連雨四十日，浙西之田盡没無遺，農家謂尤甚於丁亥歲，雖景定辛酉亦所不及也。幸而不没者，則大風駕湖水而來，田廬頃刻而盡，村落名之曰「湖翻」。農人皆相與結隊，往淮南趁食，於太湖買舟百十餘，所載數千人同往。甫至湖心，大風驟至，悉就溺死。又有千餘人渡揚子江，濟者同日亦沉于江。淨慈、靈隱皆停堂，客僧數百皆渡江還浙東。内四僧偶别門徒，至中途忘攜雨具，還取之，至江干則渡舟解維矣。方悵然自失，舟至中流亦爲風浪所覆，四僧幸而得免。豈非所謂劫數者耶！

回回沙磧

回回國所經道中，有沙磧數千里，不生草木，亦無水泉，塵沙眯目，凡一月方能過此。每以鹽和麵作大臠，置橐駞口中，仍繫其口，勿令噬嗑，使鹽麵之氣沾濡，庶不致餓死。人則以麵作餅，各貯水一榼於腰間，或牛羊渾脱皮盛水置車中。每日略食餌餅，濡之以水。或迷路水竭，太渴，則飲馬溺，或壓馬糞汁而飲之。其國人亦以爲如登天之難。今回回皆以中原爲家，江南尤多，宜乎不復回首故國也。

短蓬

楊大芳嘗爲明州高亭鹽場。場在海中，或天時晴霽，時見如匹練横天，其色淡白，則晴雨中分，土人名之曰「短蓬」，亦蜃氣之類也。

子山隆吉

梁棟，字隆吉，鎮江人，登第，嘗授尉，與莫子山甚稔。一日，偶有客訪子山，留飲，作菜元魚爲僎。偶不及棟，棟憾之，遂告子山嘗作詩有譏訕語，官捕子山入獄。久之，始得脱而歸，未幾病死。余嘗挽之云：「秦邸獄成盃酒裏，烏臺禍起一詩間。」紀其實也。後十年，棟之弟投茅山許宗師爲黄冠，許待之厚。既而棟又欲挈妻孥而來，許不從，棟遂大駡之。許不能堪，遂告其曾作詩云「浮雲暗不見青天」，指以爲罪。於是捕至建康獄，未幾病死。此恢恢之明報也。

蹇材望

蹇材望，蜀人，爲湖州倅。北兵之將至也，蹇毅然自誓必死，乃作大錫牌，鐫其上曰：「大宋忠臣蹇材望。」且以銀二笏鑿竅，併書其上曰：「有人獲吾屍者，望爲埋瘞，仍見祀，題云：『大宋忠臣蹇材望。』此銀所以爲埋瘞之費也。」日繫牌與銀於腰間，只伺北軍臨城，則自投水中，且遍祝鄉人及常所往來者，人皆憐之。丙子正月旦日，北軍入城，蹇已莫知所之，人皆謂之溺死。既而北裝乘騎而歸，則知先一日出城迎拜矣，遂得本州同知。鄉曲人皆能言之。

船吼

甲戌歲，越中滎邸兩舫舟忽有聲如牛吼，移時方止，俗謂之「船吟」，不祥之徵也。未幾，有透渡之禍。庚寅歲十一月朔，西興渡以舟子不謹，驅趁渡人上沙太早，既而潮至，趨岸不及，溺死者近百人。時王篠竹、孫小隱同問渡，目覩其事，以鈔一錠命舟，僅救三人。孫遂以事白省，遂斷兩監渡官各一百七下，梢人則處典刑，以謝溺者。既而渡口之舟復大吼，豈溺者有知而然邪！

古獄塔燈

武林右司理院昔爲僧寺，有大石塔在焉。風雨陰晦之夕，或現一燈於上，則府主必移易獄有故。甲戌歲，范元章攝右獄日，親見之。此燈或多至六燈，兩兩相竝於塔之半，其色淡紅而微青，凡數見之。

成都惡事

魏明己之姪有六直閣者，云少年在成都，時方承平，繁盛與京師同。一日入酒肆中坐，覺卓下有所遺物如鑰匙之狀，極其光瑩，俱各不等，凡數十枚，莫曉其爲何物，姑收置之佩囊中。因遊狹斜，至深夜方歸。忽有三四少年揖於道旁，爲禮甚恭，然皆平生素昧者。力邀於酒肆中，堅辭不可，酒再行，乃出向所得如鑰之物見還。云：「某輩不知先生在此，輒犯不韙，兹謹納還，然所願受教於明師。」魏聞其言，略不知所謂，亦不知此爲何物，亦莫知緣何爲其所取。辭以偶爾得之，初不知爲何用。而衆猶不信，久而乃散。及扣黠者，則知此物探囊胠篋之具，此數輩適得之於魏，疑其爲高手盜也，欲師之耳。魏懼賈禍，亟毁棄之，久而不敢出市云。范元章。

馮婦搏虎義

《孟子》馮婦搏虎一章，有以「晉人有馮婦者【一五】，善搏虎，卒爲善士則之」。爲斷句，「攘臂下車，衆皆悦之，其爲士者笑之」。與前段相對，亦自有義。

鹽養花

凡折花枝，搥碎柄，用鹽築，令實柄下滿足，插花瓶中，不用水浸，自能開花作葉，不可曉也。

【一五】晉人有馮婦者 「晉」原作「昔」，據學津本及《孟子注疏》卷十四改。

文山像贊

有傳鄧光薦贊文山像云：「目煌煌兮，疎星曉寒。氣英英兮，晴雷殷山。頭碎柱而璧完，血化碧而心丹。嗚呼！誰謂斯人不在世間。」祝靜得。

王茂林立子

王克謙號茂林，無子。後知永嘉，命立修竹爲子，時已二十，乃戊戌生，本姓林氏，正合茂林二字，非偶然也。

回回送終

回回之俗，凡死者專有浴屍之人，以大銅瓶自口灌水，蕩滌腸胃穢氣，令盡。又自頂至踵淨洗，洗訖，然後以帛拭乾，用紵絲或絹或布作囊，裸而貯之，始入棺斂。棺用薄松板，僅能容身，他不置一物也。其洗屍穢水則聚之屋下大坎中，以石覆之，謂之招魂。置卓子坎上，四日一祀以飯，四十日而止。其棺即日便出瘞之聚景園，園亦回回主之。凡賃地有常價，所用磚灰匠者，園主皆有之，特以鈔市之。直方殂之際，眷屬皆剺面，捽披其髮，毁其衣襟，躃踊號泣，振動遠近。棺出之時，富者則丐人持燭撒果於道，貧者無之。既而各隨少長拜跪如俗禮，成服者然後呫靴尖以樂【一六】，相慰勞之意，止令群回誦經。後三日，再至瘞所，富者多殺牛馬以饗其類，併及隣里與貧丐者。或聞有至瘞所，脱去其棺，赤身瘞於穴，以屍面朝西云【一七】。辛卯春，於甌碧目擊其事。

接待寺

杭之北關接待寺，寺額乃吴傅朋書「敕賜妙行之院」。初扁甚小，其後展而大之，殊乏書體。其右廡有古觀音殿，亦傅朋書，極佳。觀音銅像高丈餘，唐物也。其一壁作水波，有洶湧勢，若毗陵太平寺之類。外有給庫石碑立於側，其文乃銛朴翁撰，姜堯章書。伽藍神左相公，不知何代人。寺乃淳熙間喻彌陀開山，常施水飯僧於此，有大石非尚存，其深六丈，泉極清洌。喻有塔幢在法堂之左【一八】，題云：「齋三百萬僧喻彌陀之塔」云。

天雨塵土

辛卯三月初六日甲辰，黄霧四塞，天雨塵土。入人鼻皆辛酸，几案瓦壠間如篩灰，相去丈餘不可相覩，日輪如未磨鏡，翳翳無光采，凡兩日夜。是夜二鼓，望仙橋東牛羊司前居民馮家失火，其勢可畏。凡數路分火，沿燒至初七日，勢益盛，而塵霧愈甚，昏翳慘淡，雖火光烟氣皆無所覩，直至午刻方息。南至太廟墻，北至太平坊南街，東至新門，西至舊

【一六】然後呫靴尖以樂　「呫」，學津本作「咶」。

【一七】以屍面朝西云　「屍」原作「死」，據學津本改。

【一八】喻有塔幢在法堂之左　「塔幢」原作「塔頭」，據學津本改。

祕書省前，東南至小堰門吴家府，西南至宗正司、吴山上嶽廟、皮場星宿閣、伍相公廟，東北至通和坊，西北至舊十三灣開元宫門樓，所燒踰萬家。至今恰一甲子矣。客云：「漢成帝建始元年、後周宣帝、陳後主禎明中，皆有黄霧之變。」未及考也。

宋江三十六贊

龔聖與作《宋江三十六贊并序》曰：

「宋江事見於街談巷語，不足采著。雖有高如李嵩輩傳寫【一九】，士大夫亦不見黜。余年少時壯其人，欲存之畫贊，以未見信書載事實，不敢輕爲。及異時見《東都事略》中載侍郎《侯蒙傳》有書一篇，陳制賊之計云：『宋江以三十六人横行河朔、京東，官軍數萬無敢抗者，其材必有過人。不若赦過招降，使討方臘，以此自贖，或可平東南之亂。』余然後知江輩真有聞於時者。於是即三十六人，人爲一贊，而箴體在焉。蓋其本撥矣【二〇】，將使一歸於正，義勇不相戾，此詩人忠厚之心也。余嘗以江之所爲，雖不得自齒，然其識性超卓有過人者，立號既不僭侈，名稱儼然猶循軌轍，雖託之記載可也。古稱柳盜跖爲盜賊之聖，以其守壹至於極處，能出類而拔萃。若江者，其殆庶幾乎！雖然，彼跖與江，與之盜名而不辭，躬履盜跡而無諱者也，豈若世之亂臣賊子，畏影而自走，所爲近在一身，而其禍未嘗不流四海。嗚呼！與其逢聖

【一九】雖有高如李嵩輩傳寫　叢書集成本陳宏緒《寒夜録》卷中引龔聖與此文，「高」作「高人」。

【二〇】蓋其本撥矣　「撥」原作「撥」，諸本同，於意不通。

公之徒，孰若跖與江也？

呼保義宋江：不假稱王，而呼保義。豈若狂卓，專犯諱忌【二二】。

智多星吴學究：古人用智，義國安民。惜哉所予，酒色粗人。

玉麒麟盧俊義：白玉麒麟，見之可愛。風塵太行，皮毛終壞。

大刀關勝：大刀關勝，豈雲長孫。雲長義勇，汝其後昆。

活閻羅阮小七：地下閻羅，追魂攝魄。今其活矣，名喝太伯。

尺八腿劉唐：將軍下短，貴稱侯王。汝豈非夫，腿尺八長。

没羽箭張清：箭以羽行，破敵無頗。七札難穿，如游斜何。

浪子燕青：平康巷陌，豈知汝名。太行春色，有一丈青。

病尉遲孫立：尉遲壯士，以病自名。端能去病，國功可成。

浪裏白跳張順：雪浪如山，汝能白跳。願隨忠魂，來駕怒潮。

船火兒張橫：太行好漢，三十有六。無此火兒，其數不足。

短命二郎阮小二：灌口少年，短命何益。曷不監之，清源廟食。

花和尚魯智深：有飛飛兒，出家尤好。與爾同袍，佛也被惱。

行者武松：汝優婆塞，五戒在身。酒色財氣，更要殺人。

鐵鞭呼延綽：尉遲彦章，去來一身。長鞭鐵鑄，汝豈其人。

【二二】專犯諱忌　「諱忌」原作「忌諱」，於韻不合，此據學津本乙。

混江龍李俊：乖龍混江，射之即濟。武皇雄爭，自惜神臂。

九文龍史進：龍數肖九，汝有九文。盍從東皇，駕五色雲。

小李廣花榮：中心慕漢，奪馬而歸。汝能慕廣，何憂數奇。

霹靂火秦明：霹靂有火，摧山破嶽。天心無妄，汝孽自作。

黑旋風李逵：風有大小，不辨雌雄。山谷之中，遇爾亦凶。

小旋風柴進：風有大小，黑惡則懼。一噫之微，香滿太虛。

插翅虎雷横：飛而食肉，有此雄奇。生入玉關【一二二】，豈傷令姿。

神行太保戴宗：不疾而速，故神無方。汝行何之，敢離太行。

先鋒索超：行軍出師，其鋒必先。汝勿鋭進，天兵在前。

立地太歲阮小五：東家之西，即西家東。汝雖特立，何有吾宫。

青面獸楊志：聖人治世，四靈在郊。汝獸何名，走曠勞勞。

賽關索楊雄：關索之雄，超之亦賢。能持義勇，自命何全。

一直撞董平：昔樊將軍，鴻門直撞。斗酒肉肩，其言甚壯。

兩頭蛇解珍：左嚙右噬，其毒可畏。逢陰德人，杖之亦斃。

美髯公朱仝：長髯郁然，美哉丰姿。忍使尺宅，而見赤眉。

没遮攔穆横：出没太行，茫無畔岸。雖没遮攔，難離火伴。

【一二二】生入玉關　「玉」原作「王」，據稗海本、學津本、四庫本改。

拚命三郎石秀：石秀拚命，志在金寶。大似河魨，腹果一飽。

雙尾蝎解寶：醫師用蝎，其體貴全。反其常性，雷公汝嫌。

鐵天王晁蓋：毗沙天人，證紫金軀。頑鐵鑄汝，亦出洪爐。

金鎗班徐寧：金不可辱，亦忌在穢。盍鑄長殳，羽林是衛。

撲天鵰李應：鷙禽雄長，惟鵰最狡。毋撲天飛，封狐在草。」

此皆羣盜之靡耳，聖與既各爲之贊，又從而序論之，何哉？太史公序游俠而進姦雄【二三】，不免異世之譏，然其首著勝、廣於列傳，且爲項籍作本紀，其意亦深矣，識者當自能辨之云。華不注山人戲書。

種葡萄法

有傳種葡萄法，於正月末取葡萄嫩枝長四五尺者，捲爲小圈【二四】，令緊。先治地土鬆而沃之以肥，種之，止留二節在外。異時春氣發動，衆萌競吐，而土中之節不能條達，則盡萃華於出土之二節。不二年成大棚，其實大如棗，而且多液，此亦奇法也。

插瑞香法

凡插之者帶花，則雖易活而落花，葉生復死。但於芒種日折其枝，枝下破開，用大麥一粒

【二三】序游俠而進姦雄　「俠」原作「狹」，據學津本改。

【二四】捲爲小圈　「圈」原作「圜」，據學津本及《農政全書》卷三十改。

置於其中，并用亂髮纏之，插於土中，但勿令見日，日加以水澆灌之，無不活矣。試之果驗。

楊髡發陵

楊髡發陵之事，人皆知之，而莫能知其詳。余偶録得當時其徒互告狀一紙，庶可知其首尾。云：「至元二十二年八月内，有紹興路會稽縣泰寧寺僧宗允、宗愷盜斫陵木，與守陵人爭訴。遂稱亡宋陵墓有金玉異寶，説誘楊總統。詐稱楊侍郎、汪安撫侵占寺地爲名，出給文書，將帶河西僧人、部領人匠丁夫前來，將寧宗、楊后、理宗、度宗四陵盜行發掘，劄破棺槨，盡取寶貨不計其數。又斷理宗頭，瀝取水銀、含珠，用船裝載寶貨，回至迎恩門。有省臺所委官攔擋不住，亦有臺察陳言，不見施行。其宗允、宗愷并楊總統等發掘得志，又於當年十一月十一日前來，將孟后、徽宗、鄭后、高宗、吴后、孝宗、謝后、光宗等陵盡發掘，劫取寶貨，毁棄骸骨。其下本路文書，只言爭寺地界，竝不曾説開發墳墓。因此江南掘墳大起，而天下無不發之墓矣。其宗愷與總統分贓不平，已受杖而死。有宗允者，見爲寺主，多蓄寶貨，豪霸一方。」

西征異聞

陳剛中云：「成吉思皇帝嘗西征，渡流沙萬餘里，其地皆荒寂無人之境。忽有大獸，其高數十丈，一角如犀，能人言，忽云：『此非汝世界，宜速還！』左右皆震恐。耶律楚材楚字晉卿，遼人，博物無所不知，蓋張華、郭璞輩。隨進云：『此名角端，音端。能日馳萬里，靈異如神鬼，不可犯也。』帝爲之回馭。」又云：「有大鳥，其一羽足以蔽千人，蓋鵬類也。」又云：「西域有沙海，正據要津，其水熱如湯，不可向近。此天之所限華夷也，終古未嘗通中國。忽一夕，有巨獸浮水至【二五】，其骨長數十里，橫於兩涘如津梁然，骨中有髓竅，可容竝馬，於是西域之地始通中國。其國謀往來者，每以膏油塗其骨令潤，懼其枯朽，折則無復可通故耳。」

嘲留忠齋

趙子昂入覲之初，上命作詩嘲留忠齋云：「狀元曾受宋朝恩，目擊權姦不敢言。往事已非那可說，好將忠孝報皇元。」留以此銜之終身云。

鎖陽

韃靼野地有野馬與蛟龍合，所遺精於地，遇春時則勃然如筍出地中，大者如猫兒頭。筍上豐下儉，其形不與【二六】，亦有鱗甲筋脉，其名曰「鎖陽」，即所謂肉蓯蓉之類也。或謂韃靼婦人之淫者，亦從而好合之，其物得陰氣，則怒而長。土人收之，以薄刀去皮毛，洗

【二五】有巨獸浮水至　「至」原作「窒」，據學津本改。

【二六】其形不與　原文語意不詳，諸本同。《輟耕録》卷十作「其形絶類男陰」。

滁令淨，日乾之爲藥。其力百倍於肉蓯蓉，其價亦百倍於常品也。五峰云：「亦嘗得其少許【二七】，且聞土人以飼猪羊及雞，皆茁壯，其價數倍于常畜。」

純色骰錢

聞理宗朝春時，内苑效市井關撲之戲，皆小璫互爲之。至御前，則於第二、三撲内供純鏝骰錢，以供一笑。

公主添房

周漢國公主下降，諸閫及權貴各獻添房之物，如珠領寶花、金銀器之類。時馬方山天驥爲平江發運使，獨獻羅鈿細柳箱籠百隻，并鍍金銀鎖百具，錦袱百條，共實以芝楮百萬。理宗爲之大喜，後知出於承受姚某者，遂賜金帶一條。承受者，即姚靜齋之父也。

聖門本草

陳參政騤家集名《亦受家傳》【二八】，内有《忸怩集》，乃爲舉子時程文。又以聖門十哲七十子，各有爲本草，無乃不可乎。陳即行之之祖也。

【二七】亦嘗得其少許　「少許」以下文字，據四庫本補。

【二八】陳參政騤　「騤」原作「揆」，據《宋史》卷三九三本傳改。

海鰍兆火

壬午歲，忽有海鰍長十餘丈，閣於浙江潮沙之上。惡少年皆以梯升其背，臠割而食之。未幾大火，人以爲此鰍之示妖，其説無根。辛卯歲十二月二十二三間，又有海鰍復大於前者，死於浙江亭之沙上，於是鬨傳將有火災。然越二日，於二十四日之夜，火作於天井巷回回大師家，行省開元宮盡在煨燼中，凡毀數千家。然則謚傳有時可信也。此欠考耳。此即出於《五行志》中，云：「海魚臨市，必主火災。」行省即宋祕書省，畜書并板甚多。故時人云：「昔之木天，今之火地也。」

壬辰星隕

壬辰二月朔甲子更初，有大星如五斗米栲栳大，徐徐自東而西，紅光照地，有聲殷殷若雷。越日，乃知墜于宗陽宮，火光滿室，副宮陳悦道所目擊。又聞是曉亦墜於陽墳之昇元觀，村中皆見火光，後亦無他。

葉李紀夢詩

葉亦愚右丞辛卯八月初四日夜，忽夢一老人曰：「汝前爲文昌相，坐漏泄天機遭謫，能悔過，當復職。」引之至通明、大明二殿，俾爲主殿之職，於是賦詩四章以謝。及覺，僅記其一，云：「通明殿逼紫微垣，一朵紅雲擁至尊。下土小臣勤稽首，願將惠澤溥元元。」於是作詩以記其事云：「宋時豪士石曼卿，帝命作主芙蓉城。我才比石萬無一，半世虚負狂直名。年來似有喪心疾，薦共引鯀辜蒼生。天誅未加公論沸，日夕惟待鼎鑊烹。何哉異夢出非想，忽遇仙老談真情。謂予夙是文昌相，漏泄輕舉遭彈抨。帝令謫墮飽憂患【二九】，且使兩足蹣跚行。追思善步不可得，飛昇妙術矧敢輕。當時廷議祇如此，汝悔當復惟相迎。稽首老仙謝慈愍，臣罪當死天子明。久之寂滅一大樂，斲棺待盡無他營【三〇】。老仙笑許汝可教，引領直上朝玉京。通明、大明二宫殿，林木蓊萃皆瑶瓊。芙蓉爛熳錦欲似，帝皇錫以主殿名。賦詩奏謝九拜起，玉音嘉奬傍觀榮。癡人説夢聊一快，我獨知命不少驚。只恐才非曼卿敵，相見慚汗應如傾。從今閉目需帝召，玉樓續記時當成。兒孫自有兒孫福，與農報國須勤耕。」明年壬辰二月初六卒。

【二九】帝令謫墮飽憂患　「帝」原作「亳」，據稗海本、學津本、四庫本改。

【三〇】斲棺待盡無他營　原「斲」爲空格，據文淵閣四庫本補。

海蛆

李聲伯云：「常從老張萬户入海，自張家浜至鹽城，凡十八沙，凡海舟閣淺沙勢，須出米令輕。如更不可動，則便縛排求活，否則舟敗不及事矣。柂梢之木曰鐵稜，或用烏婪木，出欽州，凡一合直銀五百兩。其鐵猫大者重數百斤，嘗有舟遇風下釘，而風怒甚，鐵猫四爪皆折，舟亦隨敗，極可異也。凡海舟必別用大木板護其外，不然則船身必爲海蛆所蝕。凡運糧則自萊州三神山再入大洋，七日轉沙門島，可至直沽，去燕止百八十里耳。」

北方大車

北方大車可載四五千斤，用牛騾十數駕之。管車者僅一主一僕，叱咤之聲，牛騾聽命惟謹。凡車必帶數鐸，鐸聲聞數里之外，其地乃荒凉空野故耳，蓋防其來車相遇，則預先爲避，不然恐有突衝之虞耳。終夜勞苦，殊不類人，雪霜泥濘，尤艱苦異常。或泥滑陷溺，或有折軸，必須修整乃可行，濡滯有旬日。然其人皆無賴之徒，每挾猥娼同處於車箱之下，籍地而寢，其不足恤如此。

全氏孿鬼

壬辰四月二十日，全霖卿子用之妻史氏，史盛之女。誕子先出雙足，足類雞鵝。乳醫知其異，推上之，須臾別下雙足，繼而腸亦併下，乃孿子也。皆男子，而頭相抵，髮相結，其貌如獰鬼。遂扼殺之，母亦隨殂。

押不蘆

回回國之西數千里地，產一物極毒，全類人形，若人參之狀，其酋名之曰「押不蘆」。生土中深數丈，人或誤觸之，著其毒氣必死。取之法，先於四旁開大坎，可容人。然後以皮條絡之，皮條之系則繫于犬之足。既而用杖擊逐犬，犬逸而根拔起，犬感毒氣隨斃。然後就埋土坎中，經歲，然後取出曝乾，别用他藥制之。每以少許磨酒飲人，則通身麻痺而死，雖加以刀斧亦不知也。至三日後，别以少藥投之即活。蓋古華佗能刳腸滌胃以治疾者，必用此藥也。今聞御藥院中亦儲之，白廷玉聞之盧松厓。或云：「今之貪官汚吏贓過盈溢，被人所訟，則服百日丹者，莫非用此。」

種茯苓

道士郎如山云：「茯苓生於大松之根，尚矣。近世村民乃擇其小者，以大松根破而擊於其中，而緊束之，使脂液滲入於内，然後擇地之沃者，坎而瘞之。三年乃取，則成大苓矣。洞霄山最宜茯苓，往往民多盜種，密誌之而去，數年後乃取焉。種者多越人云。」

葉李姓名二士

葉亦愚名李，先爲葉山所攻，後爲李性學所窘，遂以此飲恨而死。蓋二人正寓其姓名云。

訟學業觜社

江西人好訟，是以有簪筆之譏。往往有開訟學以教人者，如金科之法，出甲乙對答及譁訐之語，蓋專門於此。從之者常數百人，此亦可怪。又聞括之松陽有所謂業觜社者，亦專以辨捷給利口爲能，如昔日張槐應，亦社中之琤琤者焉。陳石澗、李聲伯云。

相馬法

馬之壯者，眼光炤人見全身；中年者，炤人見半身；老者，炤人僅見面耳。此韃靼相馬之法。張受益。

碑蓋

趙松雪云：「北方多唐以前古冢，所謂墓誌者，皆在墓中。正方而上有蓋，蓋豐下殺上，上書某朝某官某人墓誌，此所謂書蓋者。蓋底兩間，用鐵局局之。後人立碑於墓道，其上篆額止謂之額，後訛爲蓋，非也。今世歲月志，乃其家子孫爲之，非所謂墓碑也，古者初無歲月志之石。

駝峰

駝峰之雋，列於八珍。然駝之壯者，兩峰堅聳，其味甘脆，如熊白奶房而尤勝；若駝之老者，兩峰偏軃，其味淡韌，如嚼敗絮。然所烹者皆老而不任負重者，而壯有力者未始以爲饌也。子昂。

解厄呪

行御史臺監察御史周維卿以言事忤權臣得罪，遠流西北方名哈剌和林，去燕京八千里。周知不免，日夕持誦《高王觀世音經》。一夕，夢有僧問之曰：「汝曾誦《高王觀世音經》否？」曰：「然。」僧於是口授一呪與之，此觀世音菩薩應現解厄神呪也，持誦一萬二千遍，可以免難。夢中熟誦，及覺即書之紙，自是持誦不輟，無何得還燕京。而權臣怒猶未已，復繫刑部獄。周在獄持誦益勤，未幾遣使雲南以自贖。至彼，合蕃僧加瓦八遍閱《大藏經》，得梵本呪，比夢中惟欠三字。未幾權臣誅，遂除刑部郎中，還其妻子財物，人以爲誦呪之力云。呪曰：

答侄他唵侄音只，他音它【三一】。　呿囉哦哆【三二】呿音他，哦音伐【三三】。　呿囉哦哆

呿呵哦哆　羅呿哦哆　囉呿哦哆娑呵。

霍山顯靈

杭之霍山張真君祠宇雄壯，香火極盛，自兵火後，漸致頹圮。此役甚大，人無復問之者。辛卯，朱宣慰運米入京，自登、萊抛大洋三神山轉料以往。忽大風怒作，急下釘，鐵猫折其三四，柁幹鐵稜軋軋有聲欲折，一舟之人皆分已死。主者露香望空而拜乞命，忽於黑雲中震霆有聲，出大黄旗，上書「霍山」二字。於是舟人亟拜，許以再新殿宇，以答神貺。須臾，風濤貼然，遂獲安濟。是冬入杭，遂捐鈔千錠，崇建鼎新云。

黄蘆城幹

長城之旁居人，以積雨後或有得堅木於城土中，識者謂名「黄蘆木」。乃當時用以爲城幹用者，性極堅勁，不畏水溼而耐久，至今一二千年猶有如楹大者，以之爲鎗幹最佳。蓋築城無以爲幹不可，所謂不謹而寘薪焉者，又何邪？受益。

【三一】侄音只他音它　「音」原作「者」，無「它」字，據四庫本改。

【三二】呿囉哦哆　「囉」原作「羆」，據學津本、四庫本改。

【三三】呿音他哦音伐　原作「呿哦音他唘」，據四庫本改。

續集下

徐淵子詞

竹隱徐淵子似道，天台人，名士也，筆端輕俊，人品秀爽。初官爲户曹，其長方以道學自高，每以輕脱目之【一】。淵子積不能堪，適其長丁母憂去官，淵子賦《一翦梅》云：「道學從來不則聲，行也《東銘》，坐也《西銘》。爺娘死後更伶仃，也不看經，也不齋僧。却言淵子大狂生，行也輕輕，坐也輕輕。他年青史總無名，我也能亨，你也能亨。能亨，鄉音也。」

龍負舟

壬辰水禍已作，往往龍物示現，多至十餘。湖州土山有富人命數僕駕舟，往田所點視塍岸，至漾中，凡水濶之處名曰漾。忽舟若湊淺不能進，極力撐挽，略不爲動。意必爲暗石所碍，及令僕下水負，乃知舟正閣龍脊上而篙亦正刺龍鱗間。驚窘無策，遂捨舟，急令僕善水者負之登岸，急逃歸。再片時，龍躍而起，凡其處田疇數百畝皆爲巨浸。其人歸舍皆卧

校勘記

【一】每以輕脱目之　「脱」原作「鋭」，據學津本改。

病，一人死焉。

白玉笙簫

理宗朝，張循王府有獻白玉簫管長二尺者，中空而瑩薄，奇寶也，内府所無。即時有旨補官。未幾，韓蘄王府有獻白玉笙一攢，其薄如鵝管，其聲清越，真希世之珍也。此二物，皆在軍中日得之北方，即宣和故物也。

白玉出香獅

龜溪李大卿之子，娶韓平原君之女，奩具中有白玉出香獅子，高二尺五寸，精妙無比，真奇翫也。後聞歸之福邸云。

畫本草三輔黄圖

先子向寓杭，收拾奇書。大廟前尹氏書肆中有彩畫《三輔黄圖》一部，每一宫殿繪畫成圖，極精妙可喜。酬價不登，竟爲衢人柴望號秋堂者得之。至元斥賣内府故書於廣濟庫，有出相彩畫《本草》一部，極奇，不知歸之何人。此皆書中之奇品也【二】。

【二】此皆書中之奇品也　「書」，四庫本作「畫」。

水落石出筆格

米氏硯山後歸宣和御府，今聞説流落台州戴氏家，不可見之。杭省廣濟庫出售官物，有靈璧石小峰【三】，長僅六寸，高半之，玲瓏秀潤，卧沙水道、裙褶胡桃文皆具。於山峰之頂有白石正圓，瑩如玉。徽宗御題八小字於石背曰：「山高月小，水落石出。」略無雕琢之迹，真奇物也。

吴妓徐蘭

淳祐間，吴妓徐蘭擅名一時。吴興烏墩鎮有沈承務者，其家巨富，慕其名，遂駕大舟往游焉。徐知其富，初至則館之别室，開宴命樂，極其精腆。至次日，復以精縑製新衣一襲奉之，至于輿臺各有厚犒。如此兼旬日，未嘗略有需索。沈不能自已，以白金五百星并綵縑百匹饋之。凡留連半年，縻金錢數百萬而歸。於是徐蘭之聲播於浙右，豪俠少年無不趍赴。其家雖不甚大，然堂館曲折華麗，亭榭園池無不具。至以錦纈爲地衣，乾紅四緊紗爲單衾，銷金帳幔。侍婢執樂音十餘輩，金銀寶玉器玩、名人書畫、飲食受用之類，莫不精妙，遂爲三吴之冠。其後死葬於虎丘，太學生邊雲遇作墓銘云：「此亦娼中之貴者【四】。」其後如富沙之唐娟、魏華、蘇翠，京口邢蕋、韓香，越之楊花、繆翠，皆以色藝稱。

【三】靈璧石小峰　「靈璧石」原作「靈石璧」，據稗海本乙。

【四】此亦娼中之貴者　原無「亦」字，據稗海本、學津本、四庫本補。

士大夫之不自檢者，往往爲其所污，屢見之於白簡云。

冰蛆飛駝

西域雪山有萬古不消之雪，冬夏皆然。中有蟲如蠶，其味甘如蜜，其冷如冰，名曰「冰蛆」，能治積熱。郭祐之云：冰蛆，今杭州路達魯花赤樂連木嘗爲使臣至其處，親見之。又賽尚書嘗宦於雲南，亦有。毛曾帶得數條來，亦嘗見之，其大如指【五】。又有飛駱駝。又有馬高一丈餘【六】，人皆行於馬腹下，往來無礙。

虹見井中

丁未歲，先君爲柯山倅。廳後屏星堂前有井，夏月雨後，虹見於井中，五色俱備，如一匹綵，輕明絢爛，經一時乃消，後亦無他。

道學

嘗聞吳興老儒沈仲固先生云：「道學之名，起於元祐，盛於淳熙。其徒有假其名以欺世者，真可以噓枯吹生。凡治財賦者，則目爲聚斂；開閫扞邊者，則目爲麄材；讀書作文者，則目爲玩物喪志；留心政事者，則目爲俗吏。其所讀者，止《四書》、《近思録》、

【五】其大如指　「大」原作「太」，據稗海本、學津本、四庫本改。

【六】又有馬高一丈餘　「又」原作「及」，據學津本改。

《通書》、《太極圖》、《東西銘》、《語録》之類。自詭其學爲正心、修身、齊家、治國、平天下，故爲之説曰：『爲生民立極，爲天地立心，爲萬世開太平，爲前聖繼絶學。』其爲太守、爲監司，必須建立書院，立諸賢之祠，或刊註《四書》，衍輯《語録》，然後號爲賢者，則可以釣聲名，致膴仕。而士子場屋之文，必須引用以爲文，則可以擢巍科，爲名士。否則立身如温國，文章氣節如坡仙，亦非本色也。於是天下競趨之，稍有議及，其黨必擠之爲小人，雖時君亦不得而辨之矣，其氣燄可畏如此。然夷考其所行，則言行了不相顧，卒皆不近人情之事，異時必將爲國家莫大之禍，恐不在典午清談之下也。」余時年甚少，聞其説如此，頗有嘻其甚矣之嘆。其後至淳祐間，每見所謂達官朝士者，必憒憒冬烘，弊衣菲食，高巾破履，人望之知爲道學君子也，清班要路，莫不如此。然密而察之，則殊有大不然者，然後信仲固之言不爲過。蓋師憲當國，獨握大柄，惟恐有分其勢者，故專用此一等人，列之要路，名爲尊崇道學，其實幸其不才憒憒，不致掣其肘耳。以致萬事不理，喪身亡國，仲固之言，不幸而中。嗚呼，尚忍言之哉！

秦九韶

秦九韶，字道古，秦鳳間人。年十八，在鄉里爲義兵首，豪宕不羈。嘗隨其父守郡，父方宴客，忽有彈丸出父後，衆賓駭愕，莫知其由。頃加物色，乃九韶與一妓狎，時亦抵筵，此彈之所以來也。既出東南，多交豪富，性極機巧，星象、音律、算術以至營造等事，無不精究。邇嘗從李梅亭學駢儷、詩詞、遊戲、毬馬、弓劍，莫不能知。性喜奢好大，嗜進謀身，或以曆學薦於朝，得對，有奏藁及所述教學大略。與吴履齋交尤稔，吴有地在湖州西門外，地名曾上，正當苕水所經入城，面埶浩蕩，乃以術攫取之。遂建堂其上，極其宏敞，堂中一間横亘七丈，求海棧之奇材爲前楣，位置皆自出心匠。凡屋脊兩翬搏風，皆以塼爲之。堂成七間，後爲列屋，以處秀姬、管絃。製樂度曲，皆極精妙，用度無算。將持鉢於諸大閫，會其所養兄之子與其所生親子妾通，事泄，即幽其妾，絶其飲食而死。及使一隷偕此子以行，授以毒藥及一劍，曰：「導之無人之境，先使仰藥，不可，則令自裁，又不可，則擠之於水中。」其隷僞許而送之所生兄之寓鄂渚者，歸告事畢。已而寖聞其實，隷懼而逃，秦并購之。於是罄其所蓄自行，且求其子及隷，將甘心焉。語人曰：「我且齎十萬錢如揚，惟秋壑所以處我。」既至，遍謁臺幕，洪恕齋勳爲憲，起而賀曰：「比傳令嗣不得其死，今君訪求之，是傳者妄也，可不賀乎？」秦不爲意【七】。久之，賈爲宛轉得瓊州，行未至，怒迓者之不如期，取馭卒戮之。至郡數月罷歸，所攜甚富。己未透渡，秦喜色洋洋然，既未有省者，則又曰：「生活皆爲人攪了也。」時吴履齋在鄞，亟往投之。吴時將入相，使之先行，曰：「當思所處。」秦復追隨之。吴旋得謫，賈當國，徐摭秦事【八】，竄之梅州。在梅治政不輟，竟殂於梅。其始謫梅，離家之日大堂前大楣中斷，人謂不祥。秦亡後，其養

【七】秦不爲意　「意」字原爲空格，據四庫本補。

【八】徐摭秦事　「秦」原作「奏」，據學津本改。

子復歸，與其弟共處焉。余嘗聞楊守齋云：「往守霅川日，秦方居家，暑夕與其姬好合於月下。適有僕汲水庭下，意謂其窺己也，翌日遂加以盜名，解之郡中，且自至白郡，就欲黥之。」楊公頗知其事，以其罪不至此，遂從杖罪斷遣。秦大不平，然匿怨相交如故。楊知其怨己，每闞其亡而往謁焉，直至替滿而往别之，遂延入曲室，堅欲苛留。楊力辭之，遂薦湯一盃，皆如墨色。楊恐甚，不飲而歸。蓋秦向在廣中，多蓄毒藥，如所不喜者，必遭其毒手，其險可知也。陳聖觀。

吴生坐亡

故都向有吴生者，專以偏僻之術爲業，江湖推爲巨擘。居朝天門，開大茶肆，無賴少年競登其門。其後賈師憲在揚州，補以勇爵，遂有制屬之稱。兵火後，忽謝絶妻子，翦髮爲僧，居吴門東禪寺，衆寮素與遊者邀之飲酒、食肉，皆不拒也。嘗於寺隣僦小房，爲出入憩息之地。一日，忽置酒治具，盡招平日狎遊諸友大會，歌笑竟日。酒將闌，據坐胡牀，命筆作偈，跏趺端坐。衆皆大笑而呼之，則果逝矣，豈所謂頓覺者耶！

銀瓶娘子籤

太學忠文廟，相傳爲岳武穆王并祠。所謂銀瓶娘子者，其籤文與天竺一同。如門裏心肝卦，私試得之必中，蓋私試摘卦於中門内故也。如飛鴻落羽毛，解試得之者必中，以鴻中箭則羽毛落。

上庠齋牌

上庠齋牌亦有關係。雷宜中爲成均時，立三槐市於學前，市字似弔字，即時學生三人皆不得其死。存心齋立斗魁牌，當時十三人遇省，既而徐摭死，以斗字止爲十二也。篤信齋立德聚牌，時本齋一十四人赴會試，僅二人。蓋德字雖有十四字，而聚字乃取二人之讖也。

入燕士人

丙子歲春，三學歸附士子入燕者，共九十九人。至至元十五年，所存者止一十八人，各與路學教授。太學生一十四人，文學二人【九】，武學二人：趙希榛、蒲城嚴教。林立義、福州秀教。趙孟鏐、福州蘇教。徐武子、温州温教。潘夢桂、明州明教。黄元輝、福州福教。吴時森、上虞越教。陳寅之、福州泉教。趙又貴、福州處教。沈唐光、漳州漳教。許又進、許州建寧教。林桂發、杭州潤教。張觀光、婺州婺教。黄子敏、杭州宣教，改南欽教。金炎、杭州松江教【一〇】。虞廷桂、長興湖教。陳自立、福州福清教。高選。福州杭教。

【九】文學二人　據《夢粱録》卷二、卷四載，「三學生員」爲太、宗、武學士人，或疑「文學」當爲「宗學」。

【一〇】杭州松江教　原無「教」字，據學津本、四庫本補。

賣闕沈官人

昔有賣闕沈官人者，本吳興之族，專以賣闕爲生，饍百餘指。或遇到部干堂之人，欲得便家見闕者，或指定何路，或干僻闕，雖部胥掌闕簿者，亦不過按圖索駿。時方員多闕少，動是三五政，十年殊不易得。必往扣之，門外之履常滿。彼必先與諧價，邀物爲質【一一】，或立文約，然後言某處爲見闕，某處減兩政。雖在官累數政，緣上政某人已於何時事故，有見親弟若親故見在某處某卹，可問而知。次政某人，見行通理月日，補填歲月，不俟終，更已常於考功或他所屬投放文書，見是吏人某承行，可問而知。次某人則近於此月某日已行丁憂，各詳援親戚、鄉人可證者，乃各相引指蹤跡，訪問具的【一二】，然後能射闕。闕已，則以所許酬之【一三】。天下諸州屬縣大小員闕，無一不在其目中，如指諸掌。亦各有小秩，然時時揭帖，實爲覓闕之指南，雖有費不憚也。他人欲効之，皆不能逮，蓋人之心計各有所長如此。

【一一】諧價邀物爲質　「價」原作「假」，據學津本改。
【一二】引指蹤跡訪問具的　「跡」原作「放」，「具」原作「其」，據學津本改。
【一三】則以所許酬之　「許」原作「詁」，據學津本、四庫本改。

愛水

《楞嚴經》云：「因諸愛受染，發起妄思，情積不能休，生愛水。是故衆生心憶珍羞，口中水出；心憶前人，或憐或恨，目中淚盈；貪求財寶，心發愛涎，舉體光潤；心著行淫，男女二根，自然流液。」又曰：「淫習交接，發於相磨。」

避諱去姓

葉亦愚之爲右丞相也【一四】，李澌泉班通書題銜云「門生中奉大夫福建道宣慰使班」，蓋徑去自己之姓，以避其名，其苟賤不足道如此。澌泉在前朝爲省元，爲從官，爲督府參謀，所守如此，宋安得不亡。

貢獅子

近有貢獅子者，首類虎，身如狗，青黑色。官中以爲不類所畫者，疑非真。其入貢之使遂牽至虎牢之側，虎見之，皆俯首帖耳不敢動。獅子遂溺於虎之首，虎亦莫敢動也。以此知爲真獅子焉。唐閻立本畫文殊所騎者，及世俗所裝戲者，爲何物？豈所貢者乃獅子之常，而佛所騎者爲獅子之異品邪？又云：獅子極多力，十餘人挽之始能動。伯機坐中聞杜郎中云。

倭人居處

倭人所居，悉以其國所産新羅松爲之，即今之羅木也。色白而香，仰塵、地板皆是也。

【一四】葉亦愚之爲右丞相也　原無「爲」字，據學津本補。

復塗以香，入其室則芬郁異常。倭婦人體絶臭，乃以香膏之，每聚浴於水，下體無所避，止以草繫其勢，以爲禮。番船至四明，與娼婦合，凡終夕始能竟事【一五】。至其暢悦，則大呼如猖猱，或惡其然，則以木槌扣其脛乃止。然下體雖暑月亦服至數重，其衣大袖而短，不用帶。食則共置一器，聚則團食，以竹作折折取之。鞵則無跟，如羅漢所著者，或用木，或以細蒲爲之。所衣皆布，有極細者，得中國綾絹則珍之。其地乃絶無香，尤以爲貴。其聚扇用倭紙爲之，以雕木爲骨，作金銀花草爲飾，或作不肖之畫於其上。

馬趙致怨

馬華父光祖知高沙日，戍軍叛，華父撫諭不從，遂藏身後圃亂荷中獲免。其家人散走藏匿，華父之妻則匿於都吏之家，遂爲所污。趙信國自維揚提兵至郡討叛，令王克仁入城撫諭，遂誅首謀者百餘人。趙遂繫吏者，纏以麻絍，漬之以油，用大竿稱於通衢而燃之。華父慚怒，以趙爲彰其家醜，遂搆大怨。其後華父開江閫，遂辟王容之子某爲溧水令，俾覘趙過，將甘心焉。趙公知之，遂首以外執政一削舉之，且爲宛轉料理改秩。馬知其故，遂劾去之。其後建清溪諸賢祠，凡仕於江、淮者皆在祀列，獨信國之父忠肅公方不得預焉。

【一五】凡終夕始能竟事　原作「凡終始能竟夕事」，據學津本乙。

南丹婚嫁

周子功云：「南丹州男女之未婚嫁者，於每歲七月聚於州主之廳。鋪大毯於地。女衣青花大袖，用青絹蓋頭，手執小青蓋；男子擁髻，皂衣皂帽，各分朋而立。既而左右隊長各以男女一人推仆於毯，男女相抱持，以口相呵，謂之聽氣。合者即爲正偶，或不合則別擇一人配之。蓋必如是而後成婚，否則論以姦罪也。」

相憐草

又云：「彼之山中産相憐草，媚藥也。或有所矚，密以草少許擲之，草心著其身不脱，彼必將從而不捨。嘗得試輒驗，後爲徐有功取去。」

石洞雷火

費潔堂伯恭云：「重慶受圍之際，城外一山極嶮絶，有洞，洞口僅容一人，而其間可受數百人。於是衆競趨之，復以土石窒其穴。時方初夏，一日忽大雷雨【一六】，火光穿透洞中，飛走不定。其間有老者云：『此必洞中之人有雷霆死者。』遂取諸人之巾，以竹各懸之洞外，忽覩雷神於内取一巾而去，衆遂擁失巾之人出之洞外。即有神物挾之而去，至

【一六】忽大雷雨　「大」原作「天」，據學津本改。

百餘步外仆於田中，其人如癡似醉，莫知所以然。及雷雨息，復往洞中問之，但見山崩壞，洞中之人皆被壓死，無一人得免禍者，惟此失巾人獲存耳。」

按摩女子

馬八二國進貢二人，皆女子，黑如崑崙。其陰中如火，或有元氣不足者與之一接，則有大益於人。又有二人能按摩，百疾不勞藥餌。或有心腹之疾，則以藥少許塗兩掌心，則昏如醉，凡一晝夜始醒，皆異聞也。或謂此數人至前途，因不服水土皆殂。

張老防禦沈垚【一七】

杭醫老張防禦向爲謝太后殿醫官，革命後，猶出入楊駙馬家，言語好異，人目爲「張風子」。然其人尚義介靖，不徇流俗，其家影堂之上作小閣，奉理宗及太后神御位牌，奉之惟謹，以終其身焉，可謂不忘本者矣。楊府九位有掠屋錢人沈垚者，居長生老人橋，每至楊和王忌辰，必設位書恩主楊和王，供事惟謹。人問其故，則云：「某家在世，皆衣食其家，今其位雖凌替，然不敢忘。」此亦小人知義者。今世號爲士大夫者，隨時上下，自以爲巧而得計，視此真可媿矣。

【一七】張老防禦　按：「張老」，本書續集目録及正文作「老張」。

蔡陳市舶

永嘉有蔡起莘，嘗爲海上市舶。德祐之末，朝廷嘗令本處部集舟檝，以爲防招之用。其處有張曾二者，頗黠健，蔡委以爲部轄。既而本州點撞所部船，有違闕，即欲置張於極刑。蔡力爲祈禱，事從減。明年，張宣使部舟欲入廣，又以張不能應辦，欲從軍法施行。蔡又祈免之，遂命部舟入廣以贖罪。未幾，厓山之敗，張盡有舟中所遺而歸覲，驟至貴顯。蔡既歸温，遂遭北軍所擄，家遂破焉。因挈家欲入杭謁親故，道由張家浜，偶懷張曾二部轄者居此，今不知何如，漫扣之酒家，云：「此處止有張相公耳。」因同酒家往謁之，張見蔡，即下拜稱爲恩府，延之入中堂，命兒女妻妾羅拜，白曰：「我非此官人，無今日矣。」遂爲造宅置田，造酒營運，遂成富人。張即今宣慰也，名瑄。同時繼蔡爲市舶者，姓陳，名壁，天台人。有方元者，世居上海，謹徒也。因事至官，陳遂槌折方手足，棄之於沙岸。後醫治復全，革世後，隸張萬下爲頭目。因部糧船往泉南，至台境值大風不行，遂泊舟山下。因取薪水登岸，望數里外有聚屋，扣之土人，則云：「前上海陳市舶家也。」方生意疑爲向所見殺者，即攜酒往訪之。陳出迎，已忘其爲人，扣所從來，方以阻風告。陳遂置酒，酒半酣，方笑曰：「市舶還記某否？某即向遭折手足方元也。」陳方愕然遜謝。三鼓後，方哨百人秉炬挾刃而來，陳氏一家皆不得免焉。此二事，一爲報恩，一爲復怨，皆得之於天。

鐵蛆

鮮于伯姬云：「向聞其乃翁云：北方有古寺，寺中有大鐵鍋，可作數百人食。一夕，忽有聲如牛吼，曉而視之，已破矣。於鐵竅中有蟲，色皆紅，凡數百枚，猶有蠕動者。鐵中生蟲，亦前所未聞也。」

捕狸法

捕狸之法，必用烟薰其穴，却於别處開穴張罝，捕如拾芥。然狸性至靈，每於穴中迭土作臺以處，且可障烟，夏月則於臺下避暑【一八】，可謂巧矣。而捕者又必窮其臺之所之而後止，可謂不仁也。

蘭亭兩王俣

山陰之亭，其扁乃靖康中箕山王俣書【一九】。壬辰歲，全楚卿捂天章寺旁庵田三十畝爲蘭亭書院，其扁乃廉訪分司王俣書之。二百年間，同姓同名，可謂異矣。

【一八】夏月則於臺下避暑　原無「則」字，據學津本補。

【一九】靖康中箕山王俣書　「俣」原作「俁」，據稗海本、學津本及下文改。

洪起畏守京口

洪起畏知京口日，乃北軍入境之初。嘗大書揭榜四境曰：「家在臨安，職守京口，北騎若來，有死不走。」其後舉郡以降，或爲人改其末句云：「不降則走。」衞山齋。

張世傑忠死

張世傑之戰海上也，嘗與祥興之主約曰：「萬一事不可爲，則老臣必死於戰。有沉香一株重千餘兩，是時當焚此香爲驗，或香烟及御舟，可即遣援兵。或不然，宜速爲之所，無墮其計中也。」及厓山之敗，張儼然立船首，焚香拜天曰：「臣死罪，無以報國，不能翊運輔主，惟天鑒之。」尚有將佐三十餘人，亦立其後，如此者凡一晝夜，從者亦聳立不少動。既而北軍擁至，篙師亦皆以小舟逃去，風起浪湧，舟遂沉，溺者甚衆。其部曲有張霸都統者，遂收其遺貲，放舟回至永嘉海洋中，與之招魂作佛事。時周文英者一舟正泊對港，遠見旗船，遣人覘之，則知爲將軍也。遂輕舟往見之，甚懽，因謂張曰：「二王既死，吾儕無主，若放浪海中，與盜賊何異？」意欲與之投拜也。張素知其人中險，漫爾應之。次日，張欲置酒招周，將乘間圖之。適有人往報於周，周亟殺一馬【二〇】，拂明，亟遣以半體送之，曰：「昨見相公回，馬適踠足，今已烹之，敢屈相公一醉。」張不虞其機已露，乃

【二〇】周亟殺一馬 「馬」原作「人」，據學津本改。

曰：「今日本欲相招，乃爲君所先，當即往就邀以歸也。」至則周殺張於坐中，因撫其部曲。張軍頭目競獻子女玉帛，周盡却之，令各自收拾，同往廣中梁相公處投拜。止留張世傑所愛二内人，皆絶色也。二人常持家事，盡知世傑所有寶玩及供軍金帛數【二二】。既約日進發，則凡張軍諸舟各差守把，不許一人登岸，凡數十船金寶悉捲而有之。既約日進，復以世傑節度使印以爲根脚，授廣州宣慰使。及其還江南也，異時隨二王官屬、貴璫、幕士競往投之，附其舟以歸，周皆爲料理舟檝。及舟發至海中，乃盡殺之，掩有數家之財焉。時毛文豹爲士人，處梁相公之館，備知其事，故告發焉。

許夫人

周文英之父名彦榮，守節死於毘陵。昔在閩、廣時，有許夫人者聚兵立山寨甚盛，周每至其寨往來，許悦之，因嫁焉。遂闢諸山寨，最後至一寨，遇伏。前值水坎，周躍馬過之，許馬弱墮坎，遂爲所烹。周遂據其所有云。李聲伯。

孕婦雙胎

安吉縣村落間有孕婦，日饁其夫於田間，每取道自叢祠之側以往。祠前有野人以卜爲業，日見其往，因扣之，情寖洽。一日，婦過之，卜者招之曰：「今日作餛飩，可來共

【二二】供軍金帛數　「數」原作「類」，據學津本改。

食。」婦人就之，同入廟中一僻靜處，笑曰：「汝腹甚大，必雙生子也。」婦曰：「汝何從知之？」曰：「可伸舌出看，可驗男女。」婦即吐舌，爲其人以物鈎之，遂不可作聲。遂刳其腹，果有孿子。因分其屍，烹以祀神，且以孿子炙作腊，爲鳴童預報之神。至晚，婦家尋覓不見，偶有村翁云其每日與卜者有往來之跡，疑其爲姦。遂入廟捕之，悉得其屍，并獲其人，解之縣中。蓋左道者以雙子胎爲靈丹【二二】，乃所不及也。壬辰之冬。

屠節避諱

省吏屠節嘗出知道州。太守省劄，其本房書史以避賈相之名，遂書作某人知春陵州事。賈見之大怒，批出云：「二名不偏諱，臨文不諱，皆見於《禮經》。今屠節乃敢擅改州名，可見大無忌憚，使不覺察，豈不相陷？」決欲黜之。後以諸省吏羅拜懇告，遂從編置，即存博之□也。

回人送炭

牟獻之巘，存齋之子，舊爲浙東憲，嘗有謝人送炭一聯云：「翻手可覆手，曲身成直身。」

【二二】以雙子胎爲靈丹　「丹」原作「單」，據學津本改。

趙孟議臺評

趙孟議因誘買王壽妾楚□□，遂爲曾淵子所論，一聯云：「喬妾之歸，承嗣忍著主衣；周顗之事，□□殆非人類。」

金鉤相士

文時學昔爲祕書郎日，有金鉤相士，朝省會日擠於廳吏輩入省中，遍閱諸館職，繼而扣之云：「左偏坐二人，一月皆當補外；潘墀、王世傑。末坐一少年，最不佳，官雖極穹，然當受極刑。」扣其何以知之，云：「頂有拳髮，此受刑之相也。凡人若具此相，無得免者。」蓋文宋瑞時爲正字，居末坐也。未歲，潘、王果出，而宋瑞之事乃驗於兩紀之後，可謂神矣。又嘗見宋瑞自云：「平生凡十餘次夢中見髑髏滿前後無數，此何祥也！」然則異時之事，豈偶然哉！本心翁癸巳六月。

十干紀節

或云上巳當作十干之己，蓋古人用日，例以十干，如上辛、上戊之類，無用支者。若首午尾卯，則上旬無巳矣，故王季夷嵎上巳詞云「曲水湔裙三月二」，此其證也【一三】。

【一三】此其證也　「證」原作「正」，據稗海本、學津本改。

文山書爲北人所重

平江趙昇卿之姪總管號中山者云：「近有親朋過河間府，因憩道傍，燒餅主人延入其家，內有小低閣，壁貼四詩，乃文宋瑞筆也。漫云：『此字寫得也好，以兩貫鈔換兩幅與我如何？』主人笑曰：『此吾家傳寶也，雖一錠鈔一幅亦不可博。咱們祖上亦是宋民【二四】，流落在此。趙家三百年天下，只有這一箇官人，豈可輕易把與人邪？文丞相前年過此與我寫的，真是寶物也。』斯人朴直可敬如此，所謂公論在野人也。」癸巳九月。

至元甲午節氣之巧

三十一年正月初一日壬子立春【二五】，二月初二日癸未驚蟄，三月初三日癸丑清明，四月初四日甲申立夏，五月初五日甲寅芒種，六月初六日乙酉小暑，七月初七日乙卯立秋，八月初八日乙酉白露【二六】，九月初九日丙辰寒露，係亥正初刻至初八日，至有四刻日之遲。十月初十日丙戌立冬，十一月十一日丁巳大雪，十二月十二日丁亥小寒。

夷考百年以來，理宗寶祐四年丙辰【二七】：正月一日立春，二月二日驚蟄，三月三日清明，四月四日立夏，五月五日芒種，六月六日小暑，七月七日立秋，八月八日白露，九月九日寒露，十月十日立冬，十一月十一日大雪，十二月十二日小寒。

【二四】祖上亦是宋民　「民」原作「氏」，據稗海本改。

【二五】壬子立春　「子」原作「午」，據學津本及《二十史朔閏表》改。

【二六】八月初八日乙酉白露　「乙酉」，按《二十史朔閏表》是日當爲「丙戌」。

【二七】夷考百年以來理宗寶祐四年丙辰　原無「理宗寶祐四年丙辰」八字，據學津本補。

餘未見如此者【二八】，亦一奇事也。

香爐峰桐柏山

越上有香爐峰，唐德宗時，有告於朝者，言此山有天子氣，於是遣使鑿其山。理宗高祖周元肅王向祇投於河南，死焉，其子楚王遂挾父母遺骨以歸越，葬於香爐峰下，於是前說驗焉。又杭之仁和縣有桐柏山，宣和中，蔡京嘗葬其父於臨平。及京敗，或謂此爲駱駝飲海勢，遂行下本路，遣匠者鑿破之。有金雞自石中飛出，竟渡浙江，其地至今有開鑿之徑。知地理者謂猶出帶血天子，而後濟王實生其地。趙節山。

失誥碎帶

丙寅冬【二九】，嗣榮王拜福王之命，賈御醫將上命部押儀物過越，及至邸第，則遺忘誥命及新鑄之印，人皆以爲不祥。賈師憲景定庚申自江上凱旋歸朝，遂拜少師，賜玉帶。及入朝之日，馬蹶而墜，碎其帶焉，人人皆知爲不祥。

吳氏鳥卵

吳子明居杭之橫塘，晚年閑步水濱，忽見泥中一物蠕動，疑爲虵類，細視之，乃一鳥

【二八】餘未見如此者　「未見」原作「見未」，據學津本乙。

【二九】丙寅冬　按《宋史・度宗紀》，嗣榮王與芮進封福王事於咸淳三年八月乙丑，乃丁卯年夏。

卵，大可如拳。心異之，遂取歸，寘之聖堂淨水盂中。旋即漲大，忽發大聲，穿屋而出，或以爲龍卵云。然吴竟以此驚悸成疾而殂。

魯港風禍

或謂賈平章魯港之師，嘗與北軍議定歲幣，講解約於來日各退師一舍，以示信。既而西風大作，北軍之退西者旗幟皆東指。南軍都撥發孫虎臣意以爲北軍順風進師，遂倉忙告急於賈。賈以爲北軍失信而相紿，遂鳴鑼退師。及知其悮，則軍潰已不可止矣。是南軍既退之後，越一宿而北軍始進，蓋以此也。嗚呼！天乎！

慈憲生吉兆

慈憲全夫人之生也，其父全翁大節忽門外有大虵蟠繞一大樹間，細而視之，則其虵有兩小角。方以爲異，將入呼兒姪輩逐之，則報以得女，而虵不復見矣。福王妻柔懿李夫人之生也，忽大雷雨，有龍入其室，而夫人生焉。

德祐二子名

福王長子小字祐孫，庚子生，即不育。次日黄氏所生小字德，即紹陵也。蓋取竝立人二字，後乃應德祐之號。異哉！

紹陵初誕

紹陵之在孕也，以其母賤，遂服墜胎之藥。既而生子，手足皆軟弱，至七歲始能言。黄氏德清人，乃李夫人從嫁，名定喜，後封隆國育聖夫人。

寧宗不慧

或謂寧宗不慧而訥於言，每北使入見，或陰以宦者代答。

衢吏徐信

衢之常山有道院，三月三日上真誕辰，道侣雲集，吏魁徐信主此會。有一道人鬮得如意袋三，寄留徐家，約以四月八日合會復至以取，且贈以詩云：「一方眼目共推尊，禍福無門却有門。夜半或傳人一語，明朝推背受皇恩。」徐大刻之石。及期，道人不至。未幾，詹峒作梗，諉其罪於徐，夜半省劄下，竟伏極刑。陸大匹時爲龍游宰，親言之。

征日本

至元十八年【三〇】，大軍征日本。船軍已至竹島，與其太宰府甚邇，方號令翌日分路以入。夜半，忽大風暴作，諸船皆擊撞而碎，四千餘舟所存二百而已。全軍十五萬人，歸者不能五之一，凡棄糧五十萬石，衣甲器械稱是。是夕之風，木大數圍者皆拔或中折，蓋天意也。李順丈爲令史，目擊而言。

束手無措

束元嘉知海陵【三一】，泰州。禁醋甚嚴，有大書于郡門曰：「束手無措。」

蜘蛛珠

蒙古反之在福建省時，有村落小民家一婦人，以織麻爲業，每夜漚麻於大水盎中。忽一日視之，盎中水涸矣，視之初無罅漏，凡數夕皆然。怪其異，至夜俟之。夜過半，果有一物來，徑入盎中飲水，其身通明如月，光炤滿室。婦細視之，乃一白蜘蛛耳，其大如五斗栲栳。其婦遂急以大雞籠罩之，割其腹，內得一珠，如彈丸大，照明一室。是夕，地分軍士皆見其家有火光燭天，疑爲有火，翌日遂往扣其婦人，以爲無有。軍人之黠者以言誘之，終

【三〇】至元十八年　「至元」原作「至大」，按：元至大無十八年，當爲「至元」之誤。

【三一】束元嘉知海陵　「海」原作「嘉」，據學津本改。

不能隱，遂出示之。其卒脅以威，以十五千得之。既而千户知其事，復殺卒以取之。如此轉數手，亦殺數人，最後歸之蒙古。遂以所得福王玉枕併進之，遂得江、浙省平章。聞内府一珠向以數千錠得之於海賈，方之此珠，不及其半，蓋絶代之寶也。

佛蓮家貲

泉南有巨賈南蕃回回佛蓮者，蒲氏之壻也。其家富甚，凡發海舶八十艘。癸巳歲殂，女少無子，官没其家貲，見在珍珠一百三十石，他物稱是。省中有榜，許人告首隱寄債負等。

聖鐵

有所謂聖鐵者，凡人佩之，刀兵皆不能入。嘗以羊試之，良驗。又謂此鐵佩之，刀兵所至，則鐵隨應之，終不可入。又云此鐵大者僅如豆，破肉入之身中，或遇刀兵，則此鐵隨以應之，更不可入。未之孰是？聞張眼子有之。

華岳阿房基

王國用僉省云：「五岳惟華岳極峻，直上四十五里，遇無路處皆挽鐵絙以上。有西岳廟在山頂，望黃河一衣帶水耳。所謂龍池者僅方丈，龍在則水深黑，龍不在則清見底。山有郭仙姑者，年二百六七十歲矣，曾事陳希夷，又常隨吕公遊於世。」又云：「阿房宫基址尚存，前殿縱廣各數里，可容萬人，其大可知。」

釘官石

又云：「釘官石在長安城中，色青黑，其堅如鐵。凡新進士求仕者，以大釘釘之，如釘徑入，則速得美官，否則齟齬不能入，入亦不能快利也。石上之釘皆滿。」

張氏銀窖

張府主奉位酒庫屋，其左則蒙古平章之居。一日，蒙古欲展地丈餘，主奉者不獲已，與之。彼方毁舊垣再築，於舊基得烏銀數十大笏，皆奄有之，蓋張氏之宿藏也。

猪禍

至元癸巳十二月内，村落間忽僞傳官司不許養猪。於是所有悉屠而售之，其價極廉，不知何祥也。

張松

世俗命强記者曰張松。按：《蜀紀·劉禪紀》注：「楊修以所撰兵書示張松，飲宴間一看便暗誦之，即此也。」

桃符獲罪

鹽官縣學教諭黄謙之，永嘉人，甲午歲題桃符云：「宜入新年怎生呵，百事大吉那般者。」爲人告之官，遂罷去。

龍蚌

《老學菴筆記》言壽春縣灘上有一蚌，其中有龍蟠之迹，以爲絶異。余嘗於楊氏勤有堂見其亦類此，疑即壽春之物。既而隣邸有六家，有客人持一蚌殼求售，其中儼然一蛇身，纍纍若貫珠。乃知天壤之間，每有奇事。

透光鏡

透光鏡其理有不可明者，前輩傳記僅有沈存中《筆談》及之，然其説亦穿鑿。余在昔未始識之，初見鮮于伯機一枚，後見霍清夫家二枚。最後見胡存齋者尤奇，凡對日映之，背上之花盡在影中，纖悉畢具，可謂神矣。麻知幾嘗賦此詩得名。余嘗以他鏡視之，或有見半身者，或不分明，難得全體見者。《太平廣記》第二百三十卷内載有侯生授王度神鏡【三二】，承日照之，則背上文盡入影内，纖悉無失。然則古亦罕見也。

菖蒲子

菖蒲花候結子老收之，至梅月，用米飲同子嚼碎，噴在大炭上，則自然生苗，極細可愛，然止是虎鬚耳。昌化有此苗。章愛山。

死馬殺人

凡驢馬之自斃者，食之，皆能殺人，不特生丁瘡而已。豈特食之，凡剥驢馬亦不可近，其氣薰人，亦能致病，不可不謹也。今所賣鹿脯多用死馬肉爲之，不可不知。

瓜哇銅器

徐子方嘗得瓜哇國一銅器，類箕，徑約四寸，縱約三寸。其中有梁如斗，梁上坐國主、國后二像，一人侍側，極其醜惡，如優人之類。其側有兩人首。殊不知爲何所用也？

【三二】有侯生授王度神鏡「生」原作「王」，據學津本及《太平廣記》二百三十卷改。

黑漆船

趙梅石孟議性侈靡而深嶮，其家有沉香連三暖閣，窻户皆鏤花，其下替板亦鏤花者【三三】。下用抽替，打篆香於内，香霧紛郁，終日不絶。前後皆施錦簾，他物稱之。後聞獻之福邸云。後爲都大坑冶，又造黑漆大坐船，船中艙板皆用香楠鏤花【三四】，其下焚沉腦，如前閣子之製。吕師夔親見之，遂號孟議爲「黑漆船」，後餓死於燕京。存齋。

周彌陀入冥

湖州貴涇坊有周彌陀者，其人手中有彌陀印，故得名。爲人善良且孝，忽以病殂，以心腹未寒，未敢殮。越二日復甦，曰：「此番得生，皆陳尚書之力。」因言至一官府，因徒甚衆，仰觀據案者即陳本齋尚書也。存，字體仁。見謂曰：「汝吾賃户也，何緣至此？」檢大簿曰：「此人極孝，且所追同姓名，可令發回。」蹶然而甦。好事者雖能言，未之信也。未幾，廉訪分司薛帖木兒自嘉興至霅，因扣左右曰：「前宋有馬裕齋、陳本齋否？」衆曰：「然。」因言在嘉興時，一書吏暴死，一夕方甦，因言入冥，有二冥官以簿參照，誤而遣回。吏語之曰：「此善惡判官也。」惡判官乃馬裕齋，善判官乃陳本齋耳。乃與周彌陀之事正相合，亦可怪。衢按：裕齋，名光祖【三五】。

【三三】替板亦鏤花者　「板」原作「拔」，據學津本改。

【三四】船中艙板　「艙」原作「蝗」，據學津本改。

【三五】衢按裕齋名光祖　稗海本、學津本無「衢」字。

馬相漂棺

饒州樂平縣中有某人者，元執役於馬相府。後以病死，入冥見中坐者乃馬相公也，其人舉首叩頭以求救。既而以悮追放還。方出，馬即呼語之曰：「汝回人間，可與吾兒言，我屋已漏損一角，宜亟修之。可憐兒子讀書，將來有用處。」既甦，遂往馬府告之，然所居之第初無損漏之事。越明年，山中發洪水，馬相之墓適當其衝，遂爲大水漂其棺，隨流而去，莫知所之。至四十里之外，爲枯槎挽定，適渡子見之，訝其棺華大，疑非常人者，即舉渡船中，載之以歸。既而馬府物色得之，給賞取回，改葬焉。此事陳無逸在婺源爲山長時，見張伯大家言之甚詳。伯大，丞相之妹壻也。

伯宣被盜

劉伯宣爲宣慰司同知，去官日，泊北關外俞椀蓋家之別室。一夕，爲偷兒盜去銀匙筯兩副，及毛衫、布海青共三件，次日幾無可著之衣。其家即欲經官捕盜，伯宣不許，因自於門首語其隣曰：「此輩但知爲盜，而不知吾乃窮官人也。所有之物，不過如此，萬一見獲，遂壞此生。銀匙筯入其手，亦不願得，但衣服頗覺相妨，仍見還可也，幸相體此意。」人皆笑其迂。越再宿，忽得一籠於屋後空地，視之毛衫布衣皆在焉。劉公一言信及穿窬，非一日之積也。白廷玉。

李性學

李性學之爲吾教也，有詩云：「天下今無讀書者，世間惟有作詩人。」其後得罪於巨室，故遭完顏御史之怒，杖幾及身，閻子靜援之而免。於是怒之者有墻壁之文醜詆，有云：「挂腐鼠於書齋之内，謂辟蠅營；　避飛蚊於錦被之間，有如龜縮。喫帶糠糙米粥，啜無鹽淡菜羹。猫兒常寶玩於房中，蝨子任珠懸於衣上。」又云：「胗病知心脉之已死，自縊有頸痕之尚存。」先是，性學嘗以儷語數范葯莊之惡，有云「面帶墨香，口尚乳臭」等語，此其報也。

夏駕山

吾鄉妙喜謂之杼山，謂夏杼嘗巡歷於此【三六】，故名。其西曰夏駕山，又有所謂夏王村者，皆是也。今乃訛「夏王」爲「下黄」，「夏駕」爲「下夾」，且名其上曰「上夾」，以成僞焉。

【三六】謂夏杼嘗巡歷於此　學津本「夏」字下有「后」字。

渴字無對

衛山齋云：「凡字皆有對，如飢之對飽，寒之對暖，悲之對歡之類是也。獨有渴字，無不渴一字對之。」此雖戲言，亦似有理。又云：「向見鄉先生言《關雎》后妃之德，註家皆指后爲太姒，非也。蓋后即君耳，妃乃夫人。以夫人爲后，乃自秦始耳。」

觀堂二石

徐子方云：「向到故内觀堂，有黑漆厨内龕二石，高數尺。其一有南斗六星，隱起石上，刻金書『南極呈祥』。其陰有北斗七星，亦隱起而色白，刻曰『北斗降瑞』。及再至杭，則觀堂已化爲佛寺，此石莫知所在矣。」

董儀父論易

董儀父鴻嘗云：「《易》有聖人之道四焉，王輔嗣去三而存一，於道闕焉。晦菴知其爲非，所以本義啓蒙，各以卜筮言之。然雖知其爲卜筮之道，而不知其所以爲卜筮之道，不過復以理言之，則亦何異乎輔嗣哉！」

棺蓋懸鏡

今世有大殮而用鏡懸之棺蓋以照尸者，往往謂取光明破暗之義。按：《漢書·霍光傳》，光之喪，賜東園温明。服虔曰：「東園處此器，以鏡置其中，以懸尸上。」然則其來尚矣。

北地賞柳

焦達卿云：「韃靼地面極寒，並無花木，草長不過尺，至四月方青，至八月爲雪虐矣。僅有一處開混堂，得四時陽氣和暖，能種柳一株，土人以爲異卉，春時競至觀之。」

光禄寺御醴

達卿嘗爲光禄寺令史，掌醴事，云：「炊米之器，皆以温石爲大釜，温石即菜石。甑以白檀香，若甕盎之類，皆銀爲之，極其侈靡，前代之所無也。車駕每親幸焉，所掌必以大頭目，外廷丞不足道也。」

姦僧僞夢

安吉縣朱實夫，馬相碧梧之壻也。有温生者，因朱而登馬相之門，近復無聊，遂依白雲宗賢僧録者，無以媚之，乃創爲一説云：「曩聞碧梧與之言云：『向在相位日，蒙度宗宣諭云：朕嘗夢一聖僧來謁，從朕借大内之地爲卓錫之所，朕嘗許之，是何祥也？』馬雖知爲不祥而不敢對。今白雲寺所造般若寺，即昔之寢殿也，則知事皆前定。」於是其徒遂以此説載之於寺碑，以神其事。嗚呼！使當時果有此夢，方賈平章當國，安得獨語馬公？使馬公果聞此語，安得不使子姪親友知之，且獨語門吏耶？可見小人之無忌憚如此。余恐後人不知而輕信，故不得不爲之辯。金一之蓀壁云。

沉香聖像

杭西湖延祥觀四聖小像并從人共二十身，皆蠟沉香，凡數百兩。即韋太后北巡狩歸日所雕，皆飾之以大珠。及楊髠據觀爲寺，盡取之爲笠珠及香餅，可歎也。杜秋泉。

西湖好處

江西有張秀才者，未始至杭，胡存齋攜之而來。一日泛湖，問之曰：「西湖好否？」

曰：「甚好。」曰：「何謂好？」曰：「青山四圍，中涵緑水，金碧樓臺相間，全似著色山水。獨東偏無山，乃有鱗鱗萬瓦，屋宇充滿，此天生地設好處也。」此語雖麄俗，然能道西湖面目形執，爲可喜也。

石庭苔梅

宜興縣之西，地名石庭。其地十餘里，皆古梅、苔蘚，蒼翠宛如虬龍，皆數百年物也。有小梅僅半尺許【三七】，叢生苔間，然著花極晚。詢之土人，云：「梅之早者皆嫩樹，故得春最早。樹老則得春漸遲，亦猶人之氣血衰旺、老少之異也。」此説前所未聞。梅間有小溪，流水横貫交午，橋下多小石，圓淨可愛，時有産花鳥及人物者，近世以來則有騎而笠者。蓋天地之氣亦隨時而賦形，尤可異也。

陳諤擣油

陳諤字古直，號埜水，嘗爲越學正，滿替，往婺之廉司取解由。歸途偶憩山家，有長髯野叟方擣柏子作油，見客至，遂少輟相問勞，曰：「君亦儒者邪？」持盃茶飲之，遂問今將何往。陳對以學正滿替，欲倒解由，别注他缺。髯叟忽作色而起，曰：「子自倒解由，我自擣柏油。」遂操杵臼，不復再交一談。陳異而詢於隣人，云：「此傅秀才，隱者也。惡君

【三七】有小梅僅半尺許　「尺」原作「寸」，據學津本改。

言進取事，故耳。」陳心甚愧之，因賦詩云：「忽遇深山避世翁，居然沮溺古人風。老來一出爲身計，不滿先生一笑中。」

襄鄂百詠

又云：向在鄂渚，正值己未透渡之變。至辛酉閏十一月二十一日解圍，嘗作《鄂渚百詠》以記一時之事，多歸功於賈老。中間有一首云：「久戍胡兒已念家，將軍何不奏胡笳。今朝忽報嚴圍解，白雪紛紛亦散花。」賈見散花之語大怒，捕陳甚急。陳窘甚，求救於趙晦巖。晦巖爲解釋，乃免。

打聚

闤闠瓦市專有不逞之徒，以掀打衣食户爲事，縱告官治之，其禍益甚。五奴輩苦之，切視其所溺何妓，於是假金以償其直【三八】，然後許以嫁之，且俾少俟課錢足日取去。然所逋故爾悠悠，使延引歲月，而不肖子陰墮其計中，反爲外護，雖欲少逞故智，不可得矣。其名曰「打聚」。

【三八】於是假金以償其直「假」，原爲空白，據四庫本補。

家之巽三賢詩

家志行嘗和《三賢堂詩》云：「孤峰落魄一詩人，白傅何曾號直臣。較似眉山敢同傳，竝祠浙水恐誣神。人非倫擬終非偶，論貴平和不貴新。爭似獨尊元祐學，高堂正笏更垂紳。」又：「誰稱三老作三山，方回曾以香山、眉山、孤山爲三山也。夫子寧居季孟間。駱廄侍人多媿色，鼇頭處士若爲攀。辭章小技應閒事，節義千年真大閑。何似眉山專一壑，九京賢聖盡歡顔。」雖然志行尊坡翁是也，貶二賢無乃過乎？何不反觀自己，爲德政碑以媚楊髡，受僧賂以作寺記。義方之訓可笑，由徑之歡不慙，奈何！

四聖水燈

西湖四聖觀前，每至昏後有一燈浮水上，其色青紅，自施食亭南至西陵橋復回。風雨中光愈盛，月明則稍淡，雷電之時，則與電爭光閃爍。金一之所居在積慶山巔【三九】，每夕觀之無少差，凡看二十餘年矣。

【三九】金一之所居　「金」原作「余」，元代書法家金應桂，字一之。此據學津本改。

大辟登科

南康劉以仁嘗手殺其叔，里族買靜，不經有司，後竟登寶祐癸丑第，及官長沙令。江古心嘗云：「糊名考校中，諸行百户何所不有？雖盜賊大辟，亦可登科改秩云。」

黄王不辨

浙之東言語黄王不辨，自昔而然。王克仁居越，榮邸近屬也，所居嘗獨燬於火，於是鄉人呼爲「王火燒」。同時有黄瑰者，亦越人，嘗爲評事，忽遭臺評，云：「其積惡以遭天譴，至於獨焚其家，鄉人有『黄火燒』之號。」蓋誤以王爲黄耳。邸報既行，而評事之隣有李應麟者，爲維揚幕，一見大驚，知有被火之事，亟告假而歸。制使李應山憐之，饋以官楮二萬。及歸，則家無恙，乃知爲誤耳。蓋黄無辜而受王之禍，而李無望而得二萬之獲，殊可笑。

押韻語録

劉後村嘗爲吴恕齋作文集序云：「近世貴理學而賤詩賦【四〇】，間有篇詠，率是語録、講義之押韻者耳。」

演福新碑

家之巽志行爲演福寺作觀音殿碑，所得幾何，乃大罵賈相以示高。殊不知其寺常住

【四〇】貴理學而賤詩賦　「賦」原作「賤」，據稗海本、學津本、四庫本改。

贍僧田一萬三千畝，乃賈相所捨也。其碑具銜云：「前朝奉大夫祕書省校書郎兼國史編修官實録院檢討官。」殊不知此二兼職非卿監不可也，意者欲愚庸髡，眩俗眼，以爲榮耳。省碑成打造，徧送當路。其後官司打勘，没官田土，則賈相所捨寺中萬三千畝正在數中。省官呼釋髡問之，云：「賈似道既捨許多田與寺中，不知寺中呼之爲何稱？」曰：「大檀越也。」曰：「寺中亦感激他否？」曰：「大衆仰食於此田，安得不感激？」曰：「既是如此，何乃刻碑毁駡邪？」髡無以應之。以此知公論在人心，無間於南北也。

喜行古禮

吴中一富家子粗識字而騃，然其性僻，專喜行古禮。闢大堂以祀夫子，凡朔望二丁，必大集里中士人以行禮。凡俎豆衣冠之具，及祭饌牲酒，莫不精腆。每一行禮，必有重費不靳也。然其人初無識解，不過所存如此，亦可尚也。

龍畏神火

乙未歲五月，宜興近湖之地忽有二龍交鬭，俱墜於湖。其長無際，頃刻大風駕水，高丈餘而至。即有火塊大如十間屋者十餘，自天而墜，二龍隨即而升。蓋天恐其爲禍，驅神火逐之，使少緩。須臾，則百里之内皆爲巨壑矣。余向者舟經德清之桃園，其稻田皆焦黑，凡數十畝。遂艤舟問其里人，云：「昨午有大龍自天而墜下【四一】，隨即爲地火所燒而飛去。」蓋龍之所畏者火耳。

不葬父妨子

或謂停父母之喪久而不葬者，則其子孫每歲縮小。近見錢達可、康自修二子之事皆然，此其異也。姚子敬云。

多景紅羅纏頭

張于湖知京口，王宣子代之。多景樓落成，于湖爲大書樓扁，公庫送銀二百兩爲潤筆。于湖却之，但需紅羅百匹。於是大宴合樂，酒酣，于湖賦詞，命妓合唱甚懽，遂以紅羅百匹犒之。

韓平原姓王

王宣子嘗爲太學博士，適一婢有孕而不容於内，出之女儈之家【四二】。韓平原之父同鄉，與之同朝，無子，聞王氏有孕婢在外，遂明告而納之。未幾得男，即平原也。

【四一】昨午有大龍 「午」原作「于」，據稗海本、學津本、四庫本改。

【四二】出之女儈之家 「儈」原作「僧」，據學津本改。

烏銀江桃

承平時，貴家以烏銀爲江桃殼，外具細紋而色似真。每宴集，則以此鐔桃柱以供客，可謂富貴之極也。胡存齋。

金紫銀青

廣西諸洞産生金，洞丁皆能淘取。其碎粒如蚯蚓泥大者，如甜瓜子，故世名「瓜子金」。其碎者如麥片，則名「麩皮金」。金色深紫，比之尋常金色復加一等，此金之絶品也。銀之品有紋如羅甲者，有松紋者，有中窪而郭高者，皆爲精銀，其絶品則色青。故官品有「金紫銀青」之目，蓋金至於紫、銀至於青，爲絶品也。張敬堂。

烏賊得名

世號墨魚爲烏賊，何爲獨得賊名？蓋其腹中之墨可寫僞契券，宛然如新，過半年則淡然如無字。故狡者專以此爲騙詐之謀，故謚曰「賊」云。

天雨豆米

至元丙申三月十八日【四三】，永嘉天雨黑米，粒小而多，飯可食。陳本齋云。泉州雨紅豆，亦可爲飯，其色如丹砂，前未見也。徐容齋云。乙未歲，江西歉甚，時天亦雨米，貧者得濟，富家所雨則雪也，此又異甚。胡存齋云。

朱宣慰詩

日觀僧子温善作墨蒲萄，時書詩文句於上，或有可喜者。嘗在朱宣慰家作畫，訖，遂寫一詩在上云：「昔有朱買臣，今有朱宣慰。兩箇擔柴夫，竝皆金紫貴。」朱老欣然曰：「朱清果是賣蘆柴出身，和尚説得我著。」遂饋贐資五錠酬之。

杏仁有毒

松雪云：「杏仁有大毒，須煮令極熟，中心無白爲度，方可食用，生則能殺人。凡煮杏仁汁，若飲犬猫立死。」

【四三】至元丙申　按：元世祖至元、元惠帝至元皆無丙申歲，疑「至元」爲元成帝「元貞」之誤。

章宗效徽宗

金章宗之母，乃徽宗某公主之女也。故章宗凡嗜好書劄，悉效宣和，字畫尤爲逼真。金國之典章文物，惟明昌爲盛。

茯苓益松

凡所砍大松，根下枯而紅潤者，其下必有茯苓，蓋得茯苓所養故耳。人能服餌，豈無奇功！

虎引彪渡水

諺云：「虎生三子，必有一彪。」彪最獷惡，能食虎子也。余聞獵人云：「凡虎將三子渡水，慮先往則子爲彪所食，則必先負彪以往彼岸，既而挈一子次至，則復挈彪以還，還則又挈一子往焉，最後始挈彪以去。蓋極意關防，惟恐食其子故也。」

擦紙

凡擦紙，必用黄蜀葵梗葉新擣，方可以擦，無則占粘不可以揭。如無黄葵，則用楊桃藤、槿葉、野蒲萄皆可，但取其不粘也。

冬至前造酒

凡造酒，令冬至前最佳【四四】，勝於臘中，蓋氣未動故也。今造鹽菜者亦必於冬至前，則可以久留矣。此說極有理。李靜仙。

壬日扦種

芒種後壬日入梅。壬日所種花草，雖至難活者亦皆活，申日亦可。

白蠟

江浙之地，舊無白蠟。十餘年間，有道人自淮間，帶白蠟蟲子來求售。狀如小芡實，價以升計。其法以盆桎樹，桎字未詳。樹葉類茱萸葉，生水傍可扦而活，三年成大樹。每以芒種前，以黃草布作小囊，貯蟲子十餘枚，遍挂之樹間。至五月，則每一子中出蟲數百，細若蟣蠓，遺白糞於枝梗間，此即白蠟，則不復見矣。至八月中，始剥而取之，用沸湯煎之，即成蠟矣。其法如煎黃蠟同。又遺子於樹枝間，初甚細，至來春則漸大，二三月仍收其子如前法，散育之。或聞細葉冬青樹亦可用。其利甚博，與育蠶之利相上下。白蠟之價，比黃蠟

【四四】令冬至前最佳　學津本無「令」字。

常高數倍也。

斯集二卷凡二百條，與後集一卷凡七十餘條，皆《稗海》所未刻者。字句之間，雖多本本、飢阢之嫌，向守東坡妄改古人文字之戒，故闕疑耳。其辯論后妃、馮婦，確然可據，以翼經傳。如吴妓徐蘭，採附《虎丘志》貞娘墓之後，亦足資少年場劇譚也。

虞山毛晉識

別集上

汴梁雜事

羅壽可丙申再游汴梁，書所見梗槩。汴學曰文學、武廟，即昔時太學、武學舊址。文廟居汴水南，面城背河，柳堤蓮池，尚有璧水遺意。太學與首善閣五大字石刻，皆蔡京奉勑書。先聖之右爲孟，左爲顔，作一字位置，不可曉，北方學校皆然。先聖、先師各有片石，鐫宋初名臣所爲贊，獨先聖，太祖御製也。講堂曰「明善」，藏書閣曰「稽古」。古碑數種，如宋初翰苑題名，開封教授題名。《九經》石板堆積如山，一行篆字，一行真字。又有大金登科題名，女真進士題名，其字類漢篆而不可識【一】。司天臺太歲殿，徽宗草書「九曜之殿」。舊開封府有府尹題名，起建隆元年居潤，繼而晉王、荆王而下皆在焉。獨包孝肅公姓名爲人所指，指痕甚深。樓閣最高而見存者：相國寺資聖閣、朝元宮閣、登雲樓。資聖閣雄麗，五簷滴水，廬山五百銅羅漢在焉，國初曹翰所取者也。朝元宮閣即舊日上清儲祥宫移至，岧嶤半空。登雲樓俗呼爲「八大王樓」，又稱「譚一作潭。樓」，蓋初爲燕王元儼所居，後爲巨璫譚積有之，其奇峻雄麗，皆非東南所有也。朝元宮殿前有大石香鼎二，

校勘記

【一】其字類漢篆而不可識　原無「篆」字，據稗海本、學津本補。

製作高雅。聞熙春閣前元有十餘座【二】，徽宗每宴熙春，則用此燒香於閣下，香烟蟠結几數里，有臨春、結綺之意也。朝元宫虚皇臺亦上清移來，下有青石礎二，刻畫龍鳳團花，極工巧，舊時是朱温椒蘭殿舊物。臺上有拜石，方廣二丈許，光瑩如璧玉，四畔刻龍鳳，雲霧環繞。内留品字三方素地，云是宣、政内醮時，徽廟立於中，林靈素、王文則居兩傍也。汴之外城，周世宗時所築，神宗又展拓，其高際天，堅壯雄偉。南關外有太祖講武池，周美成《汴都賦》形容盡矣。梁王鼓吹臺、徽宗龍德宫舊基尚在。開封府衙後有蠟梅一株，以爲奇，遂創梅花堂。北人言河北惟懷孟州，號「小江南」，得太行障其後，故寒稍殺，地暖，故有梅，且山水清遠似江南云。南門外有五岳觀、太乙宫、岳帝殿，極雄壯華麗。宫連跨小樓殿【三】，極天下之巧，俗呼爲「暖障」。聞汴有大殿九聞一作間。者五，相國、太乙、景德、五岳，盡雕鏤，窮極華侈，塑像皆大金時所作，絶妙。徽宗定鼎碑，瘦金書，舊皇城内民家因築墻掘地取土，忽見碑石穹甚，其上雙龍，龜趺昂首，甚精工，即瘦金碑也。四方聞之，皆捐金求取，其家遂專其利。蔡京題額「政和定鼎之碑」。或云九鼎金人未嘗遷，亦只在土中或水中耳。如資聖閣、登雲樓覆壓歲久，今其地低陷甚多。曾記佛書言，山河大地凡爲城邑、宫闕、樓觀、塔廟，亦是緣業深重所致。光教寺在汴城東北角，俗呼爲「上方寺」，琉璃塔十三層，鐵普賢獅子像甚高大。座下有井，以銅波斯蓋之，泉味甘，謂通海潮。旁有五百羅漢殿，又云五百菩薩像，皆是漆胎，莊嚴金碧【四】，窮極精好。《普賢洞記》石碑

【二】聞熙春閣前元有十餘座　原作「聞熙春閣朝元宫有十餘座」，據稗海本改。

【三】宫連跨小樓殿　「宫」，稗海本作「帝殿」。

【四】莊嚴金碧　「莊嚴」原作「裝麗」，據稗海本、學津本改。

甚雅，金皇統四年四月一日，奉議大夫行臺吏部郎中飛騎尉施宜生撰并書，所謂方人者也。後爲金相，字步驟東坡。寺入門先經藏殿，藏殿極工巧，四隅不動，其中運轉經卷無倫次，皆唐人書也，極精妙。太廟街近城，有古觀音寺，北齊施主姓名碑。佛殿開寶皇后命孫德元畫西方淨土，極奇古精妙，僅存半壁。僧崇化大師爲之讚，書亦有法。相國寺佛殿後壁，有咸平四年翰林高待詔畫大天王，尤雄偉。殿外有石刻，東坡題名云：「蘇子瞻、子由、孫子發、秦少游同來觀晉卿墨竹，申先生亦來，元祐三年八月五日，老申一百一歲。」又片石刻坡翁草書《哨遍》，石色皆如玄玉。寳相寺俗呼爲「大佛寺」，有五百羅漢塑像，甚奇古。又㶊水石龍，鐫刻甚精，皆故宫物也。

蟛蜞餛飩

《軒渠録》載，有人以糟蟹、鐵子同薦酒者，或笑曰：「則是家中没物事，然此二味作一處怎生喫？」衆以爲笑。近傳瀲浦富家楊氏嘗宴客作蟛蜞餛飩，真可作對也。

包宏齋桃符

包宏齋恢致仕後，歸作園於南城，題桃符云：「日短暫居猶旅舍，夜長宜就作祠堂。」年八十七薨。

南風損藕

近聞亭皋蕩户云【五】：「每歲夏月，南風少則好藕。晒荷葉遇雨，雨所著處【六】，皆成黑點。藏荷葉則須密室，見風則蛀損，不堪用矣。」

燈檠去蟲

桃樹生小蟲，滿枝黑如蟻，俗名蚜蟲。雖用桐油洒之，亦不盡去。其法乃用多年竹燈檠掛壁間者，掛之樹間，則紛紛然墜下，此物理有不可曉者。戴祖禹得之老圃云。

魚苗

江州等處水濱産魚苗，地主至於夏【七】，皆取之出售，以此爲利。販子輳集，多至建昌，次至福建、衢、婺。其法作竹器似桶，以竹絲爲之，内糊以漆紙。貯魚種於中，細若針芒，戢戢莫知其數。著水不多，但陸路而行，每遇陂塘，必汲新水，日換數度。别有小籃，製度如前，加其上以盛養魚之具。又有口圓底尖如罩籬之狀，覆之以布，納器中，去其水之盈者。以小椀又擇其稍大而黑鱗者則去之，不去則傷其衆，故去之。終日奔馳，夜亦不得息，或欲少憩，則專以一人時加動摇。蓋水不定則魚洋洋然無異江湖，反是則水定魚

【五】近聞亭皋蕩户云　「亭皋」，稗海本作「皋亭」。

【六】雨所著處　原無「雨」字，據稗海本補。

【七】地主至於夏　「於」，稗海本作「初」。

死，亦可謂勤矣。至家，用大布兜於廣水中，以竹掛其四角，布之四邊出水面尺餘，盡縱苗魚於布兜中。其魚苗時見風波微動，則爲陣順水旋轉而游戲焉。養之一月半月，不覺漸大而貨之。或曰：初養之際，以油炒糠飼之，後竝不育子。

同里虎

近歲平江虎丘有虎十餘據之，同里葉氏墓舍在焉。其一大享堂，虎專爲食息之地，凡人獸之骨交藉於地，蛇骨亦有之。聞虎之飢，則兼果實皆啖，不特獸也。其堂下大泥潭，虎飽則展轉於中。傍居之人熟窺之，凡食男子必自勢起【八】，婦人必自乳起，獨不食婦人之陰。或有遇之者，當作勢與之敵，而旋退引至曲路，即可避去，蓋虎不行曲路故也。

陶裴雙縊

丙申歲九月九日，紀家橋河北茶肆陶氏女，與裴叔詠第六子合著衣裳，投雙繯於梁間。且先設二神位，仍題自己及此婦姓名，炷香然燭，酒果羹飯，燭然未及寸而殂矣。嘗記淳熙間，王氏子與陶女名師兒共溺西湖，有人作「長橋月，短橋月」，正其事也，至載之周平園《日記》【九】。何前後盛情之事，皆生於陶氏門中邪！近至元二十七年大水，湖州府儀鳳橋下有新生死小兒棄於水中者，兩手四臂四足，面相向抱持，胸脇相連，一男一女，

【八】凡食男子必自勢起　「勢」，稗海本作「臂」。

【九】周平園日記　稗海本「日記」下有「中」字。

丐者取以示人而乞錢。疑皆此輩所幻也，怪哉！

因庸堂

謝府有因庸堂，穆陵御書二字，蓋出《崧高》之詩云：「因是謝人，以作爾庸。」注云：「謝乃周之南國也。」此詩美宣王能建國，褒賞申伯，於此取義，固佳。然於兩句中各取一字，亦太穿鑿矣。

德壽買市

隆興間，德壽宮與六宮竝於中瓦相對，令修内司染坊設著位觀，孝宗冬月正月孟享回，且就看燈買市。簾前堆垛見錢數萬貫，宣押市食歌叫，直一貫者犒之二貫。時尚有京師流寓經紀人，如李婆婆魚羹、南瓦張家圓子之類。

天狗墜

丙甲十一月十七日冬至，是夜三鼓，有大聲如發火砲，震動可畏，雞犬皆鳴。次日，金一山【一〇】自山中來，云：「山中之聲尤可畏，野雉皆鳴【一一】。」或云天狗墜故也。

【一〇】金一山　「山」疑當爲「之」，見本書續集下「四聖水燈」條。

【一一】野雉皆鳴　原無「野」字，據稗海本、學津本補。

丁酉異星

丁酉正月初二日乙丑夜二鼓，天井巷張家金銀鋪遺漏。是夕，天邊有物如雲氣【一二】，赤色，其大如箕而微長，或謂其大星，余目昏視之不見【一三】。疑此雲氣爲火氣所爍而然，凝然不動，殊爲可異，不知何物也？

彗星改元

是歲二月，忽有傳夜後西北角有星光芒曳尾者。余不之信，數夕起觀，皆無所見。一夕，於西邊見大星，光芒正在胃、昴間，然考之則太白耳，益疑小人妄傳。繼而有自吳來者云：「船中見之甚的，類景定彗星，而尾短僅數尺耳。」余終未之信也。及三月十七日，詔書到杭，改元大德。有云「星芒示變，天象儆予」。始信前者爲信然也。

和劑藥局

和劑惠民藥局，當時製藥有官，監造有官，監門又有官。藥成【一四】，分之內外，凡七十局。出售則又各有監官，皆以選人經任者爲之，謂之京局官，皆爲異時朝士之儲，悉屬之太府寺。其藥價比之時直損三之一，每歲糜户部緡錢數十萬，朝廷舉以償之，祖宗初

【一二】天邊有物如雲氣　原作「天中有如雲氣」，據稗海本改。

【一三】或謂其大星余目昏視之不見　稗海本作「或謂大星下墜余視之不見」。

【一四】藥成　原「藥」前另有一「藥」字，據四庫本删。

制，可謂仁矣。然弊出百端，往往爲諸吏藥生盜竊，至以樟腦易片腦，台附易川附，囊橐爲姦。朝廷莫之知，亦不能革也。凡一劑成，則又皆爲朝士及有力者所得，所謂惠民者，元未嘗分毫及民也。獨暑藥、臘藥分賜大臣及邊帥者，雖隸御藥，其實劑局爲之。稍精緻若至寶丹、紫雪膏之類，固非人間所可辦也。若夫和劑局方，乃當時精集諸家名方，凡經幾名醫之手，至提領以從官内臣參校，可謂精矣。然其間差訛者亦自不少【一五】，且以牛黄清心丸一方言之，凡用藥二十九味，其間藥味寒熱訛雜，殊不可曉。嘗見一名醫云：「此方止是前八味至蒲黄而止，自乾山藥以後凡二十一味，乃補虚門中山芋丸，當時不知緣何誤寫在此方之後，因循不曾改正。」余因其説而考之【一六】，信然。凡此之類，必多有之，信乎！誤註《本草》，非細故也。

葛天民賞雪

葛天民字無懷，後爲僧，名義銛，字朴翁。其後返初服，居西湖上，一時所交皆勝士。有二侍姬，一曰如夢，一曰如幻。一日，天大雪，方擁爐煎茶，忽有皂衣者闖户，將大璫張知省之命，即水張太尉也。招之至總宜園，清坐高談竟日。雪甚寒劇【一七】，且覺腹餒甚，亦不設杯酒，直至晚，一揖而散。天民大恚，步歸，以爲無故爲閹人所辱。至家，則見庭户間羅列奩篚數十，紅布囊亦數十，凡楮幣、薪米、酒殽，甚至香茶適用之物，無所不具。蓋此

【一五】然其間差訛者亦自不少　「訛」，稗海本作「舛」；「自」，稗海本作「似」。

【一六】余因其説而考之　「考」原作「改」，據稗海本、四庫本改。

【一七】雪甚寒劇　「雪」原作「既」，據稗海本、學津本改。

瑠故令先怒而後喜，戲之耳。

彭晉叟

彭晉叟，福州侯官人，亦有學，文亦奇，受業京庠【一八】，每試多居首選。胡穎爲浙西憲政，尚猛厲，物情不安，彭因僞作臺章以脅之。有尼僧爲之表裏，使以藁示之曰：「得之臺中，行且止矣。」胡懼，就致禱，約以獲免當以數萬爲謝。已而，月課不及，胡遂作臺長，江古心書歷述所聞以謝之。古心下京府名捕，時政放堂試，賦題出「王言如絲」，彭爲首冠，破云：「王妙心緯，言關化機，於未布以先謹，如有絲之至微。」揭曉之際，彭已寘理，乃以次名代之。獄成，黥隸貴州，久之宛轉自如，得至靜江。適當詔歲入貢闈，爲編欄，遇都吏一子於場中，日授三卷，得預薦送。吏深德之，未有以報，乃爲之謀曰：「經翰潘公諟，汝鄉人也，盍往歸之？」彭以呈面爲難，又命之作劄，吾當爲通。潘見其辭藻粲然，亟令來見，深愛其才，而革面無策，爲之重嘆曰：「吾當思一策以處。」既數日，乃曰：「得其説矣。」使具戎服，介之經帥府。時姚橘洲希得領桂管，因從容爲地，且令修一儷語爲贄。彭退思數日，未能措詞，乃往見潘求教。潘爲之思有頃，拊髀曰：「吾已得一聯矣，曰：『失邯鄲之步，爲吾黨羞；借荆州之階，以軍禮見。』」使緒成之，且爲點定，約日導之以前。橘洲庭見之，彭趨進八拜如彝，乃以贄上。橘洲觀之喜甚，詳詢始末，留之書

【一八】受業京庠　「受業」，稗海本、學津本作「肄業」。

院，授以文選，使分類之，以觀其能否。未幾書成，橘洲益喜，使諸子師之。資身之計漸裕，旋得勇爵，納妾有家，繼得兩子。橘洲入爲文昌，兼夕拜，使與俱行，繳駁之章多出其手。復出入無間，輒登市樓，恣肆無忌，爲人指目，聞於當路。於是逮治填配，押回元隸所，橘洲亦以此去國。彭後與黎峒通，爲具舟楫，盡室以行，莫知所之。

唐堯封

唐仲友之父侍御堯封，孝廟時以禮部侍郎大司成【一九】除侍御，有直聲。嘗論錢尚書禮，左遷小龍場。及去國，同朝送之，館學爲空。孝宗知之，嘆曰：「遂爲唐氏百年口實。」初入言路，錢迎問第一人，答以「方思之」。歸語仲友，仲友曰：「大人失言，當云此行正爲公來也。」

林喬

林喬，泉州人，頗有記問。初游京庠，淳祐丙午，宗學時芹齋與太學褆身齋爭妓魏華，喬挾府學諸僕爲助，遂成大鬨。押往信州聽讀，因與時貴游從賡唱，放浪狎邪，題詩於茶肆云：「斗州無頓閑身處，時向梅花走一遭。」士論薄之。旋登徐元杰之門，後元杰死，徐徑畈、李斛峯皆以應用之往來。既而元杰家爲伐柯一村豪家，爲接脚壻。其幼子寓城中，

【一九】禮部侍郎大司成　「大」原作「太」，據學津本改。

有地占爲菜園，與趙温州崇機鄰。守皆有月饋，其門如市，數年得自便。寶祐癸丑，買福州待補，作申如名納卷，題出「言行樞機動天地」，遂中魁選。欲參學，爲人所攻而止。久之，上書特補保義郎，領錢億萬，往謀北事，時景定初也。繼又赴有官漕試，得薦登第，隨被論駁，經營復得官戎議之類。還寓信州，朱浚爲守，不往見，且語詆之。朱怒，掊摭其罪【二〇】，押回本貫。與蒲舶交，借地作屋。王茂悦爲舶使，蒲八官人者漏舶事發，林受其白金八百錠，許爲言之。既而王罷去，蒲併攻之，且奪其所借地。乃往從元杰之子直諒，以清潭和買吏屋，且任和糴。既而直諒得憲節，林隨以行。後以詞訴爲徐帥擇齋明叔所治，押往五年摧鋒軍寨，拘鎖而殂，時咸淳末年也。或言後改名爲天同，字景鄭云。

李夢庚

李夢庚者，襄陽人，善文，不偶，歸而治生。其子能文而不肖，數盜用父財，父欲殺之。宗黨勸止，使其子拜且謝。或告以父已負劒，子甚恐，拜方起而劒欲及，亟走避，閉門，劒入門者幾寸。其子後魁浙漕薦，襄帥以書抵漕，潛説友曰【二一】：「今歲漕魁乃夢庚之子也。其論尾之語曾見之否？其語曰：『世豈有棄鯀而不用其子者哉？』聞者莫不大噱云。」

【二〇】掊摭其罪　「掊」原作「据」，據稗海本、學津本改。

【二一】潛説友曰　「潛」原作「漕」，據本集「潛説友」條改。

陳憍如尊者【二二】

王矅軒清舉到省，道經建陽，謁夢蓋竹廟。夢至王者居，有五百人列坐，而虛其四。矅軒未至，有呼者曰：「官人位在此。」王既坐，舉首見席端乃一僧，王負氣怒甚。左右曰：「此陳憍如尊者。」遂寤，及廷唱，大魁乃吴潛也。

史浩傳贊

尤木石焨【二三】修《四朝國史》高、孝、光、寧。其贊史浩略云：「其在太子家號爲智囊，又其當國，多引天下知名之士，朱熹其首也。」然其意以爲知名之士皆天所與，蔽而不揚，則是違天，而不問其道之行與否也。因此忤穆陵意，得譴去國，蓋專爲張魏公地耳。後改，俾別爲贊云：「獨用兵一事【二四】與時賢異，豈非欲先報本而後機會歟？」

唐震黄震

唐震、黄震，撫州、信州，俱是二千之石，皆爲九百之頭。唐嘗爲桐川倅，以本廳縻費，取辦於吏，欲從州郡具申省部罷本職。守倅皆謂言曹廢置，當出朝廷，不從之，且爲於窠名量撥爲助，遂止。唐後知饒州，北兵之來，官軍與群盜交亂，唐以北兵輒出禦之，遂死於

【二二】陳憍如尊者　「憍」原作「僑」，據正文改。

【二三】尤木石焨　原作「兀朮石蜻」，據《十駕齋養新録》卷十四改。

【二四】獨用兵一事　「用兵」，稗海本作「用人」。

難。黄後持使節，幸存於鄞云。

男不授女狀

林靖之共甫初筮越之民曹，嘗直議舍，同幕東萊吕延年後仲在焉。有婦人來投牒，吏無在者，林欲前受之，吕自後止之曰：「男女授受不親。」林竦然而止，每稱以誨子孫云。

沈次卿

沈次卿者，吴興人，待制之後，常登趙節齋之門。趙尹京，使提督十三酒庫，課以增羡而人不怨咨【二五】。常言比較自有捷法，既不害物，自可沮勸。其法使拍户於本府入錢給由，詣諸庫打酒，仍使自擇所向。遇比較，則萃諸庫【二六】而視其所售之多寡，取其殿最之尤者，加之賞罰。誡令不煩，激厲自倍，真不易之良法也。

陳預知

陳預知者，有術。陳叔方作邑時，扣以事，陳令於心無事時入静室，坐一二日却見問。節齋如其説，而後召之。陳使隨意寫詩文一兩句而緘之，然後疏己所推爲驗。節齋所書「陽春布德澤」，以「王度日清夷」爲對，陳出視之不差。因語節齋曰：「君官職皆已前定，

【二五】而人不怨咨　原無「不」字，據學津本補。

【二六】則萃諸庫　「萃諸庫」，稗海本、學津本作「倅詣庫」。

但遇事只可做五分。」節齋每用其説以自警也。

牧羊子

湖州卜者牧羊子，識章文莊於未遇時。及仕再筮，皆不許其得禄，果連丁艱。既而曰：「今可仕矣，且不在外。」遂由掌故以致兩地。又嘗語醫者李亶父曰「君當飯於省中」【二七】，鄉人傳以爲笑。後文莊貴，常招之胗脉，留與共飯於省閣，因舉舊話一笑。

何生五行

平陽縣八丈村有何生者，雖爲傭而能談五行，當詔歲設肆城中。有士人以女命來扣，云：「有孕方可免災。」問：「弄璋邪？弄瓦邪？」答云：「也弄璋，也弄瓦。」不知爲何等語而去。後果孿生二子，一男一女也。

戴生星術

番禺戴生以術遊臨安，時陳聖觀爲常博，戴許以必當言路。未幾安邊所主字鄭應先語及戴術，云渠謂常博必當言路，且與吾鄉象郭閶爲代，只候其他徐即見【二八】。既而張志立自小坡出爲右史，守永嘉，而陳文龍冠象論。浙西憲洪畏去職時，臺長陳伯大求去甚

【二七】君當飯於省中　「飯」原作「飲」，據學津本及下文内容改。

【二八】只候其他徐即見　「徐」，稗海本、四庫本作「除」。

力，郭與陳堅即皆序升，代之爲小坡，而聖觀與徐卿孫竝命爲察，實代郭云。

括蒼趙墓

趙節齋之父國公祖墓在括蒼青田，以地本一蜀人所定，約三年復來。已而，見者皆言其中有水，當謀改厝。啓之未畢，而前人至，見之曰：「水自有之，無害也。」既啓穴，水緑色，以盞勺飲，極甘。撓之數四，一金魚躍出，擊殺之。又撓之，有二魚，復擊其尾縱之。曰：「當出三天子，今只作一半。」遂復掩之，後乃生景獻太子。

陰陽忌樂

王伋云：「陰陽家無他，惟忌、樂二字而已。樂惟樂其純陽純陰，忌惟忌其生旺庫墓，此水法也。謂如子午向，午水甲水皆可向，即純陽。艮震山，庚辛水流即純陰。」

懸棺葬

孔應得云：「朱晦庵之葬用懸棺法，術家云：『斯文不墜，可謂好奇。』」

郭閶

郭閶，號方泉，廣州人，少頡頏場屋。其父與廖瑩中之父有交好【二九】，兩家之子同筆研。得第後，試邑平江，事呂文德，數以事忤之，而亦以受知符代授以書與其子師夔。師夔時在從班，蓋命之薦於時相也。郭還里二年，漫以書達之師夔，旋外補，繼而如京干堂間。廖在翹舘，聞之，使人通意，郭不爲汲汲，而廖挽之不置。未幾，除省門，充辛未省闈考官，旋入言路。廖有所屬，往往不能曲意徇之，寖不樂之。又虛名實用一疏，爲陳宜中、劉黻所不平，達於賈相，大費分解。夙有上氣之疾，嘔血而死。

王蓋伏法

王蓋，縣丞，福州長溪人。嘉定初宦遊京、湖。時方經虜患，殺人至多，積骸如山，數層之下復加搜索，擊以鐵槌乃去。有未絕者，夜見炳燭呵殿而來，以爲虜也，懼甚，屏息窺之。旋聞按籍呼名，死者輒起應之，應已復仆。次至其人，亦起應之，則又聞有言云：「此人未當此死。」乃舉籍唱曰：「二十年後，當於辰州伏法。」既得免，投僧舍爲行者。適郡倅眉山家坤翁來游寺中，喜其淳厚而文，曰：「肯從我乎？」欣然而就，家人亦愛之。適家有女，適史植齋季温【三〇】之子，使從之以往，遂居史。已而史得辰州，欲以自隨，王猛

【二九】與廖瑩中之父有交好　原無「交」字，據稗海本、學津本補。

【三〇】史植齋季温　「季」原作「李」，據稗海本改。按：史季温，字子威，號植齋。

憶前事，具白辭行。史曰：「吾爲郡守，豈不能庇汝？」乃勉從之。至郡踰年，史幼女戲後圃，爲蛇繞。王因擊蛇，併女斃焉。史怒，竟致之法，距前神言恰二十年。

埋藏會

桐州祠山，新安雲嵐，皆有埋藏會，或以爲異。康植守廣德，不以爲信，至用郡印印其封，翌日發視無有焉。或以見異，恐未必然。余按《周禮》以貍沉祭山林川澤，注：「祭山林曰貍，川澤曰沉。」然則尚矣。

東遷道人

丙子，北師自蘇入杭，道由東遷。有道人結茅岸傍，備水飲以施行者，化緣募鑄觀音銅像。積久成，相好端嚴，晨夕奉事。聞師至，歎曰：「一死無恨，所惜此像兵火不保耳。」夜夢大士告曰：「吾何所慮，恐汝不免，蓋汝前生曾殺人，今來者正宿寃也。明日有三騎過山，其前二人衣紅，後一人衣白者是已。汝可迎之以請死，無所逃也。」至期所見無異，其人詫曰：「人皆避匿，獨爾敢耳。」執之至菴，索其撒花【三二】，具以夢告。且曰：「我若厚藏，豈不能爲性命計？」其人感悟，遽釋之，且有所贈，曰：「吾與汝解寃結。」竟以獲免。

【三二】索其撒花　「撒」原作「散」，據稗海本、學津本改。

屠門受祭

戴良齋云：「昔有宦家過屠門，見幼稚而愛之，抱以爲子，戒抱者使勿言。既長，且承序矣。嘗因祀先，恍惚見受享者皆佩刀正坐，而裹章服者列位其傍，愕然以語抱者，抱者始告以實【三二】。自是當祀必先祀其所生，而後祀其所爲後者，云：『命後者不可不知也。』」

陳公振立子

止安陳公振字震亨，居吴門，無子。有同姓昌世者，爲人端慤，每加敬愛，因延之家塾，常從容與言命繼之事，且託之訪歷。久未有所啓，問之，以難其人爲對，則曰：「得如子者乃佳。」昌世皇恐不敢當。又久之，問如初，昌世謝，未敢輕有所進。乃曰：「如此則無出於子矣。」昌世固辭不敢，强之再三，乃勉承命。後因語及曩嘗夢謁家廟，覺有拜於後者，顧視則昌世也，此意遂決。昌世以其澤入仕，嘗倅三衢，攝郡，於公帑纖毫無所取。穆陵聞之，擢爲郎，淳祐間也。

【三二】以語抱者抱者始告以實　前後「抱」字，原作「保」，據稗海本、學津本改。

梅津食籮

尹梅津煥無子，螟蛉羅石二姓名。一越人爲之語曰：「梅津一生辛勤，只辦得食籮一擔」【三三】。

鬱鬯大毒

明堂所用鬱鬯凡三十斤，取之信州。吏云：「實未嘗用，用之大毒，能殺人。」蓋文具久矣。

陳仲潛健啖

永嘉平陽陳仲潛健啖過人，仕至邑宰。偶臨安，會北使至，亦健啖，求爲敵者。使與舘伴，陳聞而自衒，因獲充選。食已，復索，乃各以半豚進。使者辭不能容，陳獨大嚼，由是得湘陰庚節。使還，不爲生計，每飯必肉數斤，未幾所畜一空。其妻告以飢，愁中吐出一蟲，如小龜，金色，遂殂。

【三三】只辦得食籮一擔　「辦」原作「辨」，據稗海本改。

范吕不合

范文正始與吕文靖不合而去，文靖晚以西事復召用之。文正遺吕書，以郭、李爲喻，共濟國事，視古廉、藺、寇、賈，真無慊矣。而忠宣乃謂無之，吕太史所輯《文鑑》特載此書，而《文正集》中無之，蓋忠宣所删也。父子之間可謂兩盡。近世倪祖常刻《齊齋集》，内有《昆命元龜説》，專爲史彌遠，而以集遺宅之，此猶出於不審也。陳石齋力修與陳叔方爭軍賞於都堂省，拂袖徑出，以此去國，終焉。而其子臯謨乃以行實屬之，節齋敘此一節，指爲中風，且有以微罪行之語。臯謨以呈其從兄應辰、應桃之子也，以爲不然。節齋恐其不用也，徑取而刻之以出，此豈特不審而已哉！蓋敵惠敵怨不在後嗣，然自當視其事之輕重理之，是非不可一槩論也。

施武子被劾

施宿字武子，湖州長興人。父元之，紹興張榜，乾道間爲左司諫。宿晚爲淮東倉曹，時有故舊在言路，因書遺以番葡萄。歸院相會，出以薦酒。有問，知所自，憾其不已致也，劾之，無以蔽罪。宿嘗以其父所注坡詩刻之倉司，有所識傅稺字漢孺，湖州人。窮乏相投，善歐書，遂俾書之鋟板，以賙其歸。因摭此事，坐以贓私。其女適章農卿良朋云。

二章清貧

章文莊參政與其兄宗卿，雖世家五馬，而清貧自若。少依鄉校【三四】，沈丞相該之家學相連。章日過其門，沈氏少年與客坐於廳事，時方嚴冬，二章衣不掩脛，沈哂之曰：「此人會著及時衣。」客儆之曰：「二章才學，鄉曲所推，不可忽也。」章亦微聞之。既而兄弟聯登第，駸駸通顯。沈氏之屋，適有出售者，宗卿首買之以居焉。宗卿滑稽善謔，與同舍聚話，吴棣調之曰：「烏覆翼之。」翼之，宗卿字也。章若不聞，他語自若，良久，忽語衆曰：「頃與衆人會語正洽，俄聞惡臭，罔知所自。時舍弟達之亦在焉，久乃覺其自達之也，退而誚之曰：『吾弟！吾弟！衆皆在此説話，吾弟却在此放屁。』」衆爲一笑。

卿宰小鬼

何小山既貴，里居有卿宰【三五】，初上來見。一覩刺字，曰「小鬼耳」，遣吏謝之。後以佃家來訴鄰黽之擾，有狀至邑宰，判云：「作高田塍多著水，鴨踏苗頭自理會。朝中自有大官人，何必執狀問小鬼。」

【三四】少依鄉校　「鄉」原作「卿」，據稗海本、學津本改。

【三五】里居有卿宰　「卿宰」，觀上下文意，似爲「邑宰」之誤。

劉漫塘

劉宰字平國，號漫塘，潤之金壇人。早有經世志，以微疾不樂出。或言其面黚點，不能應詔【三六】，起者再，力辭以免。嘗大書其印曆以示終身不起，云：怪矣面容，無食肉相；介然褊性，無容物量。智淺而慮不周，材疎而用則曠。不返初服，輒啓榮望。豈特一不可七不堪【三七】，正恐一不成萬有喪。故俛以自適，超然自放。衣敝袍可無三褫之辱，飯蔬食何用八珍之餉。隱几覺來，杖藜獨往。或從田家瓦盆之飲，或和漁父滄浪之唱。顧盼而花鳥呈伎，言笑而川谷傳響。優游歲月，逍遥天壤。道逢扁舟而去者，語之曰：「汝非霸越之人乎？陶天下之中，從子致富，亟去毋亂吾樂。」遇籃輿而來者，揖之曰：「汝非不肯見督郵者乎？有要於路者，藉得錢送酒家，固不若高卧北窻【三八】，日傲羲皇之上也。」又嘗發明靖節意云：「士大夫既作縣，棄官而歸，率自託於陶元亮，其説以不見督郵爲高，以解印綬不顧五斗米爲廉。愚以爲此士大夫有血氣者之常，元亮非爲血氣所使者，其胸中必有見。《論語》載《子在川上》一章，秦、漢以來學者所未喻，獨程門以爲論道體，其説蓋本於元亮。元亮謂寘彼不舍，安此自富，惜其寄情於酒而爲學有作輟也。不然，總角聞道，白首未成，所欲成者何事？脂我名車，策我良驥，千里雖遥，孰敢不至，所欲至者何所？惟其用功，深見道明，知世道之難，而時事蓋不可爲，故欲翻然而歸。

【三六】不能應詔　「能」，稗海本、學津本作「欲」。

【三七】一不可七不堪　「一」，稗海本、學津本作「二」。

【三八】有要於路者藉得錢送酒家固不若高卧北窻　稗海本作「有謁於道者縱得錢送酒家終不若高卧北窗」。

其發於督郵之來，特不欲爲苟去云耳。世遂以爲誠然，真癡人之前難説夢也。」

陳宜中父

陳宜中之先爲吏，每以利物爲心，日計所及，以錢投大缶中，一錢爲一事，久而不可勝計，人多德之。嘗負官錢在圄，屬其孫往貸於葛宣義。葛居外沙，資累鉅萬，宿夢黑龍繞其廳柱，覺而異之，夙興未頮，徑至彷徨【三九】，若有所伺，家人呼之不顧。果有小兒來，年可十許歲，問爲誰，曰：「陳某孫。」又問來故，以實對。又問所需幾何？曰：「百千。」如數付之。陳既出，詣葛謝，葛曰：「汝肯以此子見與否？」陳曰：「寒賤下吏，勢分遼絶，非所敢聞。」葛勉使就學，許以捐助，未幾，以長女許之。既而陳遊上庠，上書攻丁大全，南遷數年【四〇】，賈相牢籠，置之倫魁。陳在南日，葛以往江心寺設水陸供，盡室以往，獨長女居守。葛巨富，是夕寇夜至，遂席捲以去，長女亦被獲以往。至是尋盟，乃以幼女歸之。陳後以文昌出守七閩，遇巧節，諸吏各有所獻。陳妻忽識一柈，似其家物，審是果也。因語陳，陳乃召吏，扣所從來，云海巡所遺也。亟發兵圍其寨，盡俘諸校【四一】，寘於理，悉得其情，正葛寇也。事已，各以次伏誅，無漏網者。葛女已有二子，初猶隱不言，其妹爲言委曲，執手相哭，乃斃其二雛焉。

【三九】徑至彷徨　「至」，稗海本作「出」。

【四〇】南遷數年　「遷」原作「還」，據稗海本、學津本改。

【四一】盡俘諸校　「俘」原作「殍」，據學津本改。

劉朔齋再娶

魏鶴山之女，初適安子文家，既寡，謀再適人。鄉人以其兼二氏之撰，爭欲得之，而卒歸於朔齋。以故不得者嫉之，朔齋以是多嘖言，晚喪偶於建寧。王茂悅𢢼【四二】自臺歸霅，繼而朔齋亦以口語歸，王輅之近郊。既而皆有伉儷之慽，語相泣也。王告別，歸舟得疾，竟至不起。王，劉所愛也。劉歸吳中，未幾亦逝。二人皆蜀之雋人，識者無不惜之，時戊辰、己巳之間也。衢按：朔齋名震孫。

朔齋小姬

嘉熙丁酉，朔齋守湖，趙毋墮爲鼎倅。既得湖守，爲朔齋交代，劉頗不樂。會劉得史督之辟，是時其父端友適自蜀來，正所由也，不容不就。劉欲卜居於湖，擬郡教場地爲基地，乃別相地以遷之，得廣化寺後空地，後得宅於蘇，不復來，斯場隨廢。蔡達夫節守湖日，刱安定書院，用其地爲之云。朔齋在吴日，有小妓善舞撲蝴蝶者，朔齋喜而納之矣。鄭潤父霖來守蘇，蓋舊遊也。因燕集扣其人，知在劉處，亟命逮之。隸輩承風，徑入堂奥，竄取以去，劉大不能堪。未幾鄭殂，劉復取之以歸，時淳祐己酉也。衢按：毋墮，名希坙，宋宗室。

【四二】王茂悅𢢼　「𢢼」原作「構」，據稗海本、學津本改。

成均浴堂

賈似道之爲相也，學舍纖悉無不知之。雷宜中長成均也，直舍浴堂久圮，遂一新之。或書其壁云：「碌碌盆盎中，忽見古罍洗。」雷未之見也。一日見賈，語次忽云「碌碌盆盎中」【四三】，雷恍然不知所答，深用自疑。久之入浴堂見之，乃悟云。

潛說友

潛說友，縉雲人，甲辰得第，咸淳庚午尹京，凡四年。後因誤捕賈公私秫事去，語之同傳者吳元真。踰年起家守吳，聞北師至，計無所出。適時宰欲以金銀往舒城犒軍，會舒已下，不得進，寄吳門郡庫。潛因移爲撒花用，偕表同往。北師既退，自以全城爲功。未幾朝廷知其事，遂罷去，文天祥實代之。後從二王入閩，二王入廣，留守閩中，更反覆隨之向背，末乃復爲北守。所共事王積翁因衆軍支米不得，王以言激之曰「潛意也」，遂罹剖腹之酷，王復作文以祭之。潛與趙裕菴同邑，初甚相好，後浸不相能。潛既南向，裕菴之子鞏與其子交惡，至聚衆角鬬。鞏以女妻之唆都，因拉裕菴入閩，以其常帥彼也。還至三衢而殂，鞏後得南劍同知云。

【四三】碌碌盆盎中　「盎」原作「央」，據稗海本、學津本、四庫本改。

王積翁

王積翁，留耕參政伯大之姪也。嘗宰富陽有聲，後覲北，留連甚久，遂自詭宣諭日本，遂命爲奉使，以兵送之。至温陵，有任大公者，家有四舶，王盡拘用之。使行，又於途中鞭之。有誶語，王頗聞之，至骸山，即髑髏山。以好語、官職誘之，且付以空頭總管文帖，且作大茶飯享之。任亦領略，亦作酒以報。衆使醉飽，任縱兵盡殺之，靡有孑遺。王竄匿於柁樓下，任叱之曰：「奉使何在？」猶佯笑曰：「在此。」出則叩頭乞命。任顧其徒，鞭而擠之於水，席卷所有寶物、貨財而去。取所乘舟斷其首尾，使若倭舟然。後有水手四人逃回永嘉，北朝爲之立廟賜謚焉。

王厚齋形拘

王厚齋應麟爲右史、兩制時，劉黻在言路。嘗論之云：「識局於形，志奪於藝【四四】。惟務諛説以釣爵位，遂使文體日就委靡。偏歷華要，津津立坳矣。命下之日唧唧，人識吾皇用人如鑑衡【四五】，故爲而常。一通譜嬪御之人」云云。

【四四】志奪於藝　「志」原作「忠」，據稗海本改。

【四五】吾皇用人如鑑衡　原「用人」前有「甫」字，據稗海本刪。

安劉

安劉字景周，一字子陽，四明人。嘉熙丁亥，太學解試魁，戊戌周榜，初任柳州教授。及瓜憚行，使人以身代往，既而其人卒於官，郡以實言，久之乃往。歸投賈於維揚，爲作委曲，使言者拈出而加以譴罰，於是死灰復然。自是寖加朝武，出守括蒼，未得入館，丞祕省，得宜春以出，旋又劾去。未幾，郡亦不守矣。安素與同郡孫願質友【四六】，孫無恙時，嘗祝其族子，中以不合遠之，命更一子。殂，出子乃復謀歸。安患之，未有以絶其來。其人仕至信州李曹，會農寺有逋券四千緡，正在秋廳，安以爲奇貨，囑承吏使迫之，自投於井而死。時弁灤爲卿，張汝諧爲丞，以此竝免，未幾弁、張皆殂。

俞浙

俞浙字季淵，上虞縣人。舊多游鄞學，以長上自居，與同舍不相能，至或毆擊，爲衆所攻，誓於禮殿而去。使弟鄞教，職員多故舊，遇之如束溼，衆怒而鬨，碎其座，俞遂棄官去。素出王丞相爚之門，王爲禱時相，治其爲首者。太常丞爲之代，久之不敢上。俞改吉教，乃得往。俞善治財，數吏爲所迫死。後入爲言官，所疏多至數十人，不久去國。嘗爲章全部端子館客。

【四六】與同郡孫願質友，原「質」下爲空格，據四庫本補。

黄國

黄華父其先建寧人，父居吴興。早游京學，本習詞賦兼《春秋》。采時事，所抄邸狀【四七】甚整，其造請不避寒暑，以故多聞，枚舉往事，歷歷如指諸掌，於時日無所差悮。甲辰攻史嵩之，以預扣閽，與時宰謝方叔游從。既以鄉舉登庚戌第，旋得京教。繼入史館爲校勘，遷太博。中遭嘖言，指其他無所長，但能多收朝報耳。晚得南康，未上而勘召主宗正名藉，造朝未及闕，而臺評及之，數月分禄。華父熟於典故，又好談命，知人甲子。或於廣坐舉正班次，往往呼吏從己所見，引却黿列。一日，遇六院序學官之上，責吏使正之然後止。爲六院者，跼蹐而退，以故多不樂者。

方回

方回字萬里，號虚谷，徽人也。其父南遊，殂於廣中，回，廣婢所生，故其命名及字如此。魏明己遇爲守，愛而異遇之。忽與倡家有訟，遂俱至於庭，魏見之甚駭，而方力求自直，魏爲主張而敬則衰矣。後以别頭登第，爲池陽提領茶鹽所幹官。居與大家竝，其家實寡婦主人，回以博遊其家，且道其長，吕師夔亦往焉，旋以言去。喜作詩，以放肆爲高，有云：「菊花與汝作生日，螃蠏唤吾入醉鄉。」又與伯機爲壽云：「諸公未許子爲政，萬事無

【四七】所抄邸狀　原「所」下有「以」字，據稗海本、學津本删。

如髯絶倫。」「糟薑三盞酒，柏燭一甌茶。」又自壽詩云：「把酒從來不可期，吾降今日少人知」【四八】。有輕薄子聯之云：「但看建德安民榜，即是虛翁德政碑。」又《竹杖》云：「跳上岸頭須記取，秀州門外鴨餛飩。」《甲午元日》云：「端平甲午臣八歲，甲午今年又一周。六十八年多少事，幾人已死一人留。」其處鄉專以騙脅爲事，鄉曲無不被其害者，怨之切齒，遂一向寓杭之三橋旅樓而不敢歸。老而益貪淫，凡遇妓則跪之，略無羞恥之心。有二婢曰周勝雪、劉玉榴，方酷愛之，而二婢實不樂也。既而方遊金陵，寄二婢於其母周姬之家，恣開杜陵之門，勝雪者竟爲豪客挾去。方歸，惟悵惋而已。遂作二詩云：「鸚鵡籠開綵索寬，一宵飛去爲誰歡。早知黠嫗心腸別【四九】，肯作佳人面目看。忍著衣裳辜舊主，便塗脂粉事新官。丈夫能舉登科甲，可得妖雛膽不寒。」「一牝猶嫌將兩雄，趨新背舊片時中。陡忘前主能爲叛，乍事他人更不忠【五〇】。玉碗空亡無易馬，絳桃猶在未隨風。何須苦問沙吒利，自是紅顔薄老翁。」自刻之梓，揭之通衢，無不笑者。既而復得一小婢曰半細，曲意奉之。每出至親友間，必以荷葉包飲食、肴核於袖中，歸而遺之。一日遇客於途，正揖間，荷包墜地，視之乃半鴨耳。路人無不大笑，而方略不爲恥。每夕與小婢好合，不避左右。一夕痛合，床脚摇拽有聲，遂撼落壁土。適隣居有北客病卧壁下，遂爲土所壓。次日訴於官，方爲追逮到官，朋友間遂爲勸和，始免。未幾，此婢滿，求歸母家，拳拳不忍捨，以善價取之以歸。時年登古希之歲，適牟獻之與之同庚，其子成文與乃翁爲慶，

【四八】吾降今日少人知　稗海本、學津本「降」下有注曰：《離騷》協降字作洪。

【四九】早知黠嫗心腸別　「嫗」原作「賊」，據稗海本、學津本改。

【五〇】乍事他人更不忠　「乍」原作「作」，據稗海本改。

且徵友朋之詩。仇仁近有句云：「姓名不入六臣傳，容貌堪傳九老碑。」且作方句云：「老尚留樊素，貧休比范丹。」方嘗有句云：「今生窮似范丹【五二】。」於是方大怒褒牟而貶己，遂摭六臣之語，以此比今上爲朱温，必欲告官殺之。諸友皆爲謝過，不從。仇遂謀之北客侯正卿，正卿訪之，徐扣曰：「聞仇仁近得罪於虚谷，何邪？」方曰：「此子無禮，遂比今上爲朱温，即當告官殺之。」侯曰：「仇亦止言六臣，未嘗云比上於朱温也。今比上爲朱温者，執事也。告之官，則執事反得大罪矣。」方色變，侯遂索其詩之元本，手碎之乃已。先是回爲庶官時，嘗賦《梅花百詠》以諛賈相，遂得朝除。及賈之貶，方時爲安吉倅，慮禍及己，遂反鋒上十可斬之疏，以掩其迹。時賈已死矣，識者薄其爲人。有士人嘗和其韻，有云：「百詩已被梅花笑，十斬空餘諫草存。」所謂十可斬者，蓋指賈之倖、詐、貪、淫、褊、驕、吝、專、謬、忍十事也。以此遂得知嚴州。未幾，北軍至，回倡言死封疆之説甚壯。及北軍至，忽不知其所在，人皆以爲必踐初言死矣。偏尋訪之不獲，乃迎降於三十里外，韃帽氊裘，跨馬而還，有自得之色，郡人無不唾之。遂得總管之命，遍括富室金銀數十萬兩，皆入私橐。有老吏見其無恥不才，極惡之，及來杭復見其跪起於北妓之前，口稱小人，食猥妓殘盃餘炙，遂疏爲方回十一可斬之説，極可笑。大略云：「在嚴日，虐歛投拜之銀數十萬兩，專資無藝之用，及其後則鬻於人，各有定價。市井小人求詩序者，酬以五錢，必欲得錢入懷，然後漫爲數語。市井之人見其語草草，不樂，遂以序還，索錢，幾至揮拳，此貪

【五二】今生窮似范丹　「今生」原作「今年」，據稗海本、學津本改。

也。寓杭之三橋旅舍，與婢宣淫，撼落壁土，爲隣人訟於官，淫也。一人譽之，則自視天下爲無人，大言無當，以前輩自居，驕也。一人毁之，則呼號憤怒，略無涵養，褊也。在嚴日，事皆獨斷以招賂，不謀之同寅，專也。有鄉人以死亡告急者，數日略不之顧，吝也。凡與人言，率多妄誕，詐也。回有乞斬似道之疏以沽名，及北兵之來，則外爲迎拒之説，而遠出投拜，是徼倖也。昔受前朝高官美職，今乃動輒非罵以亡宋稱之，是可忍也孰不可忍也？年已七旬，不歸田野，乃棄其妻子，留連杭邸，買少艾之妾，歌酒自娱。至於拜張、朱二宣慰以求保解，日出市中買果殽以悦其婢，每見猥妓，必跪以進酒，略不知人間羞恥事，此非老謬者乎！使似道有知，將大笑於地下矣。」其説甚詳，姑書大略如此。

衡嶽借兵

衡嶽廟之四門，皆有侍郎神，惟北門主兵，最靈驗。朝廷每有軍旅之事，則前期差官致祭，用盤上食，開北門，然亦不敢全開，以尺寸計兵數。或云其主司乃張子亮也，張爲湘南運判，死於官。丁卯、戊辰之間，南北之兵未釋，朝廷降旨以借陰兵。神許啓門三寸，臬使遂全門大啓之。兵出既多，旋以捷告，而廟旁數里民居皆罹風災，壞屋近千家。最後有聲若雷震者，民喜曰「神歸矣」，果遂帖息。後使按行，民有愬者，乃厚給之。

北客詩

北客有詠前朝詩云：「當日陳橋驛裏時，欺他寡婦與孤兒。誰知三百餘年後，寡婦孤兒亦被欺。」又詠汴京青城云：「萬里風霜空緑樹，百年興廢又青城。」蓋大金之亡，亦聚其諸王於青城而殺之。白敬甫。

須溪月詩

劉會孟嘗作月詩，六言，云：「霓裳聲裏一擲，如今是第幾輪。赤壁、黄樓都在，古今多少愁人。」爲人所訐【五二】，幾殆。

菊子

朱斗山云：「凡菊之佳品，候其枯，斫取帶花枝置籬下。至明年收燈後，以肥膏地。至二月即以枯花撒之，蓋花中自有細子，俟其茁，至社日，乃一一分種。」

回回無閏月

回回俗每歲無閏月，亦無大小盡。相承以每月歲首數三百六十日，則爲一年。乙酉

【五二】爲人所訐　「訐」原作「評」，據稗海本、學津本、四庫本改。

歲以正月十二日爲歲首，大慶賀。可與此説非也。回回之歷，歲月但以見新月爲一月之首，每歲則以把齋滿日爲慶賀，謂之開齋節。如把正月，則一竝三年皆把正月。次年則退把十二月【五三】，又三年。周而復始，凡三十六年，則一周也，皆例退。凡把齋月，但見新月則把起，次月見新月則開齋，此非用古之禮，乃夷俗也，何足尚哉！

亂𢿢二字

治亂之亂當作亂，從𤔔從乙。郎段切，治也，治之也。煩𢿢之𢿢當作𢿢，從𤔔從攴。音同前，煩也。竝見《説文》乙部、攴部。

兩王醫師

王醫師有二：王繼先，高祖朝國醫，後以德壽宮進藥罔效，安置福州。王涇亦繼先同時，相先後應奉，後以德壽疾進涼藥大漸，杖脊黥海上，後得歸。所謂御胗王承宣者是也。

髯閹

周益公《日記》云：「楊存中，人號爲髯閹，以其多髯而善逢迎也。」《王梅溪集》載劉共甫云：「范伯達嘗目存中爲髯閹，謂形則髯，其所爲則閹也。」

【五三】次年則退把十二月　「次年」原作「次月」，據稗海本、學津本改。

胡服間色

茶褐、黑緑諸品間色，本皆胡服，自開燕山始有至東都者。《攻媿夫人行狀》。

天市垣

伯機云：「揚州分野正直天市垣，所以兩浙之地市易浩繁，非他處之比。」此説甚新。又術者云：「近世乃下元甲子用事，正直天市垣，所以人多好市井牟利之事。」

石行

德祐國將亡之際，福王府假山石一峰高二丈，忽行出廳事而仆，其所乘大舟若牛鳴者三。全子用。

世修降表

李世修，蜀人，慥堂仲熊之子【五四】，爲江陰僉判。北軍之來，因斬使而得知軍事，後乃自修降表以降，豈世修降表之裔乎？

【五四】慥堂仲熊之子　「仲熊」原作「熊仲」，據本書別集下「史嵩之致仕」條改。

社公珠

近時社公多爲回回所買。或言其腦中有珠，過二十以後則在膝，必鑿之。過三十以往，則無之矣。此妄傳也，縱有之，回客焉敢殺人而取珠乎！

賀知章倚史勢

近者鑑湖天長觀有道士爲僧，獻楊總攝所【五五】，云：「照得賀知章者，本是小人，倚托史越王聲勢，將寺改爲道觀，今欲乞復元寺施行。」楊髠遂從其請，真可發笑也。

尼站

臨平明因尼寺【五六】，大刹也。往來僧官每至必呼尼之少艾者供寢，寺中苦之。於是專作一寮，貯尼之嘗有違濫者，以供不時之需，名曰「尼站」。

升遐玉圭

國朝典故：凡人主升遐，玉帶則取之霍山，玉圭則取之文宣王，向後復送還之。不知起於何時？

【五五】獻楊總攝所　「楊」原作「於」，據稗海本、學津本及下文改。

【五六】明因尼寺　原作「明因寺尼」，據《志雅堂雜鈔》卷十、《咸淳臨安志》卷八十二改。

椒蘭殿赤草

洛陽椒蘭殿故基之前，傳是朱温弑昭宗處。尋丈間生草皆赤色，謂其寃血所染而然也。

燕用

汴梁宋時宫殿，凡樓觀、棟宇、牕户，往往題「燕用」二字，意必當時人匠姓名耳。及金海陵修燕都，擇汴宫牕户刻鏤工巧以往，始知興廢皆定數，此即先兆也。

薦

《尚書》竄四凶，或問云：「鯀有汩陳五行之罪，共工觸不周而折天柱，三苗有不率教之罪，特不知驩兜以何罪而同罰？」或解曰：「帝曰：『疇咨若予采。』驩兜曰：『都！共工方鳩僝功。』帝曰：『吁！靜言庸違，象恭滔天。』」然則驩兜有所薦非才之罪，故與之同罰耳。師道云葉亦愚常用，不知出何書？

大仙筆詩

客有降仙者，余心疑其捧箕者自爲之。因命題《賦筆》，且令作七言律詩，頃刻輒就，云：「兔出山中骨欲仙，何人拔穎纏尖圓。拙夫堪笑堆成冢，豪客曾同掃似椽。窻下玉蜍涵夜月，几間雪繭湧春泉。當時定遠成何事，輕擲毛錐恐未然。」縱使人爲，其速亦不可及也。辛卯春。

蒙古江西政

蒙古歹之在江西省也【五七】，每下學，則命士人坐講而立聽，又出鈔、帛、酒、米，命士人群試。劉會孟命題出《周南賦》，韻脚云：「言化之自北而南也，聞韶賦，不圖爲樂至於斯也。」蒙之死，會孟作祭文十六字云：「公來何暮，公逝何速，嗚呼哀哉，江西無福。」

火蝎

北方毒螫，有所謂火蝎者，比之常蝎極小，其毒甚酷。嘗有客人數輩，夏月小憩磐石，忽覺髀間奇痛徹心，不可忍，遂急起索之，則石面光瑩，初無他物。僅行數步，則通身腫潰而殂。其同行異之，意石之下必有異，遂起視之。見一蝎極小而色黑，一人以竹杖擊之，

【五七】蒙古歹之在江西省也　「蒙古歹」原作「蒙古及」，據本書續集下「蜘蛛珠」條改。

竹皆爆裂，而執竹之手亦腫潰，不旋踵而死。近得杜真人持咒驅，此害稍息。

倪氏窖藏

倪文節爲吾鄉一代名流，嘗與秀邸爲鄰，頗有侵越地界之爭。嘗爲之語云：「住場好，不如肚腸好；墳地好，不如心地好。」蓋有爲而發也。或議其有窖藏之僻，然余未敢以爲信。既而子孫有分析窖藏不平之訟，頗爲前人之辱，余始疑而終未敢以爲信也。後納一婢，乃自其孫所來，備言其事云：「一日驟雨，堂屋舍漏，水壅不泄，遂呼圬者整之。得大篋於簷溜中罍下，視之皆黄白也。或窖於墻壁間，凡數處。」以此興訟【五八】，數年不已，盡爲刻木輩所有，正不救子孫之貧也。悲夫！

燕子城銅印

伯機云：「長安中，有耕者得陶器於古墓中，形如卧繭，口與足出繭腹之上下，其色黝黑，匀細若石，光潤如玉，呼爲『繭瓶』。大者容數斗，小者僅容數合，養花成實。或云：三代秦以前物，若漢物，則苟簡不足觀也。又保定府之西有易州，即郭藥師起兵處，在易水北，州東南有故城，土人號曰『燕子城』。有人耕於城中，得小銅印數十枚，一好事者購得趙雲之印一鈕，不盈寸，篆十字，極精好。伯機得一印於焦達卿處，古文二字莫有

【五八】以此興訟　「訟」原作「詞」，據稗海本、學津本改。

識者。其最可怪者，或一鍤土凡得數枚，莫知其所以然也。」

祖傑

温州樂清縣僧祖傑，自號斗崖，楊髡之黨也。無義之財極豐，遂結托北人，住永嘉之江心寺，大刹也。爲退居號春雨菴，華麗之甚。有富民俞生，充里正，不堪科役，投之爲僧，名如思。有三子，其二亦爲僧於鴈蕩。本州總管者與之至密，托其訪尋美人。傑既得之，以其有色，遂留而蓄之。未幾有孕，衆口藉藉，遂令如思之長子在家者娶之爲妻，然亦時往尋盟。俞生者不堪隣人嘲誚，遂挈其妻往玉環地名。以避之。傑聞之大怒，遂俾人伐其墳木以尋釁。俞訟於官，反受杖，遂訴之廉司。傑又遣人以弓刀寘其家，而首其藏軍器。俞又受杖，遂訴之行省。傑復行賂，押下本縣，遂得甘心焉，復受杖。意將往北求直，傑知之，遣悍僕數十，擒其一家以來，二子爲僧者亦不免。用舟載之僻處，盡溺之，至刳婦人之孕以觀男女，於是其家無遺焉。鴈蕩主首真藏叟者不平，越境擒二僧殺之，遂發其事於官。州縣皆受其賂，莫敢誰何。有印僧録者，素與傑有隙，詳知其事，遂挺身出，告官司，則以不干己却之。既而遺印鈔二十錠，令寢其事，而印遂以賂首，於是官始疑焉。忽平江録事司移文至永嘉，云據俞如思一家七人經本司陳告事官司，益疑以爲其人未嘗死矣。然平江與永嘉無相干，而録事司無牒他州之理，益疑之。及遺人會問於平江，則元無此牒，此傑所爲，欲覆而彰耳，姑移文巡檢司追捕一行人。巡檢乃色目人也，夜夢數十人皆帶血訴泣，及曉而移文已至，爲之悚然。即欲出門，而傑之黨已至，把盞而賂之。甫開樽，而瓶忽有聲如裂帛，巡檢恐而却之。及至地所，寂無一人，鄰里恐累而皆逃去，獨有一犬在焉。諸卒擬烹之，而犬無驚懼之狀，遂共逐之。至一破屋，嗥吠不止。屋山有草數束，試探之，則三子在焉，皆惡黨也。擒問不待捶楚，皆一招即伏辜。始設計招傑，凡兩月餘始到官，悍然不伏供對，蓋其中有僧普通及陳轎番者未出官。普已賫重貨入燕求援，以此未能成獄。凡數月，印僧日夕號訴不已，方自縣中取上州獄。是日，解囚上州之際，陳轎番出覘，於是成擒，問之即承。及引出對，則尚悍拒，及呼陳證之，傑面色如土。陳曰：「此事我已供了，奈何推托？」於是始伏，自書供招，極其詳悉，若有附而書者。其事雖得其情，已行申省，而受其賂者，尚玩視不忍行。旁觀不平，惟恐其漏網也，乃撰爲戲文，以廣其事。後衆言難掩，遂斃之於獄，越五日而赦至。夏若水時爲路官，其弟若木備言其事。

楊髡發陵

乙酉楊髡發陵之事【五九】，起於天衣寺僧福聞號西山者【六〇】，成於剡僧演福寺允澤號雲夢者。初，天衣乃魏惠憲王墳寺【六一】，聞欲媚楊髡，遂獻其寺。繼又發魏王之冢，多得金玉，以此遽起發陵之想，澤一力贊成之。遂俾泰寧寺僧宗愷、宗允等詐稱楊侍郎、汪

【五九】乙酉楊髡發陵之事　「乙酉」，至元二十二年，本書續集上「楊髡發陵」條所記同。《南村輟耕録》卷四記發陵事於戊寅歲。

【六〇】天衣寺　「衣」原作「長」，據稗海本及《元史》卷十三改，下文同。

【六一】魏惠憲王墳寺　原作「憲靖王墳」，據《嘉泰會稽志》卷七改。

安撫侵占寺地爲名，出給文書，詳見前集。將帶河西僧及凶黨如沈照磨之徒，部領人夫發掘。時有宋陵使中官羅銑者猶守陵不去，與之極力爭執，爲澤率凶徒痛箠，脅之以力，令人擁而逐之。銑力敵不能，猶拒地大哭。遂先發寧宗、理宗、度宗、楊后四陵，劫取寶玉極多。獨理宗之陵所藏尤厚，啓棺之初，有白氣竟天，蓋寶氣也。帝王之陵，及天人也，豈無神靈守之。理宗之尸如生，其下皆藉以錦，錦之下則承以竹絲細簟，一小厮攫取，擲地有聲，視之，乃金絲所成也。或謂含珠有夜明者，遂倒懸其尸樹間，瀝取水銀，如此三日夜，竟失其首。或謂西番僧回回，其俗以得帝王髑髏可以厭勝、致巨富，故盜去耳。事竟，羅銑買棺製衣收斂，大慟垂絶，鄉里皆爲之感泣。是夕聞四山皆有哭聲，凡旬日不絶。至十一月復發掘徽、欽、高、孝、光五帝陵，孟、韋、吴、謝四后陵【六二】。徽、欽二陵皆空無一物，徽陵有朽木一段，欽陵有木燈檠一枚而已。高宗之陵，骨髮盡化，略無寸骸，止有錫器數件，端硯一雙。爲澤所得。孝宗陵亦蜕化無餘，止有頂骨小片，内有玉瓶爐一副，及古銅鬲一隻。亦爲澤取。嘗聞有道之士能蜕骨而仙，未聞併骨而蜕化者，蓋天人也。若光、寧諸后，儼然如生，羅陵使亦如前棺斂，後悉從火化，可謂忠且義矣。惜未知其名，當與唐張承業同傳否？後之作《宋史》者當覽此，以入忠臣之傳。金錢以萬計，爲尸氣所蝕，如銅鐵，以故諸凶棄而不取，往往爲村民所得，間有得猫睛金剛石異寶者。獨一村翁於孟后陵得一髻，其髮長六尺餘，其色紺碧，髻根有短金釵，遂取以歸。以其爲帝后之遺物，庋置聖堂中奉事之，自此家

【六二】復發掘徽欽高孝光五帝陵　孟韋吴謝四后陵　本書續集上「楊髡發陵」條記復發之陵爲徽高孝光與孟鄭吴謝帝后諸陵，無欽宗陵。《陔餘叢考》卷二十有「木燈檠之不可信」條辨其誤。

道漸豐。其後凡得金錢之家，非病即死，翁恐甚，遂送之龍洞中。聞此翁今爲富家矣。方移理宗尸時，允澤在旁以足蹴其首，以示無懼。隨覺奇痛一點起於足心，自此苦足疾，凡數年，以致潰爛雙股，墮落十指而死。天長聞僧者既得志，且富不義之財，復倚楊髡之勢，豪奪鄉人之産，後爲鄉夫二十餘輩俱俟道間，屠而臠之。當時刑法不明，以罪不加衆而決之，各受杖而已。

二僧入冥

乙未歲，余還霅省墓，杼山聞寶積僧云：「去歲菁山普明寺僧茂都事者，病傷寒，死二日復甦。言初至大官府，冠裳數人據坐大殿，有一僧立廡下竊窺之，則徑山高雲峰也。欲扣其所以，摇手云我爲人所累至此。忽枷至一僧，則其徒也。即具鐵床，熾火炙之，叫號穢臭不可聞。主者呼雲峰，問其事如何？答曰：『彼受此痛，若某有預，必言矣。』主者曰：『當是時是誰押字？』則無以對。繼又枷至一僧，骨肉皆零落，則資福寺主守觀象先也。方欲問之，忽有黄巾武士直造殿上，問某事何爲久不行遣？或云問景僧録事。主者皆悚然而起，立命吏索案。案卷盈庭，點檢名字，一吏就旁書之，凡四十二人，主者遂署於後。甫畢，此紙即化爲火飛去，即有大青石枷四十二具陳於庭下，各標姓名於上。頃刻追至二僧，乃靈隱、齡悦二都事，即就枷之。繼而又有一人自外巡廡而入，各點姓名，見茂云：『汝安得至此？』遂令擁出至門，一跌而寤。」然其所見四十二人，是時皆無恙。至次年，死者凡十數人，固已異矣。至丁酉七月，演福主僧允澤號雲夢者，以雙足墮指潰爛病亟，日夕號呼，瞑目即有所覩。其親族兄長在左右視其疾，一日，忽令其兄設四十九解禮懺，自疏平生十大罪以謝過，發陵亦一事。泣謂其兄曰：「適至陰司，見平日作過諸僧皆在，各帶青石大枷，獨有二枷尚空，已各書名於上矣，其一則下天竺瑞都事也。」其時瑞故無恙。扣其一枷爲何人，則潸然墮涙曰：「吾恐不可免也。」是夕澤殂。越一日，瑞都事亦殂。其冥中所見，大率與甲午歲茂僧入冥所覩皆脗合，蓋可謂怪。天理果報之事，未有昭昭如此事者，故書之以警世云【六三】。

【六三】稗海本于文末有「金一之父子」五小字。

別集下

天籟

風之吹萬不同，天籟也。禽鳥啁哳，亦天地自然之聲，作樂者當於此取則焉。所謂「聽風聽水作霓裳」，近之矣。以簫韶九成，鳳凰來儀，擊石拊石，百獸率舞，蓋以我自然之聲，感彼自然之應，所謂同聲相應者也【一】。

陳紹大改名

陳紹天台之仙居人【二】，初名詔。宋淳祐丙申嘗魁漕闈，後游上庠，欲改名。或有言增損偏旁可也，昔先聖本名兵，已乃去其下二筆，遂易今名登第。及問其語所本，則不能知，所謂異聞也。

銀花

高疎寮，一代名人，或有議其家庭有未能盡善者。其父嘗作《蘭亭博義敘》，疎寮後

校勘記

【一】相應者也　稗海本于此句下有「乙未冬杼山枕上忽得此語」十一小字。

【二】陳紹天台之仙居人　「陳紹」，與标题不合，且宋時天台與仙居同爲台州之屬县。《寶祐登科録》有本貫台州临海寄居仙居县的登第者陳紹大，疑是。

【三】彈得賺五六十套　稗海本、學津本無「賺」字。

易爲《蘭亭攷》，且輒改翁之文，陳直齋嘗指其過焉。近得炳如親書與其妾銀花一紙，爲之駭然，漫書於此，云：「慶元庚申正月，余尚在翰苑，初五日得成何氏女，爲奉侍湯藥。又善小唱嘌唱，凡唱得五百餘曲，又善雙韵，彈得賺五六十套【三】。以初九日來余家，時元宵將近，點燈會客，又連日大雪，余因記劉夢得詩『銀花垂院榜，翠羽撼條鈴』；王禹玉《和賈直孺内翰》詩『銀花無奈冷，瑶草又還芳』；蘇味道《元宵》詩『火樹銀花合，星橋鐵鎖開』；《群仙録》『姚君上昇之日，天雨銀花，繽紛滿地』；宋之問《雪中應制》『瓊章定少千人和，銀樹先舒六出花』，遂名之曰銀花。余喪偶二十七年，兒女自幼至長大，恐疎遠他，照管不到，更不再娶，亦不蓄妾婢，至此始有銀花，至今只有一人耳。余既老，不喜聲色，家務盡付之子，身旁一文不蓄，雖三五文亦就宅庫支。全不飲酒，待客致饋之類，一切不管。銀花專心供應湯藥，收拾緘護，檢視早晚點心，二膳亦多自烹飪，妙於調胹。縫補、漿洗、烘焙替換衣服，時其寒煖之節，夜亦如之。余衰老，多小小痰嗽，或不得睡，即徑起在地扇風爐，趣湯瓶，煎點湯藥以進。亦頗識字，助余看書檢閲，能對書劄。時余六十七歲矣，同往新安，供事二年，登城亭，覽溪山，日日陪侍，余甚適也。既同歸越，入新宅次家，親族以元宵壽予七十。時銀花年限已滿，其母在前，告某云：『我且一意奉侍内翰，亦不願加身錢。』舊約逐月與米一斛，亦不願時時來請。余甚嘉其廉謹，且方盛年，肯在七十多病老翁身傍，日夕擔負大公徒，此世間最難事。其淑靜之美，雖士大夫家賢女有所不及也。丙寅春，余告以：『你服事我又三年矣，備極勤勞。我以面前洗漱等銀器約百來兩，欲悉與你。』對以不願得也。時其母來，余遂約以每年與錢百千，以代加年之直，亦不肯逐年請也。積至今年，凡八百千。余身旁無分文，用取於宅庫，常有推托牽掣，不應余求。自丙寅年，欲免令菴莊糶租穀六百石，是歲積兩年租米未糶，見管五六十石，庵僧梵頭執法云：『知府與恭人商量，欲以此穀變錢，添置解庫一所。』繼而知府來面説，且要穀子錢作庫本，若要錢用，但來支用，不知要錢幾何？余云：『用得千緡。』答云：『無不可者。』而宅庫常言缺支用，拒而不從。又二年，遂令莊中糶穀五百石，得官會一千八十貫，除還八年逐年身錢之外，餘二百八十貫，還房卧錢，係知府曾存有批子。支三百千，係丙寅春所許，令填上項錢。余謂服事七十七歲老人，凡十一年，余亦忝從官，又是知府之父，又家計盡是筆耕有之，知府未曾置及此也。況十一年間看承謹細，不曾有病伏枕【四】，姑以千緡爲奩具之資，亦未爲過！但即未辦，候日後議親支給【五】。銀花素有盼盻燕子樓之志，而勢亦不容留。余勉其親，亦遲遲至今。今因其歸，先書此爲照。銀花自到宅，即不曾與宅庫有分文交涉，及妄有支用。遇寒暑，本房買些衣著及染物，余判單子付宅庫正行支破，銀花即無分毫干預。他日或有忌嫉之輩，輒妄有興詞，仰將此示之。若遇明正官司，必鑒其事情，察余衷素，且憫余叨叨於垂盡之時，豈得已哉！嘉定庚午八月丙辰押。」達識如樂天，亦有不能忘情之句，愛之難割也如此。浮圖三宿桑下者，有以夫。

【四】有病伏枕　「枕」原作「牀」，據稗海本、學津本改。

【五】候日後議親支給　原無「議」字，據稗海本補。

余年及炳如之歲【六】，室中散花之人空也，幸無此項罣礙耳。

褚承亮不就試

金人天會中，皇子郎君破真定，拘境内進士，立試場。褚承亮字茂先，宣和中已擢第，至此匿不出。軍中知其才，遂押赴安國寺對策，大抵以徽宗無道、欽宗失信爲問。舉人承風旨，極行詆毁。茂先詣主文劉侍中，云：「君父之過，豈臣子所宜言邪？」即揖而出。劉爲變色。後數日，復召茂先，問：「願附榜乎？」茂先堅不從。是時所考者七十二人，遂自號「七十二賢」。狀元許必，仕至郎中官，一日出左掖門，墮馬適與石硼遇，碎首而死，餘無一顯者。茂先後年七十餘，謚爲「玄真先生」。劉侍中名筈産，遼咸雍中狀元，怨宋人海上之盟，故發此問。此北人元遺山《續夷堅志》所載，其好惡之公如此，叛臣賊子亦可知所懼矣。

鳳凰見

金泰和四年六月，磁州武安縣南鼓山北石聖臺鳳凰見。鳳從東南來，衆鳥周圍之，大者近内，小者在外，以萬萬計。地在屯區村，村民懼爲官司所擾，謀逐去之，驅牛數十頭，擊柝從之。牛未至二里，即有鷙鳥振翼而起，翼長丈餘，下擊二水牯，肉盡見骨，水牯即

【六】余年及炳如之歲　周密享年六十六，遠不及炳如之歲，故夏承燾《周草窗年譜》以「年」爲「未」之誤。

死。於是衆始報官。鳳凰高丈餘，尾作鯉魚狀，而色殷，九子差小，翼其傍。鳳爲日影所照，則有二大鳥更迭盤旋庇廕之，至日入則下。留三日，乃從西北摩空而上，縣中三日無鳥雀。鳳去後，人視其處有鯉魚重五六十斤者，食餘尚有數頭。臺旁禽鳥糞兩溝皆滿，小禽不敢飛動，餓死者不可勝計。村民疑臺下有異，私掘之三尺餘，石罅中直插金劍一，取不能盡，擊折得其半。以火煅，欲分之，劍見火化金蟬散飛而去。

武城蝗

戊戌七月，武城蝗自北來，蔽映天日。有崔四者，行田而仆，其子尋訪，但見蝗聚如堆阜，撥視之，見其父卧地上，爲蝗所埋。鬚髮皆被嚙盡，衣服碎爲篩網，一時頃方甦。晉天福中，蝗食猪。平原一小兒爲蝗所食，吮血，惟餘空皮裹骨耳。

綿上火禁

綿上火禁，升平時禁七日，喪亂以來猶三日。相傳火禁不嚴，則有風雹之變。社長輩至日就人家以雞翎掠竈灰，雞羽稍焦卷，則罰香紙錢。有疾及老者不能冷食，就介公廟卜乞小火，吉則燃木炭，取不烟；不吉則死不敢用火。或以食暴日中，或埋食器於羊馬糞窖中，其嚴如此。戊戌歲，賈莊數少年以禁火日飲酒社樹下，用柳木取火温酒，至四月風雹大作，有如束箱柳根者在其中，數日乃消。又云火禁中，雖冷食無致病者。

旱魃

金貞祐初，洛陽大旱。登封西吉成村有旱魃爲虐，父老云：「旱魃至，必有火光，即魃也。」少年輩入昏凭高望之，果見火光入農家，以大棓擊之，火燄散亂，有聲如馳。古人説旱魃長三尺，其行如風，未聞有聲也。

買地券

今人造墓，必用買地券。以梓木爲之，朱書云「用錢九萬九千九百九十九文，買到某地」云云。此村巫風俗如此，殊爲可笑。及觀元遺山《續夷堅志》載曲陽燕川青陽垻有人起墓，得鐵券刻金字云：「敕葬忠臣王處存，賜錢九萬九千九百九十九貫九百九十九文。」此唐哀帝之時【七】，然則此事由來久矣。已上六事並見《續夷堅志》。

泰山如坐

泰山如坐，嵩山如卧，華山如立。趙德正云。

【七】此唐哀帝之時 「帝」原作「宗」，據《續夷堅志》卷三「王處存墓」條改。

平分四時

周歲十二月平分四時，余欲以二、三月爲春，四、五、六、七月爲夏，以八、九月爲秋，十、十一、十二并來年正月爲冬。何以言之？春生正月物未生，夏暑七月暑未退，秋凉九月與八月同，冬寒正月與十二月同，故也。此説但據寒温而言，非謂氣候也，亦自有理。余則欲以二、三、四月爲春，五、六、七月爲夏，八、九、十月爲秋，十一、十二、來年正月爲冬，如此始得寒温之正耳。

必世後仁【八】

子曰：「必世而後仁。」蓋言天下大亂，人失其性，凶惡不可告詔。三十年後此輩老死殆盡，後生可教，而漸成美俗。已上北人楊弘道事言補。

畫扇不入内

客語云：「紫紗衫、畫扇，畫花竹者不禁。不得入内。今年宰相皆是紫羅衫褙，不許攜扇以入客次。自有畫扇，特不許攜出耳。」

【八】必世後仁　原作「後世必仁」，據學津本及正文内容改。

權知舉

祖宗朝知貢舉者，禮部長貳乃云「知舉」。餘官雖在禮部貳之上，皆稱「權知舉」，蓋知舉乃禮部職也。今不復然。

一彪

虜中謂一聚馬爲彪，或三百疋，五百疋。

咸陽六岡

咸陽有六岡，如乾之六爻，故曰咸陽。唐時宮殿皆在九岡上，而作太清宮於九五岡上，百官府皆在九四岡上。

卯酉克損目

凡人損目者，命多是卯酉克，蓋卯酉者，日月之門户，所爲光明也。卯爲子所刑擊，酉乃自刑，必有此疾。

守口如瓶

富鄭公有「守口如瓶」、「防意如城」之語，見《梁武懺》六卷，不知本出何經？

德壽賞月

德壽宫有橋，乃中秋賞月之所。橋用吴璘所進階石甃之，瑩徹如玉，以金釘校。橋下皆千葉白蓮花，御几御榻，至於瓶爐酒器，皆用水精爲之。水南岸皆宫女童奏清樂，水北岸皆教坊樂工，吹笛者至二百人。康伯可云。

汴京宫殿

京師有八卦殿，八門各有樹木、山石，無一相類。石皆嵌空，石座亦穿空，與石竅相通。上欲有所往，與所幸美人自一門出，宫人仙衣，壯士扶輪，一聲水壁歷，則仙樂競奏雲霄間，石竅間腦麝烟起如霧。大門省玉虚館階前以玉石甃之，殿上椽柱一色，皆金也，炫燿奪目。每上元，上必先於此館三官殿燒香。禁中錦莊前有射垛，太祖始受禪，即暫坐於此，有茅茨不剪之風。虜中一夕失火盡焚，惟錦莊如故。又庫前有葦林，初受禪時，用葦爲火把，棄擲成林。後大内焚葦，雖燒盡，復繁茂云。

宦者服藥

凡宦官初閹，名曰服藥，則以名字申兵部。看命則看服藥日時，全不用始生日時，故常擇善良日時乃腐。

空談實效

周平原云：「學問須觀其效，如祖宗時尚詩賦，後來以不如經義，然熙、豐以來用經義取士，何如祖宗時得人？又如元符後尚伊川之學，輕鄙王氏，然元符以後何如熙、豐？今劉子澄輩至云：『韓魏公、歐陽公及其祖元公之屬，惜不遇伊川，使見之，學問功業當不止此。』不知諸公乃就實行中做也。又言聖如孔子，必以言與行相配言之，故雖孔門高弟，尚有聽言觀行之説。今諸公却言自有真知，具此知者，所行自然無失，恐無此理。今之學者，但是議論中理會太深切，不加意於實行，只如人學安定先生，有何差錯？若學伊川、喻子才、仲彌性之徒，豈不誤事？張南軒亦爲人誤耳。」

周莫論張説

周必大子充，莫濟子齊，坐繳張説樞密之命，皆投閑。張説乃露章薦之，兩人皆得郡國，周得建寧，莫得溫。莫意欲往，周遷延不進【九】。喻子才有書言激實生患，故東漢有士大夫之禍。蓋必以溫爲是，建爲非。汪聖錫報云：「東漢之患生於激，西漢之患生於養，方今患在養，不患在激也。」已上並客語，不知何人作也。

假尸還魂

建康有陳道人，常與仵作行人往來，飲酒甚狎。仵問道人將何爲？因曰：「吾欲得一十七八健壯男子尸。」一夕，忽有劉太尉鞭死小童，仵輿致之。道人作湯，浴其尸，加自己之衣巾，作趺坐於一榻上。道人亦結趺其前。至明，道人尸化而童尸生矣。又，金大定中宛平縣張孝善男名合得，病死復活，云是良卿王建男喜兒，蓋是假尸還魂者。部擬付王建爲子，世宗曰：「若然，則吾恐姦詐小人競生詐僞，有亂人倫。既身是合得，止合付合得家。」前一段王山有云，後一段《世宗實録》云。

兩世王

有兩世王者，真定人，前身爲吃李八。方八九歲時，一媪至門，呼爲己媳婦。媪六十餘矣，怪怒問兒，言：「我不識汝。」「我李八也。」斥呼媪小名無差。同至所居，指磨盤下，得銀釧與之。至十四五後，始不復記前事，其人常在燕京。又，真定有匙王【一〇】，曾病，

【九】遷延不進　「進」，稗海本作「赴」。

【一〇】真定有匙王　「匙王」，據文意，當爲「王匙」之倒文。

入冥。有逮者呼之曰「王陵」。匙曰：「非也。」逮曰：「汝前生實王陵也。」匙不省，遂以器盛王撼之，令省前身。匙被撼，方省曰：「我果陵也。」引至一大城，城中有一囚閉其中，身與城等。王訝，逮者曰：「此白起也，罪大身亦大，俾證坑趙卒事。」匙曰：「吾初建言分趙屯耳，坑出公意。」起無言，以頭觸城，哭曰：「此證又須千萬年。」匙乃甦，言其事。

象油

燕京昔有一雄象甚大，凡傷死數人，官吏欲殺之，不得已，乃明其罪。象遂弭帖就殺，凡得象油四十八大甕。

狗蚤頌

侯峰和尚《狗蚤頌》云：「摸不著時尋不見，十二時中遶身轉。若還離得這衆生，除是不過一縫線【一二】。」亦有旨意。

物外平章

或作散經，名《物外平章》，云：「堯、舜、禹、湯、文、武，一人一堆黄土；皋、夔、稷、卨、伊、周，一人一個髑髏。大抵四五千年，著甚來由發顛。假饒四海九州都是你底，逐日

【一二】不過一縫線　稗海本、學津本作「不掛一條線」。

不過喫得升半米。日夜官宦女子守定，終久斷送你這潑命。説甚公侯將相，只是這般模樣。管甚宣葬敕葬，精魂已成魍魎。姓名標在青史，却干俺咱甚事。世事總無緊要，物外只供一笑。」此語亦可發一笑也。

德祐表詔

德祐之亡也，奉表等文皆無肯任其責者。閩人劉袁然毅然自詭，遂以豐儲倉所檢察除太常丞翰林，權宜使之秉筆焉。其表云：「正月日，宋國主臣謹百拜奉表于大元尊兄皇帝陛下：臣昨嘗專遣侍郎柳岳、正言洪雷震捧表馳詣闕庭，敬伸卑悃，伏計已徹聖聽。臣眇然幼冲，遭家多難。權臣似道背盟誤國，臣不及知，至勤興師問罪，宗社阽危，生靈可念。臣與太皇日夕憂懼，非不欲遷避以求苟全，實以百萬生靈之命，寄臣一身。今天命有歸，臣將焉往？惟是世傳之鎮寶，臣不敢愛，謹奉太皇命戒，痛自貶損，削去帝號，併以兩浙、福建、江東西、湖南北、二廣、兩淮、四川見存州郡，謹謹悉奉上於聖朝，爲宗社生靈祈哀請命。伏望聖明垂慈，念祖母太皇耄及，卧病數載；臣煢煢在疚，情有足矜；不忍臣三百餘載宗社，遽至墜絶。曲賜裁處，特與存全，實拜皇帝陛下再生之賜，則趙氏子孫，世世有賴，不敢弭忘。臣無任瞻天望聖激切屏營之至。」既而，丞相吴堅奏云：「北朝丞相説，兩浙、福建、四川、二廣、湖南北、兩淮見在州軍，今已歸附，合行下各郡等處，取收附狀，庶免大軍前去，荼毒生靈。」取聖旨批答云：「藝祖創業，高宗中興，亦艱難矣。今權臣誤國，至於此極，尚忍言之哉！以小事大，勢亦宜然，朝廷所以歸附，爲宗社計，爲百萬生靈計。所有州郡宜各體此，取依准狀，及須知册申。仍令學士院降詔書，敕某處守臣等。朕自基丕緒，遭時多艱，權臣似道誤國背盟，至勤大元興師問罪，已入京城。有詔許存留宗社，不害生靈。謹奉太皇命戒，舉國内屬。今根本已拔，其餘州郡縱欲拒守，民何辜焉。詔書到日，其即歸附，庶生靈免罹荼毒，宗社不至泯絶。故兹詔示，想宜知悉。」時丙子二月也。哀然既隨入北，死於燕京。繼此行省奉表稱賀，求能爲表文者，有士人陸威中，亦閩人，欣然承命。其中一聯云：「《禹貢》之别九州，冀爲中國；《春秋》之大一統，宋亦稱臣。」自負得意。時行省在舊祕書省，威中候報於省前茶肆中，假寐案間。既呼之【一二】，則死已，可畏哉！

景炎詔

景炎末造，狼狽海上，固無暇文物典章矣。然詔語亦或有可觀者。有云：「雖鳥獸之跡，不無交中國之時；然馬牛其風，何常及南海之遠。」又云：「今南方已定，兵甲已足，豈今年不戰，來年不征。」不知爲何人筆也【一三】。

【一二】既呼之　「既」，稗海本作「既而」。

【一三】不知爲何人筆也　稗海本于此句下有「壽可」二小字。

雞冠血

《北里志》：張住住與龐佛奴有私，乃髡雄雞冠取丹物，託鄰媪以聘陳小鳳。然則今世閭巷有爲僞者，其來久矣。

葯州園館

廖葯州湖邊之宅，有世禄堂、在勤堂、懼齋、習説齋、光禄觀相莊、花香竹色、紅紫莊【一四】、芳菲逕、心太平、愛君子。門桃符題云：「喜有寬閑爲小隱，粗將止足報明時。」「直將雲影天光裏，便作柳邊花下看。」「桃花流水之曲，緑陰芳草之間。」二小亭。

亭名

牟存齋桂亭曰「天香第一」，趙春谷梅亭曰「東風第一」，賈秋壑梅亭曰「第一春」。

史嵩之始末

淳祐初年，喬行簡拜辨章，李宗勉爲左相，史嵩之督視荆、襄，就拜右揆。既而二公皆去位，嵩之獨運權【一五】。癸卯，長至雷，三學生上書攻之。明年，徐霖伏闕上書，疏其罪。

【一四】紅紫莊　「莊」原作「妝」，據稗海本、學津本改。

【一五】嵩之獨運權　稗海本、學津本「權」前有「化」字。

是歲仲冬，嵩之父弭忠殂于家，不即奔喪，公論沸騰。未幾，御筆嵩之復起右丞相。於是三學士復上書，將作監徐元杰、少監史季溫、右史韓祥皆有疏，言其不可。於是范鍾拜左，杜範拜右，盡逐嵩之之黨金淵、濮斗南、劉晉之、鄭起潛等。當時又爲詩誚之者曰：「嵩之乃父病將殂，多少憸人盡獻諛。元晉甘心持溺器，鄭。良臣無恥扇風爐，施。起潛秉燭封行李，鄭。一薦隨司出帝都。陳。天下好人皆史黨，不知趙鼎有誰扶。」嵩之之從弟宅之，衛王之長子也，與之素不咸，遂入劄聲其惡，且云：「先臣彌遠晚年有愛妾顧氏，爲嵩之强取以去。乞令慶元府押顧氏還本宅，以禮遣嫁，仍乞置嵩之於晉朱挺之典。」及丙午冬，終喪，御筆史嵩之候服闋日，除職，與宮觀。於是臺臣章琰、李昂英及學校皆有書疏交攻之。御筆始有史嵩之特除觀文殿大學士，許令休致。時劉克莊權中書舍人，當草制，繳奏云：「照得史嵩之前丞相既非職名，又非階位，不知合於何官職下，許令休致？」議者乃以克莊欲陰爲嵩之之地，章、李二臺臣因再攻嵩之，併克莊劾去之。克莊自辨云：「臘月二十二夜，丞相傳旨草制，次日具稿，又次日被論，竟莫知爲何罪也？罷制中有云：『朕聞在昔求忠臣於孝子之門，人謂斯何，豈天下有無父之國？』又云：『宇宙雖廣，有粟得而食諸；霜露既濡，啜泣何嗟及矣。』又云：『罪臣猶知之，卿勿廢省循之義退，天之道也，朕樂聞止足之言。』然竟別命詞焉。」未幾，章琰、李昂英與在外差遣趙汝騰，首上封事，學校又上書乞留二臣，竝不報。且內批云：「如學校紛紛不已，元降免解旨揮，更不施行。」於是京庠再上書云云，大博李伯玉亦上疏力爭，李韶亦言，上意終不回。於是陳、韓、與簒皆不能自安，屢丐祠。李韶作批答云：「朕臨御以來，未嘗罪一言者，今爲卿去二臺諫以留卿，前未有是也。人言紛紛，非出朕意。」於是韶亦奉祠而去。明年三月，忽有京學賓賢齋朱振者獨上一書，以薦嵩之。於是臺臣周坦、葉大有、陳求魯、陳玹備論其無忌憚而罪之。

嵩之起復

嵩之之起復也，匠監徐元杰攻之甚力，遂除起居舍人、國子祭酒，仍攝行西掖。未幾暴亡，或以爲嵩之毒之而死，俾其妻申省。以爲口鼻拆裂，血流而腹脹，色變青黑，兩臂皆起黑泡，面如斗大，其形似鬼，欲乞朝廷主盟，與之伸寃。侍御鄭寀率臺諫共爲一疏，少司成陳振孫、察官江萬里竝有疏。遂將醫官、人從、廚子置獄，令鄭寀督之，竟不得其情，止以十數輩斷遣而已。徐霖上書力抵寀不能明此獄之寃，不報，竟去。寀奏疏乞留霖，亦不報。先是侍御史劉漢弼盡掃嵩之之黨，至此亦以暴疾亡，或者亦謂嵩之有力，然皆無實跡也。朝廷遂各賜田五頃，楮幣五千貫，以旌其直。黄濤之試館職也，對策歷數史嵩之之惡，至是除宗正少卿，於對疏乃言元杰止是中暑之證，非中毒也。於是僉議攻之，而元杰之子直諒投匭扣閽，力辨此說，濤遂被劾云。

徐霖

徐霖字景説，號徑畈，三衢人，爲南省第一人。首伏闕詆史嵩之，不報。嵩之謂人曰：「朝廷大比，所費不知其幾，合天下士僅得一省元，乃是狂生，可以爲世道歎。」於是虚名頓增。未幾，有徐元杰之獄，上書攻鄭寀不明此寃，徑去國。寀上疏留之，於是傳旨俾宰執留之，又令左司尹焕面留，又令姚希得傳旨勉諭，毅然不從而去。往往沽激太過，人亦薄之。其居衢也，於所居畫諸葛武侯像，終日與之對坐，論天下事。諸閫畏其吻，競致金帛，皆受之。其回字有云：「承惠兼金束帛，足見尊賢崇道之意。」趙汝騰時爲從官，上疏力薦，至比之爲范文正公【一六】。屢有召命，皆不就。及除著作郎，則翻然而來，舉止顛怪，妄自尊大。凡士子之來受教，皆拜庭下，霖危坐受之，不發一語，瞑目坐移時，豁然而起。有黠者俟其瞑目，亦效之，俟其躍然而起，亦起從之。霖曰：「汝已得道矣。」夏月，京府命工搭蓋松棚，適一匠者相服破綻，見其二子，霖竟牒天府云：「某人受役而不主一，合從重撻。」隨行一童，廳吏或以果餌與之，霖適見，併廳吏解天府，謂某吏壞其太極，都城無不傳以爲笑。甚至乘醉而入經筵，自稱爲宗師，及兼宰士，則妄有更改。未幾輪對，竟論乞劾罷臺諫，於是御筆有云：「徐霖以庶官而論臺諫、京尹，要朕必行，事關紀綱，前所未有。昨以去余晦爲是，今乃疏蔡杭爲奸，言及朝士，親填姓名，懷情不一，首鼠

【一六】范文正公　「文」原作「交」，誤。

兩端，可與在外差遣。」尚遲回不去，趙汝騰往視，趣其出關。蓋霖之無忌憚，皆汝騰成其狂，至目汝騰爲太宗師，己爲小宗師，遞相汲引。霖既去，汝騰亦不自安，遂自補外。未幾，察官蕭泰來數其十二狂【一七】不可治郡，於是聲名掃地矣。

史宅之

史宅之字子仁，號雲麓，彌遠之子也【一八】。穆陵念其擁立之功，思以政地處之，然思不立奇功，無以壓人望。會殿步司獄蘆蕩以爲可以開爲良田，裨國餉，時宅之爲都司，遂創括田之議，一應天下沙田、圍田、圩田【一九】、没官田等，併行撥隸本所，名「田事所」。仍辟官分往江、浙諸郡，打量圍築【二〇】。時淳祐丁未，鄭清之專當國時也【二一】，遂以宅之爲提領官，右司趙與鹰爲參詳官，計院汪之埜爲檢閱，趙與訔、謝獻子竝爲主管文字，諸郡又各差朝士分任其事。怨嗟滿道，死於非命者甚衆。分司安吉州榷轄毛遇順毅然不就；分司嘉禾奏院王疇刻剥太過，刑罰慘酷，詞訴紛然，隨即汰去。行之期年，有擾無補。朝廷亦知其不可行，乃以趙與鹰爲浙西憲司嘉禾提領江浙田事，陳綺爲淮西餉置司會陵提領江淮田事，宅之遂除副樞。於是劉垣【二二】、趙汝騰、黄自然皆力陳其不可，皆以罪去。後一年，宅之終於位，趙與鹰死於嘉禾，王疇、盛如杞次第皆殂。其後應於官田，遂併歸安邊所，令都司提領焉。

【一七】數其十二狂　原無「其」字，據稗海本、學津本補。

【一八】史宅之字子仁號雲麓彌遠之子也　據《宋元學案》卷七四「慈湖學案」及《宋人軼事彙編》卷十八引《寧波志》，「子仁」乃史彌遠從子史守之的字，所記有誤。

【一九】一應天下沙田圍田圩田　原「圩」後無「田」字，據《續文獻通考》卷六《田賦考》補。

【二〇】打量圍築　「築」原作「等」，據稗海本、學津本改。

【二一】鄭清之專當國時也　稗海本、學津本、四庫本無「專」字。

【二二】劉垣　原作「劉坦」，據稗海本、學津本改。

鄭清之

鄭清之字德源，號青山，又號安晚，爲穆陵之舊學。端平初相，聲譽翕然。及淳祐再相，已耄及之，政事多出其姪孫太原之手，公論不與。況所汲引如周垣【二三】、陳垓、蔡榮輩，皆小人，黄自然嘗入疏論之。既而豐儲倉門趙崇雋上書，歷陳其昏繆貪汙之過，亦解綬而去。未幾，察官潘凱遂劾之，吴燧亦劾其黨，朝廷遂奪二察言職。夕堂董槐亦入疏求去，蓋潘、吴二豸，皆董所薦也。潘疏有云：「馬天驥竭浙東鹽本百萬而得遷。」天驥遂申省辨白，清之欲差官覈實，程元鳳以爲不可以外官鈐制臺諫，其議遂寢。時牟子才家居，亦疏攻鄭而留二察，不報。辛亥冬，祈雪，得雷電大作，而清之薨於位，恩數極厚。明年，傅端林彬之按太原公受賄賂竊取相權，凡所以誤故相者，皆太原之罪，乞罷其閤職，勒守故相之墓【二四】，上從之。初，清之之重來也【二五】，有作詩譏之云：「一劄未離丹禁地，扁舟已自到江干。先生自號爲安晚，晚節胡爲不自安。」及其薨也，又有詩云：「光範門前雪尺圍，火雲燒盡晚風吹【二六】。堪嗟淳祐重來日，不似端平初相時。里巷誰爲司馬哭，番夷肯爲孔明悲。青山化作黄金塢，可惜角巾歸去遲。」

【二三】周垣　原作「周坦」，據稗海本、學津本改。

【二四】勒守故相之墓　「勒」原作「勤」，據稗海本、學津本、四庫本改。

【二五】清之之重來也　「清之」原作「青山」，據稗海本、學津本改。

【二六】火雲燒盡晚風吹　「盡」原作「蓋」，據稗海本、學津本改。

衛王惜名器

史衛王挾擁立之功，專持國柄，然愛惜名器，不妄與人，亦其所長。嗣秀王師彌既爲嗣王，遂賜玉帶。其弟師貢亦已建節開府矣，亦覬望横玉圍腰之寵，屢有營求，皆不許。其後媚竈於史親幸之姬，必欲得之。史知其意，命取所有玉帶，於内擇其最佳者與之。姬喜，亟報之，殊不知非出君賜，又無閤門許令服繫關子，安可自擅服繫。其吝惜名器皆此類，亦可尚也。

閻寺

淳祐庚戌之春，創新寺於西湖之積慶山，改九里松舊路，輪奂極其靡麗。至壬子之夏始畢工，穆陵宸翰賜名顯慈集慶教寺，命講師思誠爲開山教主。既而給賜貴妃閻氏爲功德院，且賜山園田畝爲數頗多。建造之初，内司分遣吏卒市木於郡縣，旁緣爲奸，望青採斫，鞭笞追逮，雞犬爲之不寧。雖勳臣舊輔之墓，皆不得而自保。或作詩諷之曰：「合抱長材卧壑深，于今惟恨不空林。誰知廣厦千斤斧，斵盡人間孝子心。」其後恩數加隆，雖御前五山亦所不逮。一日，忽於法堂皷上有大字一聯，云：「淨慈、靈隱、三天竺，不及閻妃兩片皮。」於是行下天府緝捕，歲餘，終不得其人。

余晦

余晦字養明，四明人，小有才。趙與簄之罷京尹，晦實繼之，此壬子四月也。後一月，上庠士人與市人有競，以不能奉學舍之意。既而齋生有斃於齋中者，遂命總轄輩入齋看驗，遂肆諸生之怒。時祭酒蔡杭入奏【二七】，三學捲堂伏闕上書，直攻晦爲僕。及晦轎出，將白堂，則諸生攔截於路，欲行打辱。於是晦即絶江以避之，遂以理少罷職，而杭亦除宗少而去。京庠復上書留蔡，而太博黄邦彦、武博戴良齋復劾晦而留杭【二八】，皆不報。未幾，晦知鄂州，杭以二卿召。或有詩獻蔡云：「九曲灣頭是釣灘，先生何事放漁竿。長江流水滔滔去，落日西風陣陣寒。好把丹心裨聖主，休將素節换高官。想於獻納論思際，應説今來蜀道難。」後杭徑除僉樞，或有譏之云：「不因同舍之捲堂，安得先生之過府。」

余玠

淳祐辛丑，余玠義夫卒於渝州【二九】，權司程逢辰不能任其事，朝廷加意擇帥。久之，乃以余晦除司農少卿，爲四川宣諭使。七月入蜀，八月除權刑部侍郎、四川安撫制置使兼知重慶府，又兼四川總領。十二月方入夔、峽交印，明年正月始開藩於重慶，既而又兼夔路轉運屯田。然晦才望既薄，局面又生，蜀士軍民皆不安之。未幾，築紫金城，激叛苦行。

【二七】祭酒蔡杭　「杭」原作「秔」，據《十駕齋養新録》卷十四改，下同。

【二八】武博戴良齋　「良」，學津本作「艮」。

【二九】淳祐辛丑余玠義夫卒於渝州　據《宋史》卷四一六，余玠卒于寶祐元年癸丑。「義」原作「毅」，據《宋史》及《宋季三朝政要》卷二改。

隘南永忠以隆慶降，王惟忠失閬州，甘閏以沔州叛，敗政日甚。未幾，虜兵又入，議者紛然。宗正簿趙崇璠首上封事言之，副端吴燧、蜀人趙至皆有疏。六月，御筆李曾伯以資政殿學士節制四川邊面，召回程逢辰。既而余晦召赴行在，蒲澤之除軍器監，暫充四川制置，權司護印。黄應鳳太常丞成都運判，叶助權司，候蒲澤之自大獲山回日，仍舊。公議以爲不可使荆、湖、渝制西蜀，於是胡大昌、牟子才、潘凱、鄭發、程元鳳各有論列，參政董槐則請行以任蜀事。蔡杭亦請以沿邊任使，人雖壯其志，而哂其無能爲也。三學各有伏闕書攻丞相謝方叔。未幾，李曾伯除四川宣撫使兼荆、湖制置大使，進司夔路，又賜曾伯同進士出身。牟子才、吴燧、胡大昌、陳大方、丁大全皆有疏，疏王惟忠罪狀，乞正典刑。而廟堂亦欲以此掩誤用余晦之失，遂攝惟忠赴大理獄，伏鑕東市。併籍余玠家資三千萬以犒師，治其子如孫之罪，皆陳大方輩作成之也。八月，除蒲澤之四川制置副使兼宣撫判官，以吕文德權知江陵，總統邊事，於是蜀事略定矣。

王惟忠

王惟忠，四明人，其爲閫帥也，與余晦爲同里，薄其爲人，每見之言語間，晦深銜之。及敗績，棄城而遁，晦遂甘心焉。既申乞鐫降，又令其黨陳大方、丁大全力攻之，必欲寘之死地。廟堂亦欲掩誤用帥之羞，遂興大獄，日輪臺官入寺鞫之。評事鄭疇、理丞曾壄則欲引赦貸命，旋即劾去。甲寅十月二十五日，本寺出犯由榜云：「勘到王惟忠頂冒補官，任知閬州利西安撫府日【三〇】，喪師庇叛、遣援遲緩等罪，准省劄，奉聖旨，王惟忠處斬，仍傳檄西蜀【三一】。」或者以其罪不至死，寃之。後二年，陳大方白晝有覩，恐甚，遂設醮以謝過。青詞有云：「閬帥暴尸於都市，幽魂銜怨於冥途。莅職柏臺，盡出同寮之議；竝居梓里，初無纖隙之疑。」未幾暴卒。繼即余晦患瘰癧繞項【三二】，墮首而死，可畏哉！

李伯玉

李伯玉字純甫，乙未殿試第三人，議論端慤，出處不苟。當史嵩之柄國時，爲太學博士，上疏援章、李二臺官，以此大得聲譽。未幾，爲陳劾去。壬子，以小著召兼右司，以蕭泰來附謝丞相，傷殘善類，繼彈高斯得，伯玉乃援神宗朝張商英故事，有都司可以按臺臣之條，歷數泰來之過，封章以劾之。穆陵大怒，乃降御筆云：「國家置御史，所以糾正官邪；置宰屬，所以俾贊機務。御史乃天子耳目之官，宰掾不過一大有司耳【三三】，未聞以庶寮而劾糾御史者。近有以都司而按大有，言徐霖也。今伯玉以都司而按泰來，陰懷朋比之私，蔑視紀綱之地，是所以輕臺諫，乃所以輕朝廷也。今伯玉且復援張商英事，以文其過，且郭磊卿以正言而按李遇英，吴當可、翁甫以博士而按別之傑【三四】，以其職事之關繫也。若都司可以按臺諫，則臺諫反將聽命於都司矣，朝綱不幾紊亂乎！李伯玉可降兩

【三〇】利西安撫府日　「利」原作「判」，據稗海本改。

【三一】傳檄西蜀　「檄」，稗海本作「首」。

【三二】繼即　稗海本作「既而」。

【三三】宰掾　「掾」原作「椽」，據稗海本、學津本、四庫本改。

【三四】翁甫以博士而按別之傑　「別之傑」原作「劉之傑」，據《宋史》卷四一九改。

官，放罷。」既而臺臣程元鳳、劉元龍上疏劾之，御批李伯玉僭劾御史，以快己私，擅改憲章，以文己過，肆爲欺誕，浸紊紀綱，既得罪於祖宗，已難逃於黜罰云云。明年，蕭泰來除左史，牟子才亦作右史，潘凱除都丞，竝有疏辭免，以爲恥與噲伍，泰來遂除職與郡。□郎孫夢觀又繳新命【三五】，察官丁大全則奏罷其祠禄，而同援伯玉，不肯與之書降官録黄。其後牟子才譔詞命云：「國家設御史以糾官邪，非使之爲營私謀利計也。蕭泰來昨居彈劾之任，而黷貨背義，醜正黨邪，靡所不至。爾以都曹，能白其姦，雖有體統關係之法，然英詞勁氣，靡拂救正，略不少挫，此可以觀汝之所存矣。姑屈兩階，以振臺綱，而汝之心，則朕所鑒也，尚少安之，以俟敘復。」又明年七月，姚希得引對，直指趙汝騰爲君子之宗，蕭泰來爲小人之宗，諸公多爲之言敘復者。八月，伯玉與宮觀。又明年，敘復元官。景定間，除禮部尚書、侍讀，入政地矣。甫入修門，一疾而卒。伯玉初號畏齋，又號斛峰。

僞號

淳祐甲寅五月，禁中獲僞號人，乃是玉津園火工包四。勘供係賃到有請人潘寶敕號，繼於潘寶家搜出敕入宮門假印板一面，遂正典刑，其子潘三亦杖死。凡黥決者四十八人。於是盡易敕號，内宮門號八角樣，禁衛號銀錠樣，殿門號四如意樣，每歲一易，各立樣式，承襲爲例。

【三五】郎孫夢觀　「郎」前原爲空格，四庫本作「佐」，據《宋史》卷四二四，時孫夢觀爲起居郎兼侍右侍郎，權吏部侍郎。

馬光祖

馬光祖字華父，號裕齋，吏事强敏，風力甚著，前後麾節，皆有可觀。乙卯尹京，内引一劄云：「自後宣諭旨揮，容臣覆奏；戚里請托，容臣繳進。」下車之後，披剔獘蠹，風采一新，時號名尹。未幾，有倉部郎中師應極之子夜飲於市，碎其酒家器。詰朝，尹車過門，泣訴其事。光祖即償所直，追逮一行作鬧僕從，仍牒問師倉郎。蓋光祖時領版曹，以倉部爲所屬，故牒問，殊不思京師無牒問朝士之理。師乃時相之私人，乃執縛持牒之卒，恣肆凌辱，又率諸曹郎官白堂，乞正體統。朝廷遂劄漕司，追出被打酒家，反加黥配，應極之子帖然無它。於是光祖威風頓挫，百事退縮。初，顏帥尹京之時，遇三學應有訟牒，必申國子監俟報，方與施行，學舍已不能堪。及光祖尹京，又創爲一議，應學舍詞訟，須先經本監用印保明，方許經有司。學舍尤怒之，作爲小詩曰：「幾年貪帥毒神京【三六】，虎視國家三學生。休道新除京尹好，敢將書鋪待司成。」未幾，察官朱應元劾李昂英，太學作書譏之，有云「何不移其劾昂英者劾光祖」等語，光祖愈不安。既而辟客參議薛垣以踪跡詭祕罷【三七】，於是光祖力丐外任，出守留都焉。尹京號爲難治者，蓋以廣大之區，奸宄百獘，上則有應奉之勞，次則有貴戚干政、他司撓權之患，此其所以難也。余則曰：不然，自淳熙以來，尹京幾人，其得罪而去者，未始不由學校，可指而數也。然則學校之横，又有出於

【三六】幾年貪帥毒神京　「神」，稗海本作「宸」。

【三七】薛垣　「垣」原作「坦」，據稗海本、學津本改。

數者之外矣。

胥吏識義理

嘉定間，宇文紹節爲樞密，樓鑰爲參政。宇文卧病，王醫師涇投藥而斃，史直翁帥宰執往祭之，命南宫舍人李師普爲文，末句曰：「云誰過歟？醫師之罪。」相府書吏張日新寫至於此，執白衛王曰【三八】：「既是誤投藥劑，豈可謂之醫師？只當改作庸醫之罪。」衛王首肯之。又，嘉定初，玉堂草休兵之詔，有曰：「國勢漸尊，兵威已振。」日新時在學士院爲筆吏，仍兼衛王府書司，密白衛王曰：「國勢漸尊之語，恐貽笑於夷狄，不當素以爲弱也。」衛王是其説，遂道意於當筆者，改曰：「國勢尊隆，兵威振勵。」蓋吏胥亦有識義理，文字之不可不檢點也如此。《容齋隨筆》所載一事，亦然。

沈夏

沈夏，德清人，壽皇朝爲版曹貳卿。一日，登對，上問版曹財用幾何？合催者幾何？所用幾何？虧羨幾何？夏一一奏對訖，於所佩夾袋中取小册進呈，無毫髮差。上大喜，次日問宰臣曰：「侍郎有過政府例否？」梁克家奏云：「陛下用人，何以例爲？」遂特除僉書樞密院事。

【三八】衛王　直翁乃史浩字，嘉定間當政，後追封衛王者爲其子史彌遠，彌遠字同叔，此有誤。

史嵩之致仕

丙申之春【三九】，御筆史嵩之退安晚節已踰十年，可特授觀文殿大學士，依舊金紫光禄大夫、求國公致仕，仍盡與宰執恩數。令學士院降詔，仍免宣鎖。越二日奏事，右相董槐公云：「四川屢捷，頗爲可喜。」僉樞蔡杭隨奏云：「大奸復出，深爲可慮。」又云：「近降嵩之旨揮，外間謂宰臣欲爲汲引，以報私恩。」上曰：「此乃還其致仕恩數耳。」參政程元鳳奏云：「臣曩在經筵，亦嘗親聞聖訓及此，聖意雖堅，天下未必盡知。兼致仕二字，豈能縶縛之使不出。」越一日，董槐上疏辨明蔡樞之奏，欲乞於嵩之致仕指揮之下，明示以不復圖任之意，庶可白孤踪，釋群疑。所有上項制可未敢施行。御批：「史嵩之復職，不過酬以宰臣謝事之恩數耳。且其一閑十三年，中外未嘗任使，何緣今日用之？仍令致仕指揮甚明，正示天下以決不復用之意。而予之職名，則休致之典備矣，豈有他哉！斷自朕衷，非由啓擬，卿其安之。」林存當制，有云：「高尚不事王侯，朕每加於雅志；忠愛不忘畎畝，爾毋有於遐心。」公論復以爲未然，太學生上書攻董相及鄧泳、李仲熊，併攻林存。董相再奏，謂嵩之予致仕恩數，臣見凡前執政之罷斥者，皆有之，不復執奏。今則皆歸罪於用事之人，伏望姑寢前命。御筆云：「史嵩之復職，非由卿請，惟朕知之。學舍有言，但慮其復出耳，豈校其職名哉！其人決不再用，其職亦不可奪，所請既不悖理，其安

【三九】丙申之春　「丙申」，按《宋史》本傳，嵩之於寶祐四年春授觀文殿大學士，當爲「丙辰」歲。

之。」正言邵澤劾姚希得，又於希得董試之時，捕其館人，以贓黥決，其人乃已黥之人故也。未幾，内批史玠卿理卿，竝與合入幹官差遣。既而，嵩之又陳請任相位日進書賞【四〇】。時留夢炎爲國史，復申省，以其邀求經修經進之賞，將來列銜，某決不敢預僉，乞罷免職事。嵩之躁進，始終不靜，真是可厭。而朝廷用事，豈學校一一能把持乎！

度宗誕育

景定三年壬戌，度宗在東宫。閏九月二十九日亥時，降生皇孫，賜名焯，封崇國公。一作封崇國政資國公。是年十一月薨。度宗登極，追封廣王，謚冲善。景定五年甲子，度宗在東宫。七月初三日未時，皇太子妃全氏降生皇孫，以彗星出現，避殿免賀。度宗即位，改稱皇子，賜名釪。咸淳四年戊辰閏正月初六日午時，淑妃楊氏降生皇子，辛未賜名顯，甲戌七月進封吉王。是歲十月一日，順安郡修容夫人俞氏誕生皇子，五年十二月，賜名憲，封益國公。六年六月十二日薨，追封謚冲定。咸淳五年己巳六月初十日，淑妃楊氏再誕生皇子，二十三日薨，賜名鍠，封岐王，謚冲靖。咸淳辛未九月二十八日，全后誕生皇子，癸酉十一月賜名顯，封嘉國公。甲戌七月，度宗遺詔即帝位。咸淳壬申正月十二日，脩容俞氏誕生皇子，甲戌七月進封信王。凡七子。

【四〇】任相位日進書賞　「進」原作「連」，據四庫本改。

鈿屏十事

王槦字茂悅，號會溪。初知彬州，就除福建市舶。其歸也，爲螺鈿卓面屏風十副【四一】，圖賈相盛事十項，各係之以贊，以獻之。賈大喜，每燕客必設于堂焉。行將有要除，而茂悅殂矣。

度宗即位　南郊慶成　鄂渚守城　月峽斷橋　鹿磯奏捷　草坪决戰

安南獻象　建獻嘉禾　川獻嘉禾　淮擒孛化

已上十事，制作極精。

襄陽始末

襄陽遭端平甲午叛軍之禍，悉煨於火。直至淳祐辛亥，李曾伯爲江陵制帥，始行修復。時賈似道開兩淮制閫【四二】，心忌其功，嘗密奏於朝，謂「孤壘綿遠，無關屏障」。至開慶透渡之際，穆陵猶憶此語，欲棄襄陽而保鄂，而似道乃謂「在今則不可棄矣」。先是，蜀將劉整號爲驍勇，庚申保蜀，整之功居多。呂文德爲策應大使，武臣俞興爲蜀帥、朱禩孫爲蜀帥【四三】，既第其功，則以整爲第一。整恃才桀傲，兩閫皆不喜之，乃降爲下等定功。整不平【四四】，遂詬問禩孫其故。朱云：「自所目擊，豈敢高下其手？但扣之制密

【四一】螺鈿卓面屏風　稗海本無「卓」字。

【四二】賈似道開兩淮制閫　「開」原作「聞」，據稗海本、學津本改。

【四三】朱禩孫爲蜀帥　「帥」原作「師」，據稗海本、學津本改。

【四四】整不平　原無「平」字，據稗海本、學津本補。

房，索本司元申一觀，則可知矣。」整如其説，始知爲制策二司降而下之，意大不平，大出怨詈之語。俞興聞之，以制劄呼之稟議，將欲殺之。整知不可免，叛謀遂決。遂領麾下親兵數千人，投北獻策，謂攻蜀不若攻襄，無襄則無淮，無淮則江南可唾手下也。遂爲鄉導，併力築堡斷江，爲必取之計，此咸淳丙寅、丁卯歲也。俞興父子致禍之罪莫逃，遂俱遭貶謫。先是興既死，丙辰歲俞大忠爲荆、湖諮議，領舟師援蜀，陷殺名將楊政，因爭財又殺馬忠，遂遭臺評，追削官爵，勒令自刎。大忠乃捐重賄，得勳臣經營内批，遂作勘會，面奉玉音。俞大忠利其財而陷楊政於死，且盡掩其功，欺罔朝廷，罪不容誅。然遺楊政而獲捷者，俞興也，姑以其父之功，特從末減，將白沙冒賞官資並與遺奪外，特免自刎。於是劉整聞之尤怨，且薄朝廷之受賂焉。襄陽自丁卯受圍，生兵日增，關隘日密，守臣吕文焕雖能堅守，而外絶援兵，又爲築白阿、虎頭二城，復置鬼門關以鍵出入，自是雖音耗亦不可通矣。朝廷雖屢督制府出師救援，而不克進，往往失利不一。既而吕文德病篤，中外爲之憂懼。既而果薨，上遺表，賜謚武忠，遂命其子師夔起復爲湖、廣總領，知鄂州。賈平章似道入奏云：「臣近得師夔報，其父文德病革不可爲。臣嘗具奏，以爲設如所言，臣當奉命馳驅。以爲搶攘之會，非可以經制宜在廊廟自諉。陛下難言，而臣之志固已決於此矣。昨文德訃至，日爲憂皇，幾失七箸。繼又再申前請，以爲急其所急，豈非藉是以爲去本朝計【四五】，而陛下決不聽許。臣通夕展轉，念無以易此，儻非臣等勇於一行，決不能寬顧。

【四五】藉是以爲去本朝計　原「以爲」前有「去」字，據稗海本、學津本删。

且荆、襄繹騷，士不解甲者再歲，以文德聲望智略，高出流輩，僅能自保。今一失之，奚所統攝？矧諸名將器略難齊，勢不相下，倉卒謀帥，復難其人。兵權不可一日無所歸，邊務不可一毫有所悞。雖目前暫令夏貴管護，然其使人商度遠計，寢食不安，終不若疾趨其所，處分諸事，則隨機以應，不至差池，是則臣報陛下之職分也。臣非不知，曩在兵間，備嘗險阻，困瘁成疾，祇謀謝事，寧堪自取顛覆。誠以難平者事，所徇者國，皆不知其他。臣亦豈不知本朝故事，無以平章而巡邊者，然唐裴度以平章出使山東，似有足援用。拜疏以請，恭聽矜命。」御筆云：「朕以涼菲云云，師相豈可一日而輕去朝廷？雖跬步之近，不可捨去，請勿重陳。」似道再奏云云：「連夕展轉不寐，良以驛置一往復，率半月餘，曾不若身履其處，機應於速之爲善。再念今之荆、湖，莫急於襄中，寇環吾疆，惟隙是乘，隕星之變非小故，未可死諸葛走生仲達。況今士不解甲，與之尺寸力爭，閲新歲則跨歷三載，事有適值，必生戎心，詎容以疆場小小交兵視之哉【四六】？因念疇昔分閫荆、湖，先帝必欲寵臣以樞筦【四七】，命臣復襄，臣回奏不敢輕易後繼。臣爲閫者，奉將相意，慕復襄之美名，萃江岳之重屯以實之，江面單露，卒成己未之禍。先帝每記臣言，必欲棄襄以全鄂。臣則以爲不可，非故自相矛盾，蓋襄既復，則城池、米粟、甲兵，委難以資虜。臣在軍極力留勁兵以守襄，襄幸以全。今又十一年矣，以吕文德運掉備竭志慮，憂恚以至於死。今閫雖暫有所付，而臣與受其責。若使臣制於此，脱有出於意料之外，其可以非己所以自解，

【四六】以疆場小小交兵視之哉　「疆場」，諸本同，似當作「疆埸」。

【四七】寵臣以樞筦　「筦」原作「莞」，據稗海本、學津本、四庫本改。

無情議論，必指臣爲準矢之的矣云云。」又御筆極力勉留。再上章，欲權帶職巡視，以三月爲期。上復不允。此後襄圍小小捷奏，於是此議遂緩。明年元日，以兩淮制帥李庭芝爲荆、湖制置大使，兼夔路策應大使兼知江陵府。命范文虎提御前精兵八千餘人，往荆、襄應援，一戰而敗，文虎僅以身免。至明年，蜀江泛溢，漂溺堡壘，至五六月間圍稍解。制府乘此機以布帛、鹽、錢、米之類，遣兵防護而入。夏貴亦遣兵擔運粟米數千石，呼延德亦運柴薪、布帛以往。未幾，夏軍大敗，喪舟數百，危急如初。御筆遂督荆、湖制閫移屯舊郢州，范文虎以下重兵皆屯新郢治上、均州河口，扼其要津。當時從官中有言於朝，謂昔神堯以一旅之師取河北，今朝廷竭天下財力，以援一州而不能，於是賈相大怒。至咸淳八年壬申春，警報尤急，似道復有視師之請。蓋李庭芝避事悠緩，而范文虎以殿巖自居，頗有不受節制之意。故臺臣雖有章言之，宣示二人，然無益也。壬申歲，又檄沿江副閫孫虎臣及湖副帥高世傑之師，順流而下夾攻。適值江水暴漲，乘勢衝突堡寨及萬人敵，打透鹿門，連船運入衣襖、布帛、米鹽、糧草。進發生兵，遂自樊城，後取安陽河，轉均州江而還郢上。七月，據荆閫申大略云：「襄樊受圍，跨越五載，水陸路梗，援兵莫通。遂於去冬劄知均州劉懋等，打造戰艦，間探賊兵，措置戰守。又調總管張順、路鈐張貴【四八】，提兵前往均州，地名中水路，創立硬寨，建造樓船。自中水路至襄城，止一百二十餘里，節節皆是堡團，軍船屯泊將士。從龍虎口硬打下去，本司重立賞格。張順候立功回，特授轉右武大

【四八】路鈐張貴　「鈐」原作「鈴」，據稗海本、學津本改，下同。

夫、環衛官、正任御前都統制，犒銀五百兩，界會一萬貫，紵絲十疋。張貴以下次第立賞。又準平章鈞翰，除制司賞格外，更與不次陞擢。及移文范察使添調間探，司部官劉儀【四九】、盛聰等於四月二十日到均州鄧寨，添造船隻。大使司委知郡范天順等與二張部官同進。六月十三日，據張貴等申：「昨於五月二十二日探得漢水已生，次日將船隻拖拽到團山下稍泊，二十四日，以大使司賞格撫諭將士，一應船隻竝拖拽至高頭港口，蒙范殿帥、劉路鈐等般運衣襖等物，結成方陣。至一更三點，張貴等舉火爲號，出江極力鏖戰，與賊舟手刃相接。至磨洪灘已上，賊船布滿江内。張貴又以紅燈爲號，撫諭頭目混戰，與賊亂殺，火砲藥箭射死北兵及墜水者，不計其數。二十五日天明，已抵襄陽，船隻等物至府，軍民踴躍，皆説賊圍數年，未嘗有許多軍需物件進入至此。本是萬全，緣當夜四更以來，南風大作，吹奔北岸，於内總管張順所帶火砲，竝已發盡，人馬力竭，身中三鎗六箭，就陣歿於王事。張貴等既送軍需等物入城，次日即欲打出，與夏節使兵船相應。緣江水陡落，又蒙安撫吕察使留貴等人船在城，添加戰守，外以路梗不通，至七月方據申到。九月以來漢水漸涸，北兵得計，不可前矣。夏、孫、高兵船但守地分，范殿帥之軍又與制府牴牾，莫能併力，坐視而已。」朝廷乃先解殿帥總統之權，陳伯大劾范文虎，罷黜。十一月，荆閫李庭芝奏：「襄圍不解，客主易位，重營複壁，繁布如林，遮山障江，包絡無罅，曠歲持久，臣實有罪。且謂昔之滸黄，今之襄樊，皆古今非常之變。天每以非常之人擬之，豈區區庸夫所克

【四九】司部官劉儀　原無「儀」字，據《宋史·度宗本紀》補。

【五〇】其懇懇欲以身臨之者　「懇懇」原作「貇貇」，據稗海本、學津本改。

【五一】忽數日　「忽」原作「怱」，據稗海本、學津本、四庫本改。

勝任云云。帥臣徇國，一念上通於天，其懇懇欲以身臨之者【五〇】，亦察愚臣之不可專仗也。若稽南渡之初，時則以張浚、趙鼎自行都建督府，盡護諸將運掉之勢，一時之勢，合帥臣大勳茂德，威震華夷。少超常度，參用舊弼，以臂使指，一新觀瞻云云。」御筆令侍從兩省集議，然卒無定論。賈平章回奏曰：「若辦此事，非臣捐軀勇往，終未能遂。然縱使臣行，亦後時矣，恐無益于襄陽之存亡，尚可使江南無虞，而不至内地之震駭也。庭芝欲臣建督於荆之謀，要不過姑爲是説，督既建矣，設有警動，臣欲安坐於此，得乎？臣今爲是行也，則諸閫皆受節度云云。若推至來年春夏之交，則調一大將統三萬兵船直擣潁亳，又調一大將統二萬兵直擣山東，則襄圍之賊，皆河南北、山東之人，必將自顧其父母妻子，相率離叛，如是則襄圍不解，臣未之信。倘陛下不容臣跬步離左右，縱有奇謀祕計，一無所施，且當以擇相爲急云云。」然亦卒不行也。癸酉正月，蜀閫捷報以昝萬壽收復成都，繼又收復眉州，二月以朱禩孫爲四川制置安撫大使，兩淮制司又奏浮光之捷。忽數日平章疏奏【五一】，力請行邊，乃云：「所聞日異，且言始得朱禩孫申言，虜有直擣内地之議，禩孫危之，謂非築京城重内勢不可。又收吕文焕二月三日蠟書，謂樊之力已不可支，再於襄城臨江一面植木栅立硬寨，誓以死守。但六年被圍，一旦前功盡廢，實有難言者。浮光廢壘築爲家基，去冬逆整與六安叛將，恐是焦與。一意窺江，乞檢照累年所奏，容臣一出臨邊，即賜處分。」御筆又令集議，然皆悠悠之談，御筆終於不從行邊之請。調阮思聰策援邊淮，就令相視平江城壁，差官修浚。三月，賈平章又奏：「忽得李庭芝連日書，乃知襄帥吕文焕爲虜誘脅，竟以城降。臣一聞，戰眩顛沛，幾於無生，不謂事不可期，力無所措，乃至此極。容臣自劾，以報國恩。」御筆則決於不許，旋降御筆批别置機速房，亦建督於京之意。繼而學校紛紛上書，皆瀾翻不急之語，甚而謂「咸陽之燄未息，而山東盜起；六士之駕未出，而滸黄透渡」。可謂劫持之語。獨郭昌子一書，頗有可采，所言江、漢道里，亦頗詳盡。且畫六策以獻：一曰分遊擊以屯南岸，二曰重歸峽以扼要衝，三曰備昌漢以固上流，四曰調精兵以護漢江，五曰備下流以絶窺伺，六曰飭隘口以備要害。又有十六策以爲守備之要，其末併及濟邸之事。平章召見，扣其顛末，補之以官，且令入機速房，以備諮訪。繼而宰執奏事上前，平章復陳行邊之請。上曰：「斷是不可。」上又曰：「諸生之書，只得留中，如下詔求言，亦有未可。」賈奏云：「端平荆、襄之失，繼以諸郡，是時皆不曾降詔，惟開慶有之。今幸未至此，更容臣討論以聞。」上曰：「且鎮以静，不須得行。」四月内批李庭芝召赴行在，汪立信荆、湖制置使知江陵府，印應雷兩淮制置使知楊州，李應春知岳州，錢直將知江州【五二】，翟貴知鄂州，江陵都統程文亮副之，趙孟知郢州，陳起知浮光。既而黄萬石召赴行在，趙溍沿江制置使知建康府，趙孟奎淮東總領，孟之縉知太平州，趣召葉夢鼎赴闕。荆、湖制司申武功大夫、帶右領衛將軍范天順，乃同張順、張貴運送軍需衣襖等物前進襄陽，留存在城守禦，立功尤多。城降之際，時在所守地，仰天大呼曰：

【五二】錢直將知江州「直」，稗海本作「真」。

「好漢誰肯降賊，死時也做大宋忠義鬼。」於二月二十七日就地分屋内自縊身死。右武大夫、湖北總管司馬軍統制牛富亦係續遣前往襄城戰禦【五三】，轉調過樊城，任責東北最緊地分。今年正月十一日，賊攻樊城，牛富拒敵死戰至二更，以身中鎗刀，不能支持，爲賊所得，義不受辱，就戰樓内觸柱，數四不死，遂投身赴火而殁。欲乞贈卹。奉聖旨，范天順特贈靜江軍馬承宣使，特與三承信郎，支銀五百兩，十八界會二萬貫，白田三百畝。庚申范文虎差知安慶府，阮思聰知池州，李雷應知鄂州【五四】，以爲防江計。察官陳文龍上疏云云，且曰：「夫當人言洶湧【五五】，所幸衆言紛紛，古今所恃以立國於天地間者，獨有此一脈。言脈猶活，國脈其有瘳乎？欲行求言，皆謬論也。」既而免言職，未幾又有上書乞師相臨邊者，御批竝不能從云。

機速房

咸淳癸酉二月，御筆以師相固請行邊不已，照張浚、趙鼎舊例，别置機速房。凡急切邊事先行後奏，賞罰支用亦如之。其常程則密院行移，無建督于京之名而有其實，奚不可？內重其勢，外禦其侮，庶不失爲挽留也，師相其勿辭。賈遂毅然祗承，條具以聞，辟屬官二員，右司許自，檢詳家鉉翁，制領十員，使臣九十員。於封樁庫作料科撥激賞第一料金五百兩，銀一萬兩，關子五萬貫，十八界會二十萬。行遣提點文字沈因、張夢龍、徐良

【五三】馬軍統制牛富　原無「軍」字，據《齊東野語》卷十八補。原作「朱富」，據《宋史》卷四五〇《忠義傳》改，下同。

【五四】李雷應知鄂州　「李雷應」原作「李應雷」，據《宋史》卷四十七《瀛國公本紀》改。

【五五】人言洶湧　「洶湧」，稗海本、學津本作「洶洶」。

弼、沈大發，書寫文字王景陽、張國珍、張汝楫、吴桂芳，監印陳柯、汪雲、鄭大淵。又添給諸路戍兵生券三分之一，增招車等下軍裝錢。置樞密院都副統制一員，補歸明人官資。凡有上書獻書關涉邊事者，竝送本房面問，如有可行者，竝與施行。忽有蜀人楊安宇者，獻策奇譎，右司許自扣之，不相投合。許自乃操閩音穢語以爲高，欲乞朝廷竟差許自前往邊郵，操穢語以罵賊退師云云。於是遂將安宇行遣，而機速房之望顧輕矣。且許自乃一不通世務之閩士，僅能作詩文之外，他無所能，而乃令當此選，用之者固謬，而自亦可謂不揣矣。一籌不畫【五六】，坐致危亡，非不幸也。

置士籍

咸淳辛未，正言陳伯大建議，以爲科場之弊極矣，欲自後舉始，行下諸路運司，牒州縣先置士籍。編排保伍，取各家户貫，三代年甲，娶誰氏，兄弟男孫若干之數。其有習舉業者，則各書姓名，所習賦經。子孫若憑所書年甲【五七】，如十五以上實能舉業者，自五家至二十五家，而百家，百家而里正，許其自召其鄉之貢士，結罪保明，批書舉歷【五八】，然後登士籍。一樣四本，縣、州、漕、部各解其一，仍從縣給印歷，俾各人親書家狀於歷首，以爲字跡之驗。不許臨期陳狀改易。或有隨侍子弟，合赴曹牒諸色漕試者，各令賫歷先赴縣批鑿，前去各處狀試。每遇唱名後，重行編排保伍取會。如有新進可應舉者，續照前式保明

【五六】一籌不畫　「畫」原作「書」，據稗海本、學津本、四庫本改。

【五七】子孫若憑所書年甲　稗海本無「子孫若」三字。

【五八】批書舉歷　「歷」原作「曆」，據學津本、四庫本改，下同。

付籍。或有事故服制者，並畫時申聞批鑿。或毁抹，如虚增人名，妄稱舉子，其犯人與里正保伍，並照貢舉條例施行。大意如此。御筆從行，徧牒諸路，昭揭通衢。或撰《沁園春》云：「國步多艱，民心靡定，誠吾隱憂。歎浙民轉徙，怨寒嗟暑，荆、襄死守，閲歲經秋。虜未易支，人將相食，識者深爲社稷羞。當今亟出陳大諫，筯借留侯。迂濶爲謀【五九】，天下士如何可籍收？況君能堯、舜，臣皆稷、契，世逢湯、武，業比伊、周。政不必新，貫仍宜舊，莫與秀才做盡休。吾元老廣四門賢路，一柱中流。」又有詩云：「劉整驚天動地來，襄陽城下哭聲哀。廟堂束手渾無計，只把科場惱秀才。」察院陳文龍上疏，頗有沮抑之意【六〇】，遂以理少出臺。自是士之有籍，嚴行天下，或稍有瑕疵，皆不敢有功名之望。士論紛紛，直至賈老潰師之後，臺中首劾置士籍之陳伯大，變七司法之游汶，行公田之劉良貴，沮寬恩之董樸，稱翁應龍爲簡齋先生，寫萬拜申稟之朱浚，欲便類田法之洪起畏焉。

宋二十一帝

《長編》所載宋二十一帝，蓋自順、宣、禧三祖及東都九朝，南渡後高、孝、光、寧、理、度、少帝，德祐。并景炎、祥興也。

【五九】當今亟出陳大諫筯借留侯迂濶爲謀　此段文字與詞律不合，疑有缺文。

【六〇】頗有沮抑之意　「沮」，原爲空格，據四庫本補。

宋十五朝御押

太祖。太祖元押。太宗。太宗、真宗元押。仁宗。英宗、神宗。哲宗。徽宗。欽宗。高宗。孝宗、光宗。寧宗。理宗。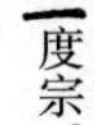度宗。

余與康侯閔先生相去二百餘里，鱗羽往來，補亡析疑，如促膝几席間。尚論古人之外，無一旁語。余正訝《祕笈》、《稗海》諸書甚多贗鼎，即真者十逸其五，每思拈出有關風雅者，逐一釐正流播，爲古人吐氣。何康老寔獲我心也，如《稗海》渾《齊東野語》入《癸辛雜識》，辨之甚確。余更核之前集，逸去弁陽老人自序，別集誤作後集，俱未列目。兹集卷首載汴梁雜事，下卷又載汴京宮殿，可補周美成、李元叔二賦之闕。楊髡發陵、史嵩之始末，詳于正史。菊花有子一條，惜范、史、劉三公《菊譜》未及爾。虞山毛晉識。

圖書在版編目(CIP)數據

全宋筆記. 第8編. 2 / 上海師範大學古籍整理研究所編.— 鄭州 : 大象出版社, 2017. 6
ISBN 978-7-5347-9280-9

Ⅰ.①全…　Ⅱ.①上…　Ⅲ.①中國歷史—史料—宋代
Ⅳ. ①K244. 066

中國版本圖書館 CIP 數據核字(2017)第 130178 號

全宋筆記　第八編　二

出版人　王劉純
特約編輯　陳新
責任編輯　郭一凡
整體設計　張勝
出版發行　大象出版社
鄭州市開元路16號(450044)
製版　上海杰申電腦排版有限公司
印刷　北京匯林印務有限公司
版次　2017年7月第1版2017年7月第1次印刷
開本　640mm×960mm　1/16　26印張
字數　314千字
印數　1—3000冊
定價　62.00元